קרב
מגע

KRAV MAGA
Abwehr bewaffneter Angriffe

von

Imi Sde-Or (Lichtenfeld)
Begründer des Krav Maga

und

Eyal Yanilov Chefausbilder

mit 522 Abbildungen
Übersetzung von Marcus Rosenstein

8. Auflage 2024

VERLAG WEINMANN — BERLIN

Bibliografische Information Der Deutschen Nationalbibliothek

Die Deutsche Nationalbibliothek verzeichnet diese Publikation in der Deutschen Nationalbibliografie; detaillierte bibliografische Daten sind im Internet über http://dnb.ddb.de abrufbar.

Repro: GEPRO GmbH

*Meinem Vater und Lehrer, Samuel Lichtenfeld,
in ehrenvollem Gedenken gewidmet*

Imi Sde-Or (Lichtenfeld)

Si vis pacem para bellum

*Wenn du den Frieden willst, dann rüste Dich
für den Krieg*

Technischer Ratgeber und Chefredakteur: Darren R. Levine

Fotos: Liat Paz

Fotos und Zeichnungen aus der hebräischen Originalausgabe: Eldad Zakovitz

Weitere Fotos aus der hebräischen Ausgabe: Achihu Larom

Buchdesign: Rotem Namir-Pardess

Umschlag: Ayelet Yehuda, Nina Jawitz

Fotoarbeiten: Studio Prior

Rasterung der Fotos: Arad

Warnung

Inhaltsverzeichnis

Für den wertvollen Beitrag zum Gelingen dieser Veröffentlichung bedanke ich mich bei den folgenden Krav Maga Verbänden:

International Krav Maga Federation
Krav Maga Association of America
Israeli Krav Maga Association

Zu großem Dank verpflichtet bin ich meinem Freund Helmut Braun, der, nachdem er Großmeister Imi Lichtenfeld persönlich kennengelernt hatte, als Erster Krav Maga in Deutschland vorstellte. Helmut gelang es mit Erfolg, seine Krav Maga-Erfahrungen mit seinen Kenntnissen in anderen Budo-Sportarten - insbesondere Karate - zu verknüpfen, weshalb sein Beitrag so entscheidend für die klare Darstellung der deutschsprachigen Ausgabe dieses Buches ist.

Überaus dankbar bin ich auch Ralf Ulbig, Markus Grundke und Florian Peter, den ersten authorisierten Krav Maga Instruktoren in Deutschland, die als   Yanilovs eifrige Anhänger in Deutschland, eine großartige (und äußerst anstrengende) Arbeit leisteten, indem sie die exakte Übereinstimmung des deutschen Textes mit der englischen Originalausgabe sicherstellten.

Sehr dankbar bin ich auch Herrn Wolfgang Weinmann vom Verlag Weinmann, der - selbst ein erfahrener Budosportler- sofort den Wert des Wissens über Krav Maga als praktisches Selbstverteidigungssystem für das deutsche Publikum erkannt hat.

Zu guter Letzt gilt mein aufrichtiger Dank der harten Arbeit von Herrn Marcus Rosenstein und guten Geistern in Berlin und Bonn für die Übersetzung ins Deutsche, bei der sie sich mit den zahlreichen Schwierigkeiten, die ein solch anspruchsvolles Projekt selbstverständlich mit sich bringt, auseinandersetzen mussten.

Die nachfolgend genannten Instruktoren der International Krav Maga Federation investierten viele Stunden, um ihre Erfahrung in die Präsentation der verschiedenen Techniken auf rund 500 in diesem Buch enthaltenen Fotos einzubringen. Für ihren konstruktiven Beitrag zu dieser Veröffentlichung bedanke ich mich bei: **Gabi Noah; Eli Ben-Ami; Avi Moyal; Amnon Darsa; Dori Nemetsky** und **Yoav Gaon**. Dank gilt auch den nachfolgenden Krav Maga-Lehrern, die auf einem der älteren Fotos dieses Buches zu sehen sind: **Shaike Barak; Hayim Zut** und **Guy Cohen**.

Vorwort von Yitzhak Rabin

Lieber Imi,

die Vermittlung körperlicher Fitness und Krav Maga an IDF- (Israel Defense Forces) Soldaten sowie Offiziere und Imi Lichtenfeld sind untrennbar, nämlich ein wesentlicher Bestandteil der IDF-Aktivitäten. Meinen Dank an Dich für Deinen Beitrag zur Schaffung eines "muskelbewußten Judentums" bei den israelischen Streitkräften und meinen Glückwunsch zur Veröffentlichung Deines Buches: ein Handbuch für Augenblicke der Not, in der Hoffnung, dass die Leser Deinen Rat und Deine Erfahrung niemals nötig haben werden.

Hochachtungsvoll

Yitzhak Rabin

Ehemaliger Ministerpräsident und Verteidigungsminister des israelischen Staates

Vorwort von Shimon Peres

Die beiden heutzutage weltweit größten Gefahren sind mit Raketen geführte Kriege (Raketen kennen keine Grenzen) und Kämpfe mit Messern (da auch der Terrorismus nicht vor Grenzen zurückschreckt).

In mit Raketen geführten Kriegen, ist die Technologie der entscheidende Faktor, im Terrorismus ist es der Einzelne. Imi Sde-Or, dessen wir in Ehrfurcht gedenken, entwickelte eine Strategie für Krav Maga. Eine Strategie, die auch dem Einzelnen Selbstverteidigung ermöglicht, ob er eine Uniform trägt oder nicht, und dies auf eine Weise, dass sein Kampf auch wenn er allein auf dem Schlachtfeld steht, nicht zwangsläufig verloren sein muss.

In diesen Tagen zunehmender Gewalt sucht diese Strategie ihresgleichen.

Shimon Peres

Minister für Regionale Zusammenarbeit und ehemaliger israelischer Ministerpräsident

Danksagungen

Ich möchte die Gelegenheit nutzen, allen, die in den letzten Jahren an der Vorbereitung dieses Buches beteiligt waren sowie den folgenden Personen, die entscheidend zu seiner Verwirklichung beigetragen haben, meinen Dank auszusprechen:

Efrat Ashkenazi scheute keine Mühen, die hebräischen Texte in flüssiges Englisch (zum Glück ihre Muttersprache) zu übersetzen und sie immer weiter zu verbessern. **Liat Paz**, unsere Fotografin, erwies sich mit ihrer Kamera im Studio sowie im Freien als ebenso geduldig wie gewandt und stand sogar für einige der Geiselaufnahmen Modell. **Michelle Sachnin** arbeitete unermüdlich als Sprachbeauftragte und tat ihr Bestes, um den englischen Text vor unseren ständigen "Verbesserungen" zu retten. **Rotem Namir-Pardess**, die für die Endfassung des graphischen Designs zuständig war, verrichtete ihre Arbeit mit beeindruckendem Können. **Uri Novojenov** widmete sich der Laborarbeit und versorgte uns mit den notwendigen Abzügen der von Liat gemachten Fotos. **Chezi Mizrahi** stellte seine professionellen Fähigkeiten beim qualitativ hochwertigen Scannen der o.g. Fotos unter Beweis. Der Pistolenschütze und Ausbilder **Dan Barkai** half mit seiner Sachkenntnis, die Richtigkeit der in diesem Buch zum Thema Schusswaffen enthaltenen Informationen sicherzustellen. **Abraham Lapidot** stellte uns mit Genehmigung der Israel Military Industries (IMI) freundlicherweise die zu Demonstrationszwecken erforderlichen Fotos der verschiedenen Schusswaffen zur Verfügung. Zu guter Letzt arbeitete **Judith Taffet**, Sekretärin des Dekel-Verlags, in ihrer Eigenschaft als in Israel verantwortliche Koordinatorin für dieses Druckwerk. Mit ihrer gewissenhaften Arbeit trug sie trotz aller Schwierigkeiten und zahlreicher anderer Verpflichtungen zur erfolgreichen Fertigstellung bei.

Und auf der anderen Seite des Atlantischen Ozeans:

Richard Grossinger, Verleger und Präsident der Frog Ltd, and North Atlantic Books, der als erster amerikanischer Verleger die stetig wachsende Notwendigkeit eines umfassenden Krav Maga-Buches auf dem amerikanischen Markt erkannte und trotz aller Schwierigkeiten mutig in dieses israelisch-amerikanische Verlagsprojekt einstieg. **Jess O´Brien**, Richards Kampfkunst-Redakteur sorgte auf seine ruhige und wirkungsvolle Art dafür, dass auf der amerikanischen Seite alles glatt lief und unterstützte uns durch sein äußerst hilfreiches Korrekturlesen. **Nicol George** beriet uns bei der Anwendung der korrekten Regeln englischer Interpunktion. Mein persönlicher Freund und Rechtsberater, **Hugo Gerstl**, Präsident und Geschäftsführer von Four Paws Publishing, spielte eine zentrale Rolle bei der Verwirklichung dieses Buchprojektes, indem er sich in beiden Bereichen seiner beruflichen Tätigkeit engagierte, um geschickte Lösungen für knifflige juristische Feinheiten zu finden. Mein Kollege **Iven Lourie**, Präsident von Gateways Books and Tapes, hatte maßgeblichen Anteil am Zustandekommen dieser US-israelischen Verbindung. Besonderer Dank gilt dem Beitrag von **Daniel Abraham**, einem sozial gesinnten Geschäftsmann, für seine wertvolle Unterstützung während der frühen Phase der Einführung der Krav Maga Lehrmethode in den USA.

Z.M.

Vorwort des Herausgebers

Normalerweise schreibe ich kein Vorwort in Büchern, die ich selbst herausgebe. Hier handelt es sich jedoch um ein ungewöhnliches Buch eines ungewöhnlichen Menschen.

Imi (Imrich) Sde-Or (Lichtenfeld), der berühmte israelische Großmeister (1910 - 1998), war der Schöpfer des Krav Maga. Imi und sein Schüler und Nachfolger, Eyal Yanilov, verbrachten mehr als ein Jahrzehnt damit, diese Buchreihe zum Wohl der Menschen auf der ganzen Welt zu schreiben, die in Notfällen dieses spezielle Wissen brauchen.

Wegen seines breiten Wissens und seiner herausragenden Persönlichkeit wurde Großmeister Imi von seinen zahlreichen Schülern und Gefolgsleuten, die ihn fast als einen Guru verehrten, als lebende Legende betrachtet. Er schuf eine moderne Selbstverteidigungsform, die die zentralen Eigenschaften seiner Persönlichkeit und die Ereignisse verkörpert, die sein faszinierendes Leben prägten. Ebenso wie Imi selbst ist auch Krav Maga logisch, intuitiv, direkt und praktikabel, vor allem aber sensibel und human.

Imi Sde-Or griff auf seine außergewöhnliche Kenntnis des menschlichen Körpers und der menschlichen Bewegungslehre zurück, um eine besondere Form der Selbstverteidigung und des Nahkampfs zu konzipieren. Seine umfassende Erfahrung mit Gewalt im Alltag sowie seine Kenntnis verschiedener Kampfarten (einschließlich Ringen und Boxen, worin er in seiner Jugend herausragende Leistungen erbrachte) verschmolzen auf geniale Weise zum Krav Maga. Dieses Kampfsystem wurde während Imis langer Karriere bei den Israelischen Streitkräften entwickelt, getestet und verbessert und später auf den nichtmilitärischen Gebrauch zugeschnitten.

Trotz seiner grimmigen Erscheinung war Großmeister Imi niemals ein kriegerischer Mensch. Er suchte ernsthaft den Frieden, den er als höchste Errungenschaft ansah. Er lehrte seine Schüler stets, wie wichtig es sei, im Krav Maga-Training Wert auf Präzision zu legen, um auch in lebensbedrohlichen Situationen keine übermäßige oder unnötige Gewalt anzuwenden zu müssen. Sein größter Wunsch war es, dass die Lehre des Krav Maga unter den Ausübenden eine Hass, Feindlichkeit und nationale Grenzen überwindende internationale Bruderschaft hervorbringen würde.

Imis mitteleuropäische Wurzeln hinterließen ebenfalls ihre Spuren in der Entwicklung des Krav Maga. Imi Sde Or, der sich stets als Weltbürger sah und auch demgemäss handelte, wollte die engen Grenzen, die Krav Maga in seinem Anfangsstadium umgaben, durchbrechen. So gelangte die neue Disziplin in Bereiche außerhalb der israelischen Streitkräfte und wurde zivilen Kreisen zugänglich gemacht, nachdem man sie, deren Bedürfnissen angepasst hatte. Als Ergebnis dessen wird Krav Maga- unter der Schirmherrschaft des israelischen Bildungsministeriums - heute in Israels Schulklassen, bei jungen Leuten, sowie Männern und Frauen in privaten Einrichtungen unterrichtet.

In den letzten Jahren hat sich die neue Disziplin auch weit außerhalb der Grenzen Israels verbreitet. Mittlerweile gibt es aktive Krav Maga-Gruppierungen in den USA, in den meisten europäischen Ländern, in Brasilien, Australien, Neuseeland, Japan und anderen Teilen der Welt. In einigen dieser Länder wurde Krav Maga offiziell von staatlichen Organisationen und den Gesetzeshütern übernommen und in deren Trainingsprogramme aufgenommen.

Die Krav Maga-Reihe, deren Veröffentlichung mit diesem Buch beginnt, verfolgt das Ziel, die Anhängerschaft des Krav Maga zu vergrößern, indem sie es sowohl professionellen Nutzern als auch der allgemeinen Öffentlichkeit außerhalb Israels zugänglich macht. Die Reihe versorgt den Leser mit dem grundlegenden Rüstzeug zur Ausübung von Krav Maga, wobei sie sowohl grundlegende Regeln als auch spezielle Techniken vermittelt, die mit Hilfe von mehr als 1000 Fotos und Zeichnungen erläutert werden.

Der theoretische Teil behandelt wichtige Themen wie z.B.: Grundlagen der Verteidigungstechniken, Verhalten in Konfliktsituationen, Kampftaktiken, Trainingsmethoden einschließlich mentalem Training, Sicherheit im Training usw. mit nützlichen Ergänzungen.

Kurzum: Diese Reihe stellt das einzige authentische Standardhandbuch über Krav Maga dar, das von seinem Begründer, Großmeister Imi Sde-Or, sowie seinem Schüler und Nachfolger, Eyal Yanilov, geschrieben wurde. Es eignet sich sowohl für Anfänger als auch für fortgeschrittene Krav Maga-Ausübende oder auch für Trainer, die bereits in dieser Disziplin oder in anderen Kampfsportarten aktiv sind.

Die vorliegende Veröffentlichung ist das Produkt einer gewissenhaften Zusammenarbeit engagierter Menschen (siehe Danksagung). Ganz besonders bedanken möchte ich mich bei Darren Levine, dem Vorsitzenden des Krav Maga-Centers in Los Angeles, für dessen langwährende, sorgfältige und umsichtige Arbeit als technischer Berater und Chefredakteur der englischsprachigen Ausgabe, ohne die diesem Buch sicherlich die ihm zueigene Transparenz und sein jetziger Stil fehlen würden. Persönlichen Dank schulde ich dem Co-Autor dieses Buches und Chefausbilder der International Krav Maga Federation, Eyal Yanilov, der durch sein beharrliches Wirken und seine Zielstrebigkeit in Verbindung mit seinem unvergleichlichen Fachwissen in dieser Disziplin im Verlauf der letzten zehn Jahre eine anfängliche Vision Wirklichkeit werden ließ.

Persönlich möchte ich bemerken, dass ich meiner Familie und besonders meiner Frau Pnina großen Dank schulde. Ich glaube nicht, dass ich dieses anspruchsvolle Verlagsprojekt ohne ihre Ermutigung und Unterstützung bewältigt hätte. Ilana Sde-Or, Imis Ehefrau und langjährige Weggefährtin half uns mit dem Heraussuchen längst vergessener Fotos aus Imis Vergangenheit. Merav Yanilov-Hazan, Eyals Ehefrau, unterstützte uns mit ihrer juristischen Erfahrung bei verschiedenen, diese Veröffentlichung betreffenden, rechtlichen Fragen.

Zu guter Letzt möchte ich Imi, dem Schöpfer des Krav Maga, einem herausragenden Lehrer, einem wahren Freund und einem großartigen Menschen, meine Verehrung erweisen. Wir alle vermissen ihn.

Zvi D. Morik, Verleger

Einleitung

Die in diesem Buch weitergegebenen Informationen beinhalten Originalmaterial über das umfassende Selbstverteidigungs- und Nahkampfsystem, das in Israel und auf der ganzen Welt unter seinem hebräischen Namen Krav Maga (Kontaktkampf) bekannt ist. Diese einzigartige Methode wurde von ihrem Begründer, Großmeister Imi Sde-Or, ursprünglich für die israelischen Streitkräfte sowie verschiedener Bereiche der Sicherheitsdienste entwickelt und später auch den Bedürfnissen der Zivilbevölkerung angepasst. Es ist wichtig zu wissen, dass alle Krav Maga-Techniken im Ernstfall gründlich erprobt, verbessert und entsprechend weiterentwickelt wurden.

Dies ist das erste und einzig autorisierte, von seinem Gründer sowie seinem Meister-Schüler verfasste Handbuch über Krav Maga. Es behandelt ausführlich Verteidigungstechniken, wobei zumeist ein bewaffneter Angreifer als Bedrohung für das Leben des Verteidigenden oder eines Dritten auftritt. Diese modernsten Abwehrtaktiken und -techniken richten sich gegen einen mit einer scharfkantigen Waffe (z.B. ein Messer oder eine zerbrochene Flasche), einem stumpfen Gegenstand (z.B. ein Stock oder eine Eisenstange) oder einer Schusswaffe (z.B. Pistole oder Gewehr) bewaffneten Angreifer. Andere artverwandte Themen werden ebenso behandelt: die Verwendung von Gegenständen des Alltags als Verteidigungswaffen, die Neutralisierung der Bedrohung einer Gruppe mit einer Feuerwaffe oder einer Handgranate im Rahmen einer Geiselnahme, besondere Krav Maga-Trainingsmethoden (einschließlich mentalem Training) und mehr.

Da bei den in diesem Buch vorgestellten Szenarien zumeist ein bewaffneter Angreifer im Mittelpunkt steht, handelt es sich in allen Fällen um potentiell lebensbedrohliche Situationen. Ob man einem mit einem großen Küchenmesser, einem Brecheisen oder sogar einer Pistole hantierenden Angreifer gegenübersteht, immer erfordert die todverheissende Natur einer solchen Begegnung eine effektive Antwort. Diese Antwort muss sowohl vom körperlichen Einsatz als auch von der Taktik her wohlüberlegt ausfallen, um ernsthafte körperliche Verletzungen oder im schlimmsten Fall tödliche Folgen zu vermeiden. Aus diesem Grund verknüpft Krav Maga mentales, technisches, taktisches und körperliches Training, um die eigene Chance, sich auch in einer noch so gefährlichen Lage zu behaupten, erheblich zu vergrößern.

Krav Maga ist ein einzigartiges System, das als innovative, wirksame und höchst praktikable Selbstverteidigungs- und Kampfmethode internationale Anerkennung erlangt hat. Diese Anerkennung stammt hauptsächlich von weltweit tätigen Kampfsportexperten und Nahkampfausbildern aus zivilen, sicherheitsunterstützenden und militärischen Kreisen. Für viele, die im Rahmen ihrer beruflichen Tätigkeit Einblick in die Ausbildungsstruktur des Krav Maga gewonnen haben, sind folgende Merkmale die wichtigsten und auffälligsten dieses Systems: 1. Das System setzt sich aus einfachen, leicht zu erlernenden Techniken zusammen, die auf natürlichen Körperbewegungen und logischen Verteidigungsgrundsätzen basieren; 2. Demzufolge kann der Ausübende in relativ kurzer Lernzeit einen hohen Leistungsstand erreichen; 3. Techniken und Taktiken funktionieren auch in rauer, unkontrollierter und gewaltbeherrschter Umgebung; 4. Der Einzelne wird mit einem Minimum an Wiederholungen und Übung in die Lage versetzt, die Techniken auf hohem Niveau ausführen zu können.

Diese Veröffentlichung umfasst einen beträchtlichen Teil des gesamten Krav Maga-Systems einschließlich fortgeschrittener Techniken. Unser Ziel besteht darin, der Öffentlichkeit die Möglichkeiten der Selbstverteidigung gegen einen **bewaffneten Angreifer** vor Augen zu führen. Die Entscheidung, diesen Bereich vor der Darstellung grundsätzlicherer Anwendungsformen des Krav Maga zu veröffentlichen, ist das bedauerliche Ergebnis einer Welle globaler Gewalt, die über die meisten Teile der Welt rollt und sowohl Industrienationen als auch Entwicklungsländer erfasst. Der stetig wachsende Einsatz von Waffen bei der Verübung von Gewaltdelikten gegen Unschuldige war der ausschlaggebende Faktor bei der Wahl der in dieser ersten Veröffentlichung aufgenommenen Themen. Der nächste Band wird Grundlagen der Selbstverteidigung und der Kampftechniken des Krav Maga gegen einen **unbewaffneten Gegner** beinhalten, der möglicherweise gut trainiert oder besonders kräftig ist und somit eine ernsthafte Herausforderung für den Verteidigenden darstellen könnte.

Auf professioneller Ebene sehen wir kaum einen Unterschied zwischen einer auf nationalistischen Beweggründen basierenden terroristischen Operation (z.B. das Kapern eines Flugzeuges, Schiffes oder mit Passagieren besetzten Busses) und einer sich aus rein krimineller Absicht entwickelnden Situation wie eine Geiselnahme im Verlauf eines Bankraubes oder eine Entführung. In jedem dieser Fälle hängt der Ausgang des gewaltsamen Konflikts von der richtigen Antwort zum richtigen Zeitpunkt ab. Dabei hilft einem die Fähigkeit, unter Stress angemessen zu handeln (dies kann durch das Krav Maga-Training erlernt werden), um unverletzt oder mit möglichst geringen Verletzungen zu überleben. Unser Ziel besteht darin, den Leser zu sensibilisieren und seine Fähigkeit zu entwickeln, sich gegen einen gewaltsamen Angriff zur Wehr zu setzen. Die Entwicklung einer solchen Fähigkeit führt eindeutig zu größerem Selbstbewusstsein und persönlicher Sicherheit, was normalerweise eine höhere Lebensqualität zur Folge hat.

Obwohl Krav Maga ursprünglich für die israelische Armee entwickelt wurde, erfolgte danach eine sorgfältige Anpassung an die Bedürfnisse des zivilen Lebens. Sein Begründer widmete sein Leben der Erschaffung eines Systems, das von jedem, ob jung oder alt, Mann oder Frau zur eigenen Verteidigung oder zur Verteidigung seiner Begleiter im Fall einer gewaltsamen Konfrontation angewendet werden kann. Dieses System wurde mit Bedacht so konzipiert, dass seine Effekivität nicht von den körperlichen Gegebenheiten abhängt. Die leicht auszuführenden, natürlichen Techniken bilden in Verbindung mit einer logisch strukturierten Verteidigungstaktik eine durch seine Einfachheit geprägte Form der Selbstverteidigung. Dies ist das wahre Geheimnis der Effektivität von Krav Maga.

Zusätzlich zu den technischen Abschnitten dieses Buches, die die verschiedenen Arten bewaffneter Angriffe zum Gegenstand haben, werden wichtige Trainingsmethoden vorgestellt, die der Weiterentwicklung der Fähigkeiten des Lernenden dienen. Zur Untermauerung der Trainingsmethoden, Techniken und Taktiken enthält das Buch verschiedene theoretische Themenblöcke. Diese zielen darauf, die Fähigkeit zu verbessern, unter Stress zu handeln und die Zeit zu verringern, die man benötigt, die Gefahr zu erkennen und sofort zu reagieren. Die Autoren weisen besonders auf Kapitel 14 hin: **Sicherheit im Training**, das sich komplett diesem so überaus wichtigen Thema widmet und **vor Ausübung irgendeiner, der in diesem Buch beschriebenen körperlichen Aktivitäten gründlich gelesen werden muss!**

Am Ende dieses Buches präsentieren wir Hintergrundwissen zur Geschichte des Krav Maga, seinem Begründer, seiner Entwicklung im Laufe der Jahre und zu seinen Autoren.

Anschließend folgt der Anhang mit Informationen zum Verleger und Herausgeber dieses Buches und einem Glossar mit der gängigen Fachterminologie des Krav Maga.

Die Autoren möchten sich bei all denen bedanken, die an der Vorbereitung und Veröffentlichung dieses Buches beteiligt waren, darunter ganz besonders Darren Levine aus Los Angeles, Kalifornien. Levine brachte als technischer Berater und Herausgeber des Buches viel von seinem Wissen und seiner Erfahrung im Bereich des Krav Maga-Trainings sowie seine Gewandtheit in der englischen Sprache mit ein. Ein großer Teil des Textes in diesem Band verdankt seine Transparenz Darrens freiwilligem Einsatz.

Die Autoren und Verleger danken der Krav Maga Association of America, Inc., für ihre Unterstützung bei der Veröffentlichung dieser Ausgabe, sowie den begabten und hingebungsvollen Menschen, die an diesem Druckwerk beteiligt waren und deren ausdauernde Mühen es möglich gemacht haben (siehe Danksagung).

Wir hoffen aufrichtig, dass Sie, die Leser, niemals in eine Situation geraten, die die Anwendung der hier beschriebenen Selbstverteidigungstechniken erforderlich macht, aber auch dass Sie diese Techniken, wenn Sie dennoch in solch eine Lage geraten, ohne zu zögern, mit Selbstvertrauen und erfolgreich anwenden.

Imi Sde-Or und Eyal Yanilov

Netanya, Israel

Was ist Krav Maga?

Krav Maga, das in Hebräisch "Kontaktkampf" bedeutet, ist das offizielle System für Selbstverteidigung und Nahkampf der israelischen Streitkräfte (IDF), der israelischen Nationalpolizei und anderer Sicherheitsdienste. Krav Maga wird zudem intensiv an öffentlichen Schulen und Bildungseinrichtungen unterrichtet, die dem israelischen Bildungsministerium angeschlossen sind.

Krav Maga wurde von dem inzwischen verstorbenen Imi Lichtenfeld geschaffen, der das System während seiner bemerkenswerten Militärkarriere als Chefausbilder für Nahkampf im Dienst der IDF entwickelte. Während seines Militärdienstes schrieb Imi das offizielle Handbuch der Armee für Selbstverteidigung und Nahkampf. 1964 verließ er die Armee, überwachte aber weiterhin den Krav Maga-Unterricht beim Militär sowie den Sicherheitsdiensten. Darüber hinaus arbeitete er unermüdlich an der Weiterentwicklung und Verbesserung sowie der Anpassung des Krav Maga an die Bedürfnisse der Zivilbevölkerung.

Krav Maga ist ein modernes, praxisnahes und bewährtes Selbstverteidigungssystem, das mit Bedacht für die unruhige Welt von heute konzipiert wurde. Geprägt wird es durch seine logische und verständliche Heranführung an Konfrontationen, in deren Mittelpunkt Selbstverteidigung und Kampf stehen. Hierdurch erreicht man bereits innerhalb einer kurzen Unterweisungszeit einen relativ hohen Leistungsstand. Bei seiner Entwicklung wurde peinlich genau darauf geachtet, Krav Maga abwechslungsreich zu gestalten, so dass es für das Militär und die Sicherheitsdienste ebenso geeignet ist wie für Zivilisten. Das System wurde wegen seiner äußerst praxisnahen Umsetzung von erfahrenen Kämpfern, Kampfsportexperten, Militär- und Polizeibediensteten durchweg gelobt. Es spricht wegen seiner einfachen, schnörkellosen und realistischen Annäherung an Fragen zur eigenen Sicherheit ganz besonders aber auch Anfänger an. Unter dem Strich ist Krav Maga die ideale Selbstverteidigungsmethode für Männer und Frauen aller Altersgruppen und unterschiedlichster körperlicher Eigenschaften.

Bei einer näheren Untersuchung der Krav Maga-Disziplin treffen wir auf zwei wesentliche, eng mit ihr verbundene Bestandteile: **Selbstverteidigung** und **Nahkampf.**

Was ist Selbstverteidigung?

Nach einem langen Arbeitstag gehst du über den Parkplatz zu deinem Auto. Genau in dem Moment, als du die Wagentür öffnest, nähert sich dir jemand von hinten und hält dir ein Messer an die Kehle. Du reagierst schnell und aggressiv, verteidigst dich, bringst die Waffe unter Kontrolle und neutralisierst den Angreifer. Das ist Krav Maga - Selbstverteidigung.

Selbstverteidigung ist das Fundament des Krav Maga-Systems. Seine verschiedenartigen Techniken wurden entwickelt, um diejenigen, die Krav Maga trainieren in die Lage zu versetzen, sich und andere gegen feindliche, gewaltsame Handlungen zu verteidigen und die Angreifer zu überwältigen und unschädlich zu machen. Die Selbstverteidigungstechniken des Krav Maga

1

beinhalten Verteidigungen gegen eine Vielzahl unbewaffneter, aber dennoch gefährlicher Angriffe, wie etwa Faustschläge, Tritte, Würgegriffe, Schwitzkasten, Umklammerungen des Körpers und andere Griffe. Sie eignen sich auch für lebensbedrohliche Szenarien mit höherem Risiko, bei denen der Angreifer eine Waffe wie z.B. einen Stock, ein Messer, eine Handfeuerwaffe oder sogar eine Handgranate hat.

In der frühen Entwicklungsphase des Krav Maga, sah sich sein Erfinder, Großmeister Imi Lichtenfeld, mit der Notwendigkeit konfrontiert, eine Vielzahl israelischer Soldaten, vom körperlich durchtrainierten Hochschulabsolventen bis hin zum aus der Form geratenen Reservisten jenseits der Vierzig, effizient und schnell zu schulen. Darum entwickelte er ein System, das mehr auf einfache, instinktive Bewegungen als auf festgelegte Techniken, die jahrelanges Training erforderten, vertraute. Als Ergebnis können die Selbstverteidigungstechniken des Krav Maga von Männern und Frauen mit unterschiedlichsten körperlichen Fähigkeiten und aus allen Altersklassen angewandt werden.

Die Defensivtechniken und Prinzipien des Krav Maga bestehen aus einfachen und natürlichen Bewegungen, die hochwirksam sowie leicht zu erlernen sind. Den Lernenden wird beigebracht, diese Prinzipien und Techniken in einer Vielzahl von Situationen anzuwenden - in dunkler Umgebung, in sitzender oder liegender Position oder unter widrigen Umständen, in denen sie sich bei stark eingeschränkter Bewegungsfreiheit verteidigen müssen.

Was ist Nahkampf?

Ein Mann steht vor dir. Er stößt dich mit beiden Händen zurück. Bis zur nächsten Bewegung hat keiner von beiden einen Vorteil. Ein Angriffswirbel mit Tritten, Schlägen und den dazu gehörenden Verteidigungen und Körperbewegungen steht kurz vor dem Ausbruch. Nun steckst du mitten in einem richtigen Kampf. Der Nahkampf stellt eine höher entwickelte Phase des Krav Maga dar, in der den Schülern beigebracht wird, wie man den Gegner schnell und effektiv neutralisiert. Dieser Teil des Systems behandelt die Elemente, die in Zusammenhang mit der eigentlichen Bewältigung des Kampfes stehen: Angriffe, Verteidigungen, Timing, Täuschungsmanöver, Taktiken, Bewegungen, und Vorstellungsvermögen zusammen mit einigen wichtigen psychologischen und mentalen Überlegungen, die in Zusammenhang mit dem Überleben einer sochen Konfrontation stehen.

Beachte: Auch ein klarer Selbstverteidigungsfall, bei dem du mit einer speziellen Technik auf einen bestimmten Angriff reagiert hast, kann leicht in einen richtigen Kampf ausarten. So bist du zum Beispiel in einen echten Kampf verwickelt, wenn sich der Gegner nach deiner Verteidigung und deinem Konter noch nicht geschlagen gibt und seine Angriffe fortsetzt.

Die Entwicklung des Krav Maga

Bei dem Versuch, die hinter der Entwicklung des Krav Maga stehenden Beweggründe zu verstehen, sehen wir, dass diese in engem Zusammenhang mit der Vergangenheit seines Erfinders stehen (siehe Kapitel 15: **Über die Autoren**). In seiner Jugend in der Tschechoslowakei der 30er-Jahre war Großmeister Imi Lichtenfeld als Meister in verschiedenen Sportarten, in erster Linie im Ringen und Boxen, berühmt. Beeinflusst wurde er auch von seinem Vater, der Hauptkommissar und Lehrer für Selbstverteidigung im Polizeidienst war und Imi in mehreren Sportarten und Kampfdisziplinen unterrichtete. Prägend waren auch die vielen brutalen Straßenkämpfe in Imis Heimatstadt Bratislava, die er gegen nationalsozialistische Jugendbanden durchstehen musste. Darüber hinaus brachte Imi im Umgang mit einer Situation oder einem Ereignis, das sowohl gewaltgeprägt als auch gefährlich war, stets seine natürliche Begabung zum Einsatz, eine geschickte technische Lösung zu finden, die sehr einfach, aber dennoch äußerst effektiv war.

Krav Maga besteht aus verschiedenen körperlichen Techniken, wobei es dem Ausübenden aber auch eine besondere mentale Eigenschaft vermittelt, die der Stärkung seines Kampfgeists dient. Es werden besondere Trainingsmethoden verwendet, um den Stress eines Angriffs zu simulieren und dich auf die Härte und die Realität eines echten Überlebenskampfes vorzubereiten. Diese Trainingsmethoden kommen bei den Kampfeinheiten Israels zum Einsatz und haben sich in zahllosen realen Kampfsituationen bewährt.

Die Natur der Krav Maga-Techniken wurde den Bedingungen des wahren Lebens auf perfekte Weise angepasst. Das System bereitet uns darauf vor, in unserer stets gewalttätigen Umwelt zu bestehen und ermöglicht es dem, der es anwendet, Leben zu schützen und zu retten. Es entstammt einem Umfeld, in dem Gewalt, leider zum Alltag gehört. Daraus resultiert, dass Krav Maga das kampferprobteste Selbstverteidigungs- und Nahkampfsystem der Welt ist, das im Laufe der Jahre vielfach Gelegenheit hatte, eingesetzt, geprüft und verbessert zu werden.

In den letzten Jahren wurden Zivilisten und Sicherheitsdienste in vielen verschiedenen Ländern der Welt in Krav Maga unterrichtet. Es erlangte bei "Profis" und Kampfsportorganisationen schnell internationale Anerkennung als eine höchst effektive und praxisbezogene Selbstverteidigungs- und Kampflehre, die der Vision ihres Schöpfers, dem Großmeister Imi Lichtenfeld folgt: "**.....dass man in Frieden wandeln könne.**"

Die Grundvoraussetzungen des Krav Maga

Die Grundsätze des Krav Maga lauten, wie von seinem Begründer formuliert:

- **"Lass dich nicht verletzen":** Das bedeutet, dass du einen hohen Leistungsstand in der Selbstverteidigung erreichen solltest. Wirst du dennoch verletzt, musst du wissen, wie du den Angriff (Tritt, Schlag, usw.) dämpfen und die richtige Maßnahme unter den neu entstandenen Bedingungen treffen kannst.

- **"Sei bescheiden":** Gib mit deinen Fähigkeiten nicht an und vermeide unnötige Konflikte. Überwinde dein eigenes "Ich" und kontrolliere deine mentale Verfassung, damit sie dich während einer Konfrontation nicht im Stich lässt. Nimm Kritik und Lehre von Anderen an.

- **"Handle richtig":** Tu das Richtige am richtigen Ort zur richtigen Zeit. Dein körperlicher und mentaler Zustand sind richtungsweisend dafür, wie du mit einer Konfrontation fertig wirst. Nutz deine Fähigkeiten vollständig aus und greife auf alle Vorteile zurück, die dir die in deiner Umgebung vorkommenden Gegenstände und Gegebenheiten bieten, um effektiv mit der Situation umgehen zu können.

- **"Sammle Erfahrung, damit du nicht töten musst"**: Der geübte Krav Maga-Ausübende muss seinem Gegner keinen unnötigen Schaden zufügen und ist in der Lage, die Konfrontation kurz und wirkungsvoll zu beenden. Entwickle Rücksicht auf deine Mitmenschen, selbst im Verlauf eines gefährlichen Aufeinandertreffens. Beherzige andererseits aber auch den alten Ausspruch: **"Wenn dich jemand töten will, so töte du ihn zuerst"**. Dieser trifft auf besondere Situationen zu, in denen du keine andere Wahl hast, weil es nur "ihn oder dich" gibt.

- Auch ist es äußerst wichtig, die Fähigkeit zu entwickeln, Stufen der Gefährlichkeit eines möglichen Angriffs unterscheiden zu können. Dies ist besonders wichtig für jüngere Menschen, denen Selbstkontrolle und Gewaltvermeidung als Werte vermittelt werden müssen, die sich aber dennoch wirksam verteidigen können sollen. Dies bedeutet: Bemüh dich zunächst, die Konfrontation zu vermeiden. Wirst du dennoch attackiert, **antworte mit einem angemessenen Grad an Härte**, der ausreicht, um die Bedrohung zu neutralisieren und zieh dich aus dem Gefahrenbereich zurück.

Leitsätze für Krav Maga-Techniken

- **Vermeide Verletzungen!** Wäge vorsichtig die Risiken einer bestimmten Aktion ab und vermeide Gefahr, wo immer dies möglich ist. Deine Aktionen sollten auf **Verteidigungs**maßnahmen basieren; **Krav Maga betont nachdrücklich die Anwendung von Verteidigungstechniken.**

- Die Krav Maga-Techniken wurden als eine Weiterführung der **natürlichen Körperreflexe** entwickelt. Diese natürlichen Reaktionen wurden anschließend überarbeitet, geglättet und angepasst, um den Anforderungen einer gegebenen Situation gerecht zu werden.

- Verteidige dich auf dem **kürzesten und direktest möglichen Weg**, aus jeder Startposition heraus, unter Berücksichtigung der Sicherheit und Eignung deiner Aktion.

- **Reagier richtig in Einklang und gemäß den Erfordernissen der Umstände.** Überprüfe dabei die Art deiner Reaktion und die Kraft des Angriffs (um unnötige Verletzungen zu vermeiden).

- **Triff jede empfindliche Stelle richtig** (wo es nötig ist), um die Oberhand über den Gegner zu gewinnen.

- **Nutze jeden in der Nähe erreichbaren Gegenstand** zu deiner Verteidigung und zu Gegenangriffen.

- **Beim Krav Maga gibt es keine Regeln**, technischen Beschränkungen oder sportlichen Restriktionen.

- Das **Prinzip beim Training**: Weiterentwicklung von der vorgegebenen zur selbständigen Praxis (beinhaltet das "mentale Training") um von der einzelnen eng definierten Technik zur improvisierten Handlung in Übereinstimmung mit den Bewegungsabläufen der Situation zu gelangen.

Verteidigung gegen Angriffe mit einem Messer

Kapitel 1

Verteidigung gegen Angriffe mit einem Messer

Im Krav Maga wurden praktikable Verteidigungstechniken entwickelt, um wirksam mit einem eine scharfkantige Waffe verwendenden Angreifer fertig zu werden. Dieses Kapitel deckt nicht den gesamten Bereich der Messerangriffe ab; es bietet jedoch Verteidigungsgrundlagen, Taktiken und besondere Techniken gegen die am häufigsten vorkommenden Messerangriffe. Die dargestellten Szenen beinhalten Abwehraktionen in naher, mittlerer und weiter Distanz aus verschiedenen Winkeln sowie Entwaffnungs- und den Kampf beendende Abschlusstechniken.

Dieses Buch behandelt die Begegnung mit einem messerbewehrten Angreifer **unter dem Aspekt der Selbstverteidigung**, d.h. der **Abwehr** einer Messerattacke und nicht unter dem Gesichtspunkt einer **aktiven Kampfführung** in einer Auseinandersetzung.

Krav Maga legt besonderen Wert auf Abwehrtechniken gegen einen Angreifer, der mit einem Messer oder mit anderen häufig verwendeten scharfkantigen Gegenständen wie zerbrochenen Flaschen, Rasierklingen, Scheren usw., bewaffnet ist. Dabei ist es erfor-derlich, die verschiedenen Arten der Messerhaltung und die unterschiedlichen mög-lichen Angriffsformen darzustellen und zu erklären. Dies ermöglicht es dir, bei den ver-schiedenen Stich- und Hiebtechniken die Art des Angriffs zu erkennen. Nur dann wirst du in der Lage sein, die effektivste Abwehr anzuwenden.

Grundlagen der Verteidigung gegen Messerangriffe

● Sofern irgend möglich, sollte eine solche Konfrontation vermieden werden. Manchmal   ist die Flucht das beste Mittel, besonders dann, wenn du schnell laufen kannst.

● In dem Moment, in dem du einen Angreifer auf dich zukommen siehst, mit der Absicht, dich zu attackieren, kann dieser sich in verschiedenen **möglichen Entfernungen** zu dir befinden. Wir unterscheiden vier Hauptdistanzen:

Die erste: **sehr nahe Distanz**, in der du dich nur mit sehr viel Glück verteidigen kannst.

Die zweite: **nahe Distanz**, in der eine Handabwehr ausreichend sein kann. Auf diese Entfernung kannst du dich wirkungsvoll verteidigen, besonders gegen einen kreisför-mig ausgeführten Angriff.

Die dritte: **mittlere Distanz**, in der eine Handabwehr in Verbindung mit einer geeigne-ten Körperabwehr angewandt werden kann, um die Effektivität von Verteidigung und Gegenangriff zu erhöhen und den Angreifer relativ früh unschädlich zu machen.

Die vierte: **weite Distanz**, aus der heraus du den Gegner mit einem Abfangtritt treffen und ihn auf eine relativ große Entfernung stoppen kannst, bevor er dich verletzen kann.

- Wann immer dies möglich ist, ist es **wichtig**, bei der Abwehr eines messerbewehrten Angreifers, einen **sicheren Abstand einzuhalten**. Dies zwingt den möglicherweise Zustechenden, eine beträchtliche Entfernung überwinden zu müssen, um sein Ziel zu erreichen, was dir wiederum Zeit verschafft, notwendige Maßnahmen zu deiner Verteidigung zu ergreifen. Während dieser Zeit findest du vielleicht sogar einen Gegenstand in deiner Nähe, den du dir zunutze machen kannst. Nützliche Gegenstände können ein Stuhl oder ein Stock sein, mit dem du dich verteidigen oder mit dem du den Angreifer sogar schlagen kannst, oder auch ein Stein, den du werfen kannst. (Siehe Kap. 7: **Die Verwendung von alltäglichen Gegenständen als Abwehrwaffen**)
- Wenn du genug Zeit hast, **beobachte, wie der Angreifer das Messer hält;** dies vermittelt dir Anhaltspunkte, welche Angriffsart er voraussichtlich anwendet und über die Möglichkeiten für deine Verteidigung.
- Wir müssen uns klar darüber sein, **dass das Bein des Menschen stärker ist und eine größere Reichweite besitzt als sein Arm.** Deshalb ist es in den meisten Fällen besser, sich mit Tritten zu verteidigen und einen angemessenen Abstand einzuhalten, um sie auszuführen. Dieser Abstand dient ebenso als Sicherheitsspielraum, der es dir ermöglicht, zuerst anzugreifen, bevor der Gegner nahe genug an dich herankommt, um lebenswichtigen oder verletzlichen Teilen deines Körpers Schaden zuzufügen.
- Bei Anwendung einer Handabwehr (Block) gegen einen Messerangriff **muss der Gegenangriff mit höchstem Tempo ausgeführt werden.** Es wird dringend empfohlen, **die das Messer haltende Hand zu packen,** um den Angreifer von dessen nochmaligem Gebrauch abzuhalten. Der Grund hierfür liegt in der Tatsache, dass der typische Messerstecher, im Allgemeinen darauf "programmiert" ist, **mehrmals** und nicht nur einmal zuzustechen! Verteidigung und gleichzeitiger Gegenangriff sind darauf angelegt, die Konfrontation schnellstmöglich zu beenden, so dass der Angreifer keine Gelegenheit hat, mehrere Stiche auszuführen.

Die in den Gegenangriff gelegte Wucht hindert den Angreifer daran, weitere Attacken gegen den Verteidiger auszuführen. Dieser Eingriff entfaltet seine Wirkung an zwei Fronten: Die erste bezieht sich auf den rein physikalischen Zusammenhang, die zweite auf die Auswirkung auf die Ereigniskette, die beginnt, wenn sich der Angreifer bewusst zum Angriff entscheidet sowie auf die folgenden psychologisch - neurologischen Abläufe, um diese Angriffe auszuführen.

In **rein physikalischem Zusammenhang** betrachtet, kann die in den Gegenangriff des Verteidigers gelegte Wucht einer zweiten oder weiteren Stichattacke des Gegners gänzlich Einhalt gebieten oder dieser entgegenwirken. Selbst wenn ein zweiter Stoß in Richtung des Verteidigers bevorsteht, wird ein kräftiger Schlag an Kehle oder Kinn des Angreifers, des Gegners Stärke, die Geschwindigkeit seines Arms, seine Wucht, sein Angriffsmoment usw. schwächen.

Neurophysiologisch betrachtet unterbricht ein kräftig ausgeführter Gegenangriff die Ereigniskette, die für den Angreifer zur Durchführung eines zweiten oder weiterer Stöße erforderlich ist. In ihrer Auswirkung kann die Wucht des Gegenangriffs zum Kopf hin die Übertragung des Gehirns unterbrechen, die dem Körper des Angreifers einen Mehrfachangriff befiehlt. Er blockiert die erforderlichen Signale, die einen weiteren Angriff (oder Angriffe) zur Folge gehabt hätten.

- Um dem Angriff zu entgehen, sollten die verschiedenen Abwehrtechniken eine **angemessene Körperverteidigung** (Ausweichen) beinhalten. Dies dient als zusätzlicher Sicherheitsfaktor für den Fall, dass die Handabwehr nicht ganz erfolgreich war, und verringert zudem das Risiko, durch einen zweiten Angriff verletzt zu werden.

- Ein Stich (oder jede andere Art eines Angriffs) ist stärker und gefährlicher, wenn der angreifende Körperteil eine erhebliche Entfernung zurückgelegt und dabei Geschwindigkeit und Kraft entwickelt hat. Deshalb sollten wir versuchen, die Verteidigung auszuführen und den Angriff zu vereiteln, **bevor** die das Messer haltende Hand Zeit zur Entwicklung der vollen Beschleunigung hat, d.h. wenn sie sich noch nahe am Körper des Angreifers befindet.

- Obwohl Krav Maga eine **gleichzeitige Kombination von Verteidigung und Gegenangriff** klar favorisiert, gibt es dennoch Situationen, in denen dies schwer zu bewerkstelligen ist, z.B. dann, wenn der Angriff schnell und unerwartet erfolgt. Unter diesen Umständen kannst du vielleicht nur mit einer Blockabwehr reagieren. Deshalb ist es äußerst wichtig, dass du deine Fassung sofort wiedererlangst, **bei der ersten Gelegenheit einen kraftvollen Gegenangriff ausführst** und die das Messer haltende Hand so schnell wie möglich neutralisierst (und kontrollierst). **Bedenke**: Auch wenn die Abwehr den anfänglichen Angriff verhindert, ist es doch in erster Linie dein Gegenangriff, der Leben rettet und den Angreifer daran hindert, sein Ziel zu erreichen.

- Wendest du Handabwehr-Techniken an, **beweg dich**, falls möglich, **auf den Angreifer zu.** Dies verschafft dir den richtigen Abstand, um die Gegenangriffe auszuführen, die dir dabei helfen, den Gegner zu überwältigen und ihn daran zu hindern, seine Angriffsrichtung zu verändern, um nochmals zuzustechen.

- Bemerkst du den auf dich zukommenden Messerangriff im letzten Augenblick, kann dich **ein schneller Sprung in die richtige Richtung** aus dem Gefahrenbereich bringen. Aus deiner neuen Position heraus wird es dir leichter fallen, aus einem Winkel, der für dich bequemer ist, zu verteidigen und anzugreifen.

- **Der Zwischenfall ist beendet,** wenn es dir gelingt, der Gefahrenzone zu entkommen, oder wenn der Angreifer nicht mehr angreifen will oder kann (weil er aufgegeben hat, ausgeschaltet wurde, weggelaufen ist usw.). Wenn du an dem Schauplatz bleibst, solltest du deinen Gegner entwaffnen, indem du sein Messer entweder an dich nimmst oder es wegwirfst, so dass es nicht mehr von dem Angreifer oder irgendeinem Dritten verwendet werden kann.

- **Wahrscheinlich wirst du von dem Angriff überrascht.** Ein mit einem Messer oder einer anderen scharfkantigen Waffe bewaffneter Angreifer verheimlicht oftmals, dass er eine Waffe trägt. Tatsächlich berichten Opfer, die eine gewaltsame Konfrontation mit einem Messerstecher überlebt haben übereinstimmend, dass sie bis zu dem Zeitpunkt, an dem ihnen Stich- oder Schnittverletzungen zugefügt wurden, nicht die geringste Ahnung von der Existenz der Waffe hatten. Diese Überlebenden von Angriffen mit schneidenden Waffen geben an, dass sie sich in eine Art Faustkampf verwickelt glaubten; erst später, nachdem sie Verletzungen erlitten hatten, realisierten sie, dass der Angreifer mit einer Stichwaffe bewaffnet war.

Kurzum, vielleicht sieht man anfangs das Messer bei Beginn eines Kampfes gar nicht. Daher sollte man lernen, auf die Hände des Angreifers zu achten: sieh hin, um festzustellen, ob er tatsächlich bewaffnet ist. In zweiter Linie, im Rahmen der Frage, welchen Stand wir gegenüber einem mit einem Messer bewaffneten Gegner am besten einnehmen, müssen wir berücksichtigen, wann und wo wir die Stichwaffe bemerkt haben.

● Deine Ausgangsstellung

Solltest du direkt zu Beginn der Konfrontation bemerken, dass der Angreifer mit einem Messer bewaffnet ist, **verbleib in einer neutralen oder passiven Stellung.** Führ die Abwehrtechnik aus dieser Stellung aus. Deine Zurückhaltung, auch wenn dabei eine unverdächtige Stellung eingenommen wird, die einem passiven oder neutralen Stand gleichkommt, ermutigt den Angreifer möglicherweise, auf direktem Weg ohne Täuschungsmanöver oder besondere Taktiken zu attackieren, die die Verteidigung erschweren könnten

Wenn du das Messer in einem Augenblick bemerkst, in dem der Kampf bereits im Gange ist, solltest du nicht in eine passive oder neutrale Stellung zurückfallen. Deine Stellung sollte zunächst eine Art Einladung zu einer besonderen Eröffnung des Angriffs sein, der sich gegen eine Stelle richtet, die du verteidigen willst. Weiterhin sollte dein Stand so beschaffen sein, dass deine Arme, Hände und Finger näher an den Körper herangebracht werden und keine Schnitt- oder Hiebverletzungen abbekommen.

● Ratschläge für das Training

Beim Training mit einem Partner sollte für die anfänglichen Übungen solange ein weiches Messer (z.B. aus Gummi) verwendet werden, bis der Schüler die nötige Erfahrung hat, um sich gegen Angriffe mit höchster Geschwindigkeit und Kraft selbst zu verteidigen. Erst dann darf er anfangen, mit einem härteren Messer (z.B. aus Holz oder Plastik) zu trainieren. **Ein scharfes Messer aus Metall darf erst im fortgeschrittenen Stadium des Trainings unter Berücksichtigung aller erforderlichen Sicherheitsmaßnahmen verwendet werden.** Der Schüler muss sich, während er sich noch in der Lernphase befindet, an das Gefühl gewöhnen, sich gegen einen Angriff mit einem echten Messer zu verteidigen.

● Dem die Rolle des Angreifers spielenden Partner wird empfohlen, im Anfangsstadium des Trainings **am Messerarm einen Unterarmschutz zu tragen.** Dies ermöglicht es ihm, mit der erforderlichen Geschwindigkeit und Kraft anzugreifen, ohne Angst vor Schmerzen oder Verletzungen durch die gegen seinen Unterarm gerichteten Abwehrmaßnahmen.

Eine wahre Geschichte

Ein unerfahrener Kick-Box-Schüler aus Finnland nahm an einem Krav-Maga-Grundlagentraining zur Verteidigung gegen messerbewehrte Angreifer teil. Kurze Zeit später wurde er in einem Nachtclub angegriffen, wobei der Angreifer ihn in den Hals zu stechen versuchte. Der Schüler führte die Abwehrtechnik aus, die er gelernt hatte, und konterte gleichzeitig mit einem Schlag zum Kinn. Der Angreifer ging zu Boden und verlor das Bewusstsein.

Die Griffhaltung des Messers

Normale oder "Eispickel-Haltung"

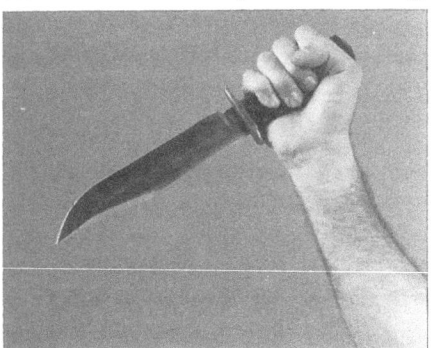

Haltung des Messers

Orientalische Haltung

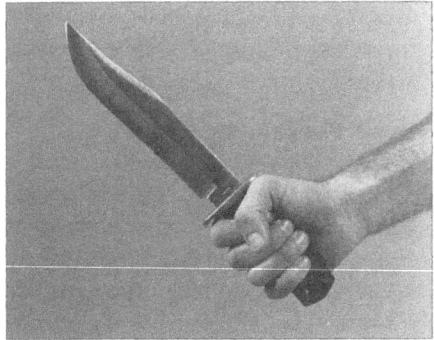

Haltung des Messers

Das Bowie-Messer hat eine asymmetrische Klinge, die normalerweise nur an einer Seite geschliffen ist. Um das Eindringen zu erleichtern, weist die Spitze bei diesem Messertyp, wie auf dem Foto dargestellt, nach unten.

Das Zustechen: Erfolgt senkrecht von oben nach unten oder schräg nach innen.
Übliche Stichweise: siehe den Angreifer im Rahmen der Verteidigungstechniken gegen diese Form des Zustechens.

Verwendet jemand ein Bowie-Messer, wie oben abgebildet, zeigt die Spitze, wie auf dem Foto dargestellt nach oben.

Das Zustechen: Erfolgt senkrecht aufwärts oder schräg nach innen.
Übliche Stichweise: siehe den Angreifer im Rahmen der verschiedenen Verteidigungstechniken gegen diese Form des Zustechens.

Gerade Haltung

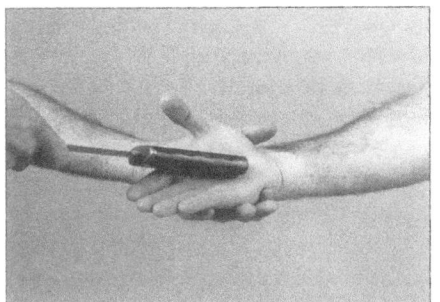

1. Winkel des Messers in der Handfläche

Gerade Haltung

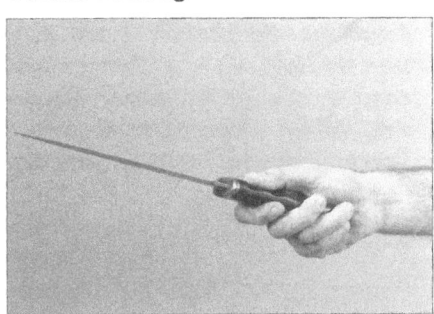

2. Haltung des Messers

Die Haltung: Leg das Messer diagonal in deine Handfläche. Damit die Klinge beim Zustechen horizontal ausgerichtet ist, muss sie sich im Winkel von ungefähr 45° zur Handfläche befinden.

Um ein Zurückrutschen des Messers beim Zustechen zu verhindern, drück das Ende des Griffs gegen deinen Handballen während der Daumen fest auf der Mitte des Griffs liegt. Dies ermöglicht einen starken und gleichmäßig geraden Stich.

Das Zustechen: Erfolgt mit einer geraden, einem Fauststoß ähnlichen Bewegung; der parallel zu der die Stichbewegung ausführenden Hand stehende Fuß befindet sich in der Regel vorn. Beobachte den Angreifer bei den Verteidigungstechniken gegen diese Form des Zustechens.

Schneidhaltung

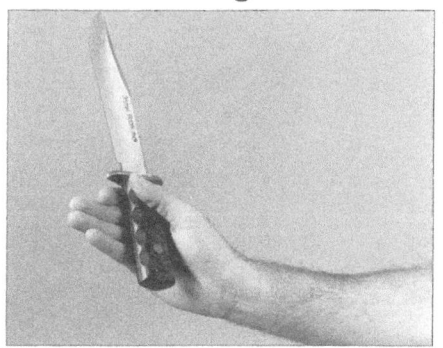

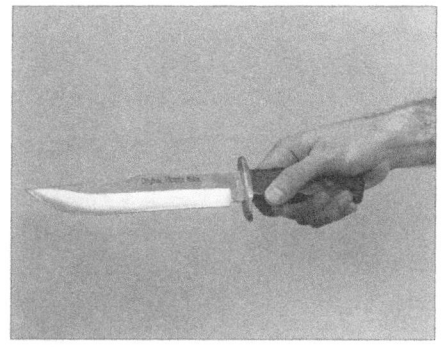

1 Griff des Messer vor dem Schnitt

2 Griff des Messers beim horizontalen Schnitt (von oben aufgenommen)

Die Haltung: Der Winkel des Messers sowie die Position der Klinge im Verhältnis zur Handfläche sind ähnlich wie bei der **geraden Haltung,** doch diesmal könntest du den Griff in deiner Handfläche bewegen. In diesem Fall liegt die Bewegungsachse zwischen Daumen und Zeigefinger, und der Griff des Messers wird nicht gegen den Handballen gedrückt. Der Daumen liegt locker seitlich vom Griff, wobei der untere, innere Teil des Daumens das Messer in die Handfläche drückt.

Der Schnitt: Erfolgt durch die Bewegung der Hand von der einen zur anderen Seite mit entweder horizontalem oder diagonalem Verlauf. Bei der Ausführung des Schnitts von außen nach innen umschließen die Finger den in der Handfläche liegenden Messergriff, was die Geschwindigkeit des Messers im Moment des Auftreffens und auch die Festigkeit des Griffs erhöht.
Abhängig davon, ob das Messer eine ein- oder zweischneidige Klinge hat, kann ein nach außen verlaufender Hieb auf zwei Arten ausgeführt werden. Hat das Messer eine einschneidige Klinge (wie z.B. das Bowie Messer), sollte der Unterarm so gedreht werden, dass die einschneidige Klinge und der Handballen nach außen gewandt in Richtung des Hiebs weisen. Besitzt das Messer eine zweischneidige Klinge, ist keine Drehung erforderlich; der Handrücken bewegt sich einfach auf das Ziel zu. Eine weitere Überlegung, die einer Drehung des Messers den Vorzug gibt (so, dass sich die Innenfläche der Hand auf das Ziel zu bewegt), berücksichtigt die Tatsache, dass das Messer beim Auftreffen sicherer in der Hand liegt.

Beachte: Bei Schnittattacken kann das Messer auch noch auf andere Arten gehalten werden!

Verteidigung gegen einen Messerstich von oben:
Messer in normaler ("Eispickel"-) Haltung

Plötzlicher Stich von vorn - Normale Haltung

1 Der Angreifer steht mit geringem Abstand vor dir und führt plötzlich frontal einen "Eispickel"-Stich aus. Um dich zu erreichen, benötigt er gegebenenfalls einen kleinen Schritt.

2 Führ eine Unterarmabwehr (Block) aus, bei der du deine Schulter in Richtung der Verteidigung stößt und gleichzeitig mit einer Geraden zum Kinn oder zur Kehle des Gegners einen Gegenangriff ausführst. (Unter weniger überraschenden Umständen empfiehlt sich auch ein kleiner Schritt nach vorn.)

3 Mit dem verteidigenden Arm schiebst und ergreifst du die das Messer haltende Hand mit der Handfläche oder einer "hakenähnlichen" Handhaltung. Übe dabei kontinuierlichen Druck aus. Dies wird den Gegner daran hindern, erneut zuzustechen. Geh so früh wie möglich nach vorn, pack Schulter oder Hemd des Gegners und tritt ihm mit dem Knie in den Unterleib.

2a Photo 2 von hinten aufgenommen

12

Der harte (knochige) Teil deines Unterarms, ungefähr in der Mitte zwischen Ellenbogen und der Spitze des kleinen Fingers blockt den Unterarm des Angreifers. Die Unterarmabwehr trifft in Nähe des Handgelenks der zustechenden Hand. Wenn du den Angriff rechtzeitig bemerkst, kannst du den Gegenangriff **gleichzeitig mit der Abwehraktion** ausführen. Wenn Zeit und Distanz es erlauben, kannst du bei Abwehr und Gegenangriff nach vorn gehen. In Situationen mit einem größeren Überraschungsmoment kann es erforderlich sein, dass du zuerst verteidigst und den Gegenangriff unmittelbar im Anschluss daran ausführst.

Wenn du deine Handabwehr aufrecht erhältst, empfiehlt es sich ebenfalls, beim Gegenangriff entschlossen nach vorn zu gehen und mit dem Unterarm einen starken, nach vorn und leicht nach unten gerichteten Druck auf den Unterarm des Gegners auszuüben, um jeden weiteren Einsatz des Messers zu verhindern. Es ist äußerst wichtig, **den angreifenden Unterarm zu packen**, um den Gegner vom Zurückziehen seiner Hand und einem erneuten Gebrauch des Messers abzuhalten. Tu dies, indem du den Unterarm des Gegners wegschiebst und mit deiner Hand packst oder indem du deine Hand wie einen Haken um seinen Unterarm legst. Dies erschwert ihm einen weiteren Gebrauch des Messers und ist in der Regel das einzig Erforderliche, **um ein zweites Zustechen zu verhindern**, da du ja währenddessen einen Gegenangriff ausführst. Am Ende dieser Aktion solltest du den Unterarm des Gegners fest im Griff haben. Beende den Zwischenfall, indem du den Gegner entwaffnest oder indem du dich so früh wie möglich von der Gefahr entfernst.

Variante: Eine wichtige Variante dieser Technik besteht darin, die Handabwehr auszuführen und den Gegenangriff zu vollziehen (ohne den Unterarm des Gegners zu ergreifen); fahr mit einem Tritt in den Unterleib fort und verlass den Ort des Geschehens in kontrollierter Weise.

Plötzlicher Stich von der Seite - Normale Haltung

1 Der Angreifer befindet sich fast in der für den Stich erforderlichen Reichweite. Aus deiner Sicht befindet er sich auf der der zustechenden Hand entgegengesetzten Seite. Hier wird der Stich mit der rechten Hand ausgeführt, mit dem Angreifer zu deiner linken.

2 Der Angreifer geht nach vorn und versucht, zuzustechen. Wenn du dies bemerkst, bewegst du deinen Unterarm vorwärts um den des Angreifers zu blocken. (Bei der Ausführung der Verteidigung solltest du den Kopf leicht zwischen deine Schultern senken.)

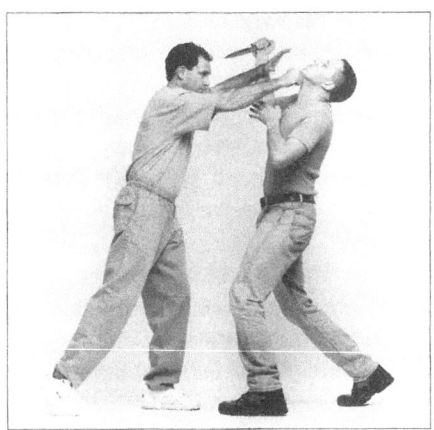

3 Entferne dich so früh und schnell wie möglich oder leite deinen Gegenangriff mit einer Drehung ein und geh falls erforderlich auf deinen Gegner zu. Übe einen kontinuierlichen Druck auf den Unterarm seiner zustechenden Hand aus und ergreife ihn so schnell wie möglich mit deiner Hand oder durch eine hakenförmige Umklammerung mit deiner Hand.

4 Ergreif Kleidung oder Schulter des Angreifers, indem du kraftvoll mit deinen Fingern zupackst. Beende die Aktion mit einem Kniestoß in seinen Unterleib.

Diese Technik lässt sich effektiver ausführen, **wenn du den nahenden Angriff rechtzeitig beobachtest**, da es dann möglich ist, gleichzeitig zu verteidigen, dich zu drehen und einen Gegenangriff auszuführen. Die Verteidigung gegen eine plötzliche und überraschende Stichattacke erfolgt in Form einer einzigen Aktion: dein Unterarm blockt den des Gegners. Führ den Gegenangriff mit einer fortlaufenden Bewegung aus, bei der du gleichzeitig Druck auf den angreifenden Unterarm ausübst und ihn fest packst, um den Angreifer daran zu hindern, ihn zurückzuziehen und einen weiteren Stich auszuführen.

Setz den Gegenangriff mit einem Kniestoß in den Unterleib des Angreifers fort, während du seine Kleidung ergreifst und daran ziehst oder indem du deine Finger tief in seinen Trapezmuskel bohrst. Beende die Aktion, indem du dich aus der Gefahrenzone zurückziehst.

Eine wahre Geschichte

David stieg im Erdgeschoss in den Aufzug eines New Yorker Wohnhauses. Der Aufzug hielt in einer der unteren Etagen, wo ein Mann hinzustieg, der auffällig aussah und sich ebenso verhielt. Sekunden nachdem sich der Aufzug wieder in Gang gesetzt hatte, steckte der Mann seine Hand in die Jacke des Jacketts. David, der die mögliche Gefahr vorausahnte, packte den Unterarm des Mannes und griff ihn an. Als er die Hand des Mannes aus der Tasche zog, hielt diese ein großes Springmesser.

Plötzlicher Stich von der "live"-Seite - Normale Haltung

1 Der Angreifer befindet sich fast in der für den Stich erforderlichen Reichweite. Aus deiner Sicht befindet er sich auf der gleichen Seite wie seine zustechende Hand. Hier z.B. wird der Stich mit der rechten Hand ausgeführt, während der Angreifer von dir aus gesehen auf der rechten Seite steht.

2 Wenn der Angreifer nach vorn geht und zusticht, führst du einen gegen seinen Unterarm gerichteten Block aus. Fahr fort, indem du dich schnell entfernst oder wie nachfolgend beschrieben angreifst.

3 Mach weiter, indem du gegen den Unterarm des Angreifers drückst. Ändere die Richtung durch seitlich und dann nach unten hin ausgeübten Druck und ergreif und sichere ihn dann. Schlage gleichzeitig eine Gerade oder einen Haken.

4 Führ wieder einen Fuß- oder Kniestoß in den Unterleib des Gegners aus

Der Stich kommt von der Seite und richtet sich gegen den Bereich zwischen Brustkorb und Hals. Der Außenblock mit dem Unterarm erfolgt als ein fließender Handlungsablauf. Es folgt der Gegenangriff, der zum selben Zeitpunkt ausgeführt wird, zu dem du den Unterarm des Gegners ablenkst und Druck darauf ausübst, während du ihn packst und nach unten drückst.

Bemerkst du den nahenden Angriff rechtzeitig, kannst du **den Schwung** der gegnerischen Attacke mit einer durchgängigen bogenförmigen Bewegung **fortsetzen**, anstatt die angreifende Hand in einem 90°-Winkel (d. h. durch einen harten Block) völlig zu stoppen.

Andererseits wirst du die angreifende Hand möglicherweise nicht nach unten lenken und ergreifen können, falls deine Reaktion leicht verspätet kam und der Angreifer einen erneuten Versuch unternimmt, zuzustechen. Abhängig von den jeweiligen Umständen, kannst du mit folgenden Möglichkeiten fortfahren: Wende dich dem Angreifer zu, während du mit deiner hinteren (linken) Hand verteidigst und führ den Gegenangriff mit der vorderen (rechten) Hand aus; spring vom Angreifer weg; verteidige dich und kontrolliere den nächsten Stich; führe einen Seitwärtstritt gegen das Knie oder die untere Rippenpartie des Angreifers aus.

Beachte: Die letzten drei Techniken, die hier zur Abwehr eines plötzlichen Stichs erläutert wurden, sind im wesentlichen gleich. Du führst eine normale Unterarmabwehr aus, um den Angriff zu stoppen und konterst so früh und so schnell wie möglich, mit einem gegen eine empfindliche Stelle am Kopf des Gegners gerichteten Gegenangriff. Dann verfährst du nach den jeweiligen Erfordernissen: erneuter Gegenangriff, Entwaffnung des Gegners, Verlassen des Ortes, usw.

Stich, normale Haltung - Tritt in den Unterleib

1 Beobachte den bevorstehenden Angriff, wenn der Angreifer noch zwei oder drei Schritte vom Erreichen der für den Stich erforderlichen Distanz entfernt ist.

2 Begib dich zum gleichen Zeitpunkt, zu dem der Angreifer sich nach vorn bewegt und zum Stich ausholt, mit einem schnellen diagonal vorangesetzten Stampfschritt nach vorn und versetze dem Gegner einen Tritt zur Körpermitte.

Der Stich ist ein kraftvoller diagonal nach unten sowie nach innen geführter Hieb (entlang einer Linie, die von seitlich über der Schulter des Angreifers hinunter bis zu dessen gegenüberliegender Hüfte verläuft). Dem geht eine Vorwärtsbewegung voraus, bei der der Angreifer seinen Oberkörper leicht zurückbeugt, um der Attacke Kraft zu verleihen; dabei präsentiert sich sein Unterleib ohne Deckung.

3 Versetze dem Angreifer einen Tritt in den Unterleib, um ihn zu stoppen und unter Einhaltung eines sicheren Abstands auszuschalten. Tritt mit dem Fußballen. Der Gegner wird in seiner Vorwärtsbewegung getroffen. Dabei wird sein Arm lange bevor er seinen Angriff platzieren kann, nach hinten gerissen. Schiebe die Hüfte des tretenden Beins nach vorn, um die maximale Reichweite und Kraft zu erzielen.

3a Foto 3, von hinten aufgenommen: Greif mit einem schnellen nach oben sowie nach vorn gerichteten Tritt an (Tritt mit dem Fußballen), um den Angreifer zu stoppen, bevor seine stechende Hand dich erreicht.

Der Angriff besteht aus einem Tritt in den Unterleib, bei dem man mit dem Fußballen trifft. Führ ihn aus, indem du die Hüfte des tretenden Beins nach vorn bringst, um die maximale Reichweite und Kraft zu erzielen. Der Angriffswinkel gegen den Unterleib beträgt ungefähr 45° diagonal nach oben und nach vorn. Der Tritt bremst den Angreifer **während er noch verhältnismäßig weit entfernt ist** und **dich nicht mit seinem Messer treffen kann**, da sein Arm zurückgerissen wird.

Während der Angreifer nach vorn geht, um zuzustechen, gehst du ebenfalls nach vorn und trittst. Die Art deiner Vorwärtsbewegung hängt davon ab, wie weit der Angreifer entfernt ist und was du - wie nachfolgend beschrieben - vor hast.

Möglichkeit 1: Wie hier abgebildet, bewegst du dich mit einem schnellen Stampfschritt diagonal nach vorn außen, um aus der Angriffslinie zu gelangen. Damit bringst du das tretende (rechte) Bein zur Mitte des Ziels nach vorn und vermeidest, dass du das vordere Bein des Gegners triffst.

Möglichkeit 2: Setz einen (den linken) Fuß ohne vorzurücken mit einem leichten Stampfen auf der Stelle auf; dieser Fuß trägt nun dein Gewicht. Tritt dem Angreifer unter Ausführung einer leichten Körperdrehung mit dem anderen Fuß in den Unterleib. Diese Möglichkeit empfiehlt sich, wenn der anfängliche Abstand zwischen dir und dem Angreifer verhältnismäßig gering ist (oder wenn du solange warten willst, bis sich der Angreifer in Reichweite für einen Tritt befindet).

Variante: Wenn du lieber mit dem linken Fuß trittst, geh mit dem rechten Bein diagonal rechts vor und tritt mit links; vermeide dabei, die Beine des Gegners zu treffen.

Verteidigung gegen einen Messerstich von unten: Messer in "orientalischer" Haltung

Plötzlicher Stich von vorn - Orientalische Haltung

1 Der Angreifer überrascht dich in der kurzen Distanz. Beug dich vor und führe einen Unterarmblock in Verbindung mit einem Gegenangriff (eine Gerade zum Gesicht) aus; wenn möglich, führ die Abwehr und den Gegenangriff **gleichzeitig** aus.

2 Solltest du dich entschließen, mit der Kontrolle und den Gegenangriffen fortzufahren, so geh nach vorn und drück gegen den Unterarm des Angreifers. Dreh dabei die Innenfläche deiner Hand (der Daumen zeigt nach außen) und streck sie nach vorn sowie nach außen. Ergreif Schulter oder Trapez-Muskel des Gegners, um ihn wirkungsvoller unter Kontrolle zu bringen.

3 Ergreif den Unterarm des Angreifers und führe einen Kniestoß in seinen Unterleib aus. Wie du seinen Unterarm einklemmst, siehst du in **Bedrohung von hinten, Nahdistanz,** im Kapitel 4: **Neutralisierung einer Bedrohung mit einer Handfeuerwaffe aus unmittelbarer Nähe.**

Der hier beschriebene Angriff erfolgt plötzlich, frontal und auf kurze Distanz. Der verteidigende Unterarm befindet sich gegenüber dem angreifenden Unterarm. Er stoppt den Angriff mit dem gebeugten Ellenbogen und trifft den Unterarm des Gegners in der Nähe des Handgelenkes. Dein Oberkörper ist nach vorn gebeugt und verhindert so, dass das Messer deinen Bauch erreichen kann. Es ist äußerst wichtig, die Knie gerade und nicht gebeugt zu halten; dies versetzt dich in die Lage, einen größeren Abstand zwischen dir und dem Messer zu wahren. Führe zusammen mit der Abwehr einen Angriff in Form einer Geraden ins Gesicht oder gegen die Kehle des Angreifers aus.

Um Verteidigung und Gegenangriff gleichzeitig ausführen zu können, **muss der bevorstehende Angriff rechtzeitig erkannt worden sein.** Anderenfalls musst du den Gegenangriff sofort im Anschluss an die Verteidigung ausführen, da es, wenn du überrascht wurdest, schwierig ist, zwei verschiedene Bewegungen (d. h. Verteidigung und Gegenangriff) zur gleichen Zeit auszuführen.

Nach Ausführung deiner Verteidigung und dem ersten Konter hast du mehrere Möglichkeiten für das weitere Handeln:

- Sorg für Abstand, indem du zurückspringst. Dies erlaubt dir, deine Stellung zu verbessern, die Wirkung deines Gegenangriffs zu beobachten und jede weitere Eskalation zu verhindern.

- Führ einen Tritt in den Unterleib sowie zusätzliche Gegenangriffe aus. Stell dabei sicher, dass deine verteidigende Hand weiterhin ihre Aufgabe erfüllt.

- Geh kraftvoll nach vorn. Leg deinen Arm, wie hier gezeigt, unter und um den Unterarm des Angreifers. Klemm ihn fest zwischen Oberarm, Unterarm, Brust und Hand ein und führ einen Gegenangriff aus (greife wie gegen eine *Bedrohung von hinten aus naher Distanz* in Kapitel 4 an: **Bedrohung mit einer Handfeuerwaffe aus unmittelbarer Nähe**).

- Wenn der Angreifer weiterhin mit seinem Unterarm einen starken nach oben gerichteten Druck auf deinen Unterarm ausübt, geh diagonal nach vorn und ergreif sein Handgelenk. Führ dann die "Kavaliers-Technik" (Handgelenk-Außendrehwurf) aus, wie bei *Stich, Orientalische Haltung - Diagonale Unterarmabwehr* (der nächsten in diesem Kapitel beschriebenen Technik).

- Die Entscheidung über das weitere Verhalten hängt auch davon ab, welche Wirkung der Gegenangriff beim Angreifer erzielt hat und wie du dich während des Vorgangs fühlst.

Bedenke: Es gibt noch eine andere empfehlenswerte Alternative: **Ergreif einfach so schnell wie du kannst die Flucht** (besonders wenn du flink und wendig bist). Das mag vielleicht nicht gerade heldenhaft sein, erweist sich aber in vielen Fällen als wesentlich sicherer.

Großmeister Imi zeigt eine Abwehrtechnik gegen einen Messerangriff in orientalischer Haltung.

Stich, Orientalische Haltung - Diagonale Unterarmabwehr

Diese Technik wird angewandt, wenn du das Glück hast, den Angreifer rechtzeitig zu sehen, dieser jedoch zu nah ist, um ihm einen Tritt zu versetzen. Sie eignet sich auch, wenn dir hohe Tritte nicht liegen oder du kein Vertrauen in sie hast; oder wenn dir diese Art der Verteidigung einfach lieber ist.

1 Der mit einem Messer bewaffnete Angreifer will auf dich einstechen.
Foto 2: Der Angreifer geht nach vorn mit der Absicht, zuzustechen. Stürz nach vorn und führ eine Unterarmabwehr (Block) aus, die dich mit ebenfalls nach vorn gebeugtem Oberkörper schräg nach vorn "zieht".

2 Diese Aktion wird von einer schnellen Körperdrehung begleitet, die dich weitgehend aus der Gefahrenzone bringt. Diesen Teil der Abwehr bezeichnet man als Ausweichtechnik oder als "Körperverteidigung".

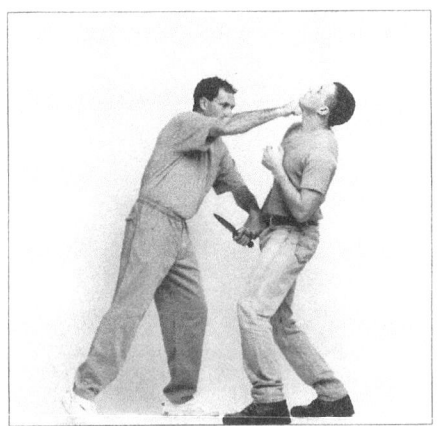

3 Führ eine Unterarmabwehr und eine Körperdrehung aus; ergreif Unterarm oder Handgelenk des Angreifers und versetz ihm gleichzeitig einen Faustschlag zum Kinn und verlagere dein Gewicht nach vorn.

3a Foto 3, von hinten aufgenommen: Fahr fort, indem du dich aus der Gefahrenzone bringst oder mach weiter wie unter Foto 4 ff. beschrieben.

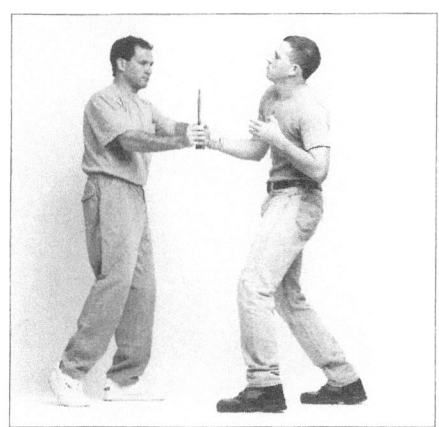

4 Pack mit festen Griff die Messerhand des Angreifers und begib dich aus der vom Messer sowie dem Angreifer ausgehenden Gefahrenzone, wobei du die Stellung deiner Füße veränderst.

5 Versetz dem Angreifer einen Tritt in den Unterleib. Anschließend kannst du ihm das Messer, wie unter Foto 6 beschrieben, wegnehmen.

6 Bieg das Handgelenk des Angreifers um und bohr deine Finger entlang des Messergriffs kräftig in die das Messer haltende Hand. Zieh dem Angreifer das Messer mit einer kratzenden Bewegung aus der Hand.

Bei einer optimalen Verteidigung werden alle mit den Fotos 2 und 3 **beschriebenen Aktionen gleichzeitig und mit einer fließenden Bewegung** ausgeführt. Trotzdem sollte dieser Ablauf in der Lernphase unterteilt werden in:
(1) Unterarmabwehr mit Ausfall nach vorn und gleichzeitiger Körperdrehung.
(2) Ergreifen des Unterarms des Gegners und Gegenangriff.

Achtung: Bei der orientalischen Haltung besteht immer die Gefahr, dass der Angreifer den Stich nicht **gerade aufwärts, sondern diagonal** und nahezu horizontal nach innen führt. Deshalb ist es in den meisten Fällen besser, dem Angreifer - ähnlich wie bei der Verteidigung gegen Angriffe aus weiter Entfernung - einen Tritt vor das Kinn zu versetzen. Dies wird zu einem späteren Zeitpunkt in diesem Kapitel erklärt. Solltest du dich dazu entschließen, diese Technik anzuwenden, um dich vor der zuvor erwähnten Gefahr zu schützen, musst du wie folgt verfahren: "Explodier" diagonal nach vorn und triff den Unterarm des Gegners mit deinem verteidigenden Unterarm so nah wie möglich an seinem Körper, um zu verhindern, dass der zustechende Arm in unerwartete Richtungen vorschnellt und der Angriff größere Beschleunigung, Kraft und Geschwindigkeit erlangt. Die Position des verteidigenden Unterarms ermöglicht selbst gegen einen diagonal verlaufenden Stich eine gute Verteidigung, wobei dein Ellenbogen kaum oder höchstens einige wenige Zentimeter bewegt wird.

6V Beispiel einer weiteren Möglichkeit: Bring den Angreifer mit einem Hebel am Handgelenk zu Boden (Handgelenk-Außendrehwurf).

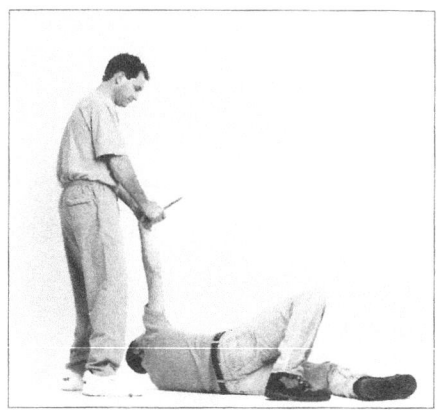

7V Lage des Gegners nach dem Fall.

8V Versetz dem Gegner - sofern dies erforderlich ist - einen Tritt in die Rippen oder in die Niere und nimm ihm das Messer, wie in Abb. 6 beschrieben, aus der Hand.

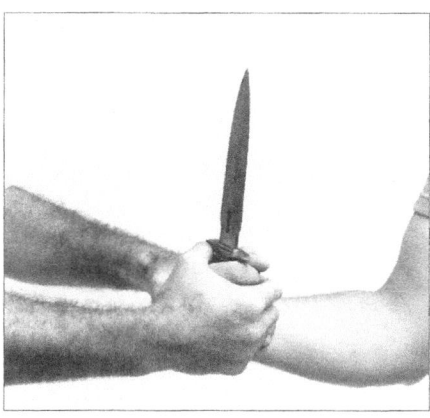

6a Detailbetrachtung, Foto 6: Knicke das Handgelenk des Gegners ein.

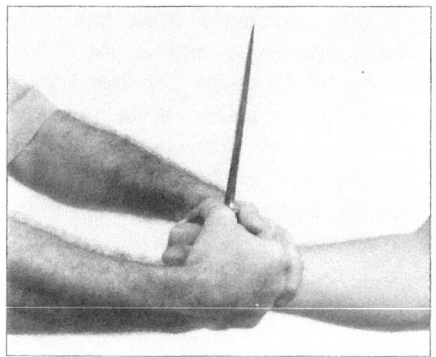

6b Detailbetrachtung, Foto 6: Bohr deine Finger in die Handfläche des Gegners.

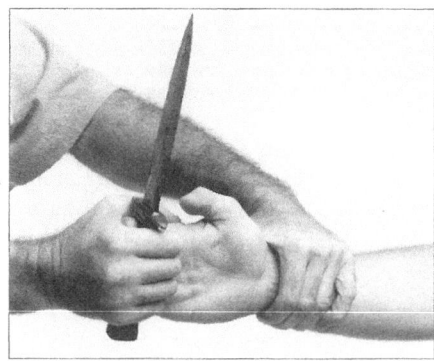

6c Detailbetrachtung, Foto 6: Pack den Messergriff und zieh das Messer mit einer kratzenden Bewegung aus der Hand des Angreifers.

Beachte: Die Ausweichbewegung ist ein wichtiger Bestandteil der Verteidigung. Ihr Zweck besteht darin, dich aus der Angriffslinie zu bringen, indem du dich diagonal nach vorn bewegst und den Körper drehst. Der Gegenangriff in Form einer Geraden zum Kinn oder zur Kehle, muss so früh wie möglich ausgeführt werden, und kann manchmal schon erfolgen, bevor die Unterarmverteidigung den Angriff abfängt. Aufgrund deiner (nach vorn geneigten) Körperhaltung sowie der Tatsache, dass der Faustschlag zum Gegner in dem Moment ausgeführt wird, in dem dieser sich auf dich zu bewegt, um seine Attacke abzuschließen, handelt es sich hierbei um einen besonders kraftvollen Gegenangriff.

Der gesamte Vorgang kann recht schnell vorbei sein, möglicherweise sogar schon nach dem ersten Gegenangriff. Man hofft, dass der Gegner durch die Konterattacke stürzt oder das Messer fallen lässt; wenn nicht, tritt ihm in den Unterleib und führe weitere Gegenangriffe aus. Du kannst auch den **Handgelenk-Außendrehwurf** einsetzen, eine am Gelenk der das Messer haltenden Hand angewandte Technik, bei der das Handgelenk gedreht wird, während es nach außen gebogen und gleichzeitig Druck auf den Handrücken ausgeübt wird, was den Gegner zu Boden gehen lässt. Dieser Hebel wird in seinen Einzelheiten im Abschnitt **"Neutralisierung der Bedrohung durch eine Handgranate"** (Kap. 6 **Geiselsituationen**) erläutert.

Ist der Angreifer erst einmal gefallen, kannst du weitere Gegenangriffe ausführen wie z. B. Tritte in die Nierengegend oder - in bestimmten Situationen - Tritte gegen den Kopf.

Achtung: Solche Gegenangriffe haben normalerweise furchtbare Folgen und **sollten deshalb nur ausgeführt werden, wenn dein Leben auch dann noch in Gefahr ist**, nachdem der Angreifer durch den Gegenangriff zu Boden geschickt wurde.

Beachte: Die Anwendung des Handgelenk-Außendrehwurfs und die Entwaffnung des Angreifers, wie hier beschrieben, sind in erster Linie für Polizisten und diejenigen gedacht, die es vorziehen, mit keinem härteren Mittel als einem Faustschlag anzugreifen (z. B. gegen einen mit einem Messer bewaffneten Jugendlichen). Der Angreifer wird also im Anschluss an die Verteidigung und den Faustschlag mit Hilfe des Handgelenk-Außendrehwurfs zu Boden gebracht und das Messer wird ihm aus der Hand genommen.

Es gibt drei grundlegende Möglichkeiten, dem Angreifer das Messer aus der Hand zu nehmen:
(1) - es aus seiner Hand **"herauszukratzen"**, wobei es egal ist, ob er am Boden liegt oder nicht;
(2) - einen **Schlag** auf seinen Handrücken, damit ihm das Messer aus der Hand fällt;
(3) - die **Anwendung eines Hebels** am Handgelenk des Angreifers, sobald er auf den Rücken geworfen wurde. Dabei wird der Ellenbogen der das Messer haltenden Hand zu Boden gedrückt. Der Druck löst den Griff des Angreifers und das Messer fällt aus seiner Hand in deine Hand oder auf den Boden. Starker Druck kann ihm sogar das Handgelenk brechen.

Beachte: Benutzt du eine Hand, um das Messer vom Boden aufzuheben, musst du die andere für Angriff oder Verteidigung bereithalten!

Stich zum Bauch von der Seite, Orientalische Haltung - Unterarmabwehr

1 Der Angreifer kommt von der gleichen Seite wie seine angreifende Hand oder diagonal von dieser Seite (in dem gezeigten Beispiel kommt er von deiner rechten Seite, wobei er das Messer in der rechten Hand hält).

2 Der Angreifer führt einen diagonalen Stich zu deinem Bauch aus. Reagier mit einer Unterarmabwehr bei vorgebeugtem Oberkörper. Wenn möglich reagier gleichzeitig mit einem seitlichen Schritt zurück und auf den Gegner zu.

3 Deine verteidigende Hand schnellt aus der Verteidigung zu einem entschlossenen Gegenangriff nach vorn (bestehend aus einem seitlichen Handkantenschlag oder einem Hammerschlag gegen Kinn, Kehle oder Hals des Angreifers). Wechsle gleichzeitig die Hände und pack den Unterarm des Gegners mit der anderen Hand.

4 Triff den Angreifer mit einem seitlichen Handkantenschlag oder einem Hammerschlag.

Diese Technik ist angebracht, wenn dir der Angreifer in die Rippen oder in den Bauch stechen will und du den Angriff rechtzeitig bemerkst; beweg dich diagonal zurück und dann auf den Gegner zu, während du die Unterarmabwehr ausführst.

Die Abwehr, die den Stich abblockt, wird mit Hilfe eines harten Schlags ausgeführt, der den Unterarm des Angreifers in der Nähe des Handgelenks bremst und dann von dort "zurückprallt", um den Gegenangriff auszuführen. Der Handwechsel vollzieht sich schnell: die hintere Hand kommt nach vorn und ergreift den Unterarm des Angreifers, um ihn am erneuten Einsatz des Messers zu hindern. Die zuvor verteidigende Hand bewegt sich kraftvoll, um einen Handkantenschlag oder einen seitlichen Faustschlag zu landen.

5 Fahr fort, indem du das Hemd oder die Schulter des Angreifers packst und versetz ihm einen Stoß mit dem Knie des hinteren Beines; oder (wie abgebildet) setz dein hinteres Bein mit einem schnellen Schritt nach vorn und stoß ihm mit dem Knie des vorderen Beins in den Unterleib.

Beachte: Wenn du die Hand des Angreifers ergreifst, so drück sie nach unten und auf ihn zu, um jeden möglichen erneuten Gebrauch der Waffe noch besser zu verhindern.

Alternative: Überrascht dich der Angriff, oder richtet er sich gegen deine Rippen oder deinen Rücken, solltest du - nachdem du die Unterarmabwehr ausgeführt hast - wegspringen und dich vom Gegner weg auf Distanz bringen. Dies bringt dich in eine bessere Position, als wenn du nah beim Angreifer bleibst und Gegenangriffe ausführst (siehe die folgende Technik).

Beachte: Gegen einen aus dem selben Winkel und von der gleichen Seite kommenden Gegner, der jedoch **mit der linken Hand** in Richtung deiner Rippen **sticht**, führst du eine Unterarmabwehr aus, die den Angriff ablenkt oder stoppt. Unmittelbar danach springst du zur Seite, um den Abstand zu vergrößern und dir selbst die Gelegenheit zu verschaffen, mit der am besten geeigneten Taktik fortzufahren. Diese Maßnahme ist erforderlich, da die Abwehr eine Situation erzeugt, die es schwierig macht, einen Gegenangriff auszuführen, während du gleichzeitig versuchst, den Angreifer an einem erneuten Zustechen zu hindern. Die selbe Vorgehensweise solltest du auch gegen einen Angreifer anwenden, der auf der von dir aus gesehen linken Seite angreift und das Messer in der rechten Hand hält.

1 Der Angreifer überrascht dich von der Seite her mit einem auf Bauch oder Rippen gerichteten Stich. Beug dich in der Hüfte und block den Stich mit deinem Unterarm an seinem Handgelenk oder in dessen Nähe.

2 Spring vom Angreifer weg und sorg so für einen "Sicherheitsabstand". Dies ermöglicht dir, auf einen erneuten Angriffsversuch besser reagieren zu können.

Wenn du überrascht wirst, ist es selbstverständlich schwierig, außer der Reflexabwehr irgend eine andere Bewegung auszuführen. Sollte es dir schwer fallen, einen Gegenangriff durchzuführen und die die Waffe haltende Hand unter Kontrolle zu halten, musst du dich, da dir keine bessere Wahl bleibt, sofort schnell aus der Gefahrenzone entfernen.

Stich, Orientalische Haltung - Tritt zum Kinn

Gegen diese Art von Angriff, verwendet man vorzugsweise einen hohen, geraden Vorwärts-Tritt, **der nicht zu nah am Messer vorbeigeht**. Um das Kinn (und nicht den Bauch oder die Brust) des Gegners wirkungsvoll zu treffen, musst du das Knie des tretenden Beins hoch heben, bevor du das Bein streckst und zutrittst. Triff mit dem Fußballen.

Körperverteidigung: Beweg dich aus der Angriffslinie heraus, indem du dich drehst und seitwärts bewegst und dabei die Position deiner Fersen mit einem blitzschnellen Schritt wechselst.

Der Angreifer wird in der Vorwärtsbewegung von dem Tritt getroffen, der angreifende Arm wird zurückgeschleudert und befindet sich noch zu weit weg, um dich mit dem Messer zu treffen. Je nach Timing und Entfernung zum Gegner kannst du **den Abstand** - falls erforderlich - durch Rückzug oder Vorwärtsbewegung mit einer Art Kreuz- oder Stampfschritt **korrigieren**.

1 In dem Moment in dem du bemerkst, dass der Angreifer zustechen will, ist der Abstand zwischen dir und ihm relativ groß und ausreichend für einen Tritt.

2 Der Angreifer nähert sich. Falls du vor hast, ihn mit dem rechten Bein zu treten, wechselst du währenddessen die Position deiner Fersen mit einem schnellen Stampfschritt, wobei du deinen Körper so drehst, dass die Zehen deines Standfußes (links) seitlich nach außen gerichtet sind - Körperverteidigung (Ausweichen).

3 Zieh das Knie hoch und tritt dem Angreifer zum Kinn. Die Hüfte des tretenden Beins schnellt nach vorn, um das Höchstmaß an Reichweite und Kraft zu erzielen.

Weitere Möglichkeiten:

- Unter Zeitdruck kannst du das Kinn des Messerstechers auch von der Stelle, an der du stehst treffen, indem du Standfuß und Hüfte drehst, aber auf die einleitende Bewegung, mit der die Position der Füße gewechselt wird, verzichtest.

- Ziehst du es vor mit dem anderen (linken) Bein zu treten, das sich direkt gegenüber der angreifenden (rechten) Hand befindet, so führ mit deinem Standbein (rechts) einen diagonal verlaufenden Stampfschritt nach vorn rechts aus. Dies bringt dich aus der Angriffslinie und verringert die Wahrscheinlichkeit, dass das tretende Bein von dem Messer verletzt wird.

Verteidigung gegen gerade Stichattacken: Messer in gerader Haltung

Stich, gerade Haltung - Innenblock von außen (Vorwärtsbewegung zur "dead"- Seite)

1 Du befindest dich in sicherem Abstand zum Angreifer und bist bereit für eine Handabwehr (siehe Anmerkung zur Ausgangsstellung).

2 Der Gegner greift an: Beginn mit einer Unterarmabwehr, die dich diagonal nach vorn "zieht" und deine Körperverteidigung einleitet. Der Ellenbogen muss tief gehalten werden, um einen größeren Bereich abzudecken und gegen einen eventuellen tiefen Stich gewappnet zu sein. Zu Beginn der Abwehr kommt dein verteidigender Unterarm mit dem Rücken der das Messer haltenden Hand des Angreifers in Berührung.

Die Unterarmverteidigung führt deine Körperverteidigung sowie dein Vorgehen. Halt deinen Unterarm bei dieser Aktion von deinem Körper entfernt und dabei so exakt wie möglich im rechten Winkel zum Boden. Dies erweitert den Bereich der Verteidigung und vergrößert den geschützten Teil deines Körpers, der sich vom Kopf bis zum Unterleib erstreckt.

3 Die zustechende Hand wurde zur Seite hin abgelenkt. Der abwehrende Unterarm rutscht nach vorn. Er beginnt dabei am Handgelenk (oder im Bereich des Handrückens) und gleitet von dort unter Ausübung eines leichten Drucks auf den angreifenden Unterarm bis hinauf in die Nähe des Ellenbogens des Angreifers.

Die Körperverteidigung (Ausweichbewegung) ist ebenfalls wichtig. Beide Verteidigungen (Hand und Körper) müssen mit höchster Geschwindigkeit ausgeführt werden!

4 Ergreif den Unterarm der das Messer haltenden Hand und führ dabei einen kraftvollen Gegenangriff aus. Wenn der Gegner seine Hand schnell zurückzieht, packst du seinen Arm in der Nähe des Handgelenks oder eventuell auch seinen Oberarm nahe am Ellenbogen.

5 Halt Handgelenk und Faust des Angreifers mit beiden Händen fest, um den Handgelenk-Außendrehwurf (Kavaliers-Technik) anzuwenden. Ändere die Position deiner Beine und entferne dich vom Angreifer.

6 Versetz ihm einen Tritt in den Unterleib. Falls erforderlich ergreif weitere Maßnahmen. Nimm dem Angreifer z.B. das Messer aus der Hand oder setz den Handgelenk-Außendrehwurf an und wirf ihn zu Boden wie zuvor im Abschnitt **Abwehr eines von unten nach oben geführten Stichs: Messer in "orientalischer" Haltung erläutert**

3a Foto 3, von hinten aufgenommen: Zum Zweck einer effektiven Verteidigung muss der Ellenbogen tief gehalten werden.

Beachte, dass die Unterarmabwehr zum frühest möglichen Zeitpunkt erfolgen muss und sich gegen den Handrücken oder das Handgelenk jedoch **nicht gegen den Unterarm** des Angreifers richtet.

Da der Angreifer wahrscheinlich schnell zusticht und seinen Arm wie eine Sprungfeder zurückzieht, um nochmals zuzustechen, ist es wichtig, die Bewegungsmöglichkeit des angreifenden Arms einzuschränken. **Unter gar keinen Umständen darfst du jedoch das Messer packen**, während es zurückgezogen wird.

Deshalb musst du deinen verteidigenden Arm nach vorn bringen und deinen Unterarm an dem des Angreifers entlang gleiten lassen, um zwischen beiden eine "Verbindung" herzustellen. Aufgrund der so hergestellten Verbindung kann die Hand deines verteidigenden Arms den zustechenden Arm des Angreifers packen. Diese "Verbindung" verhindert es, dass das Messer wieder in deine Richtung ausgerichtet werden kann und ermöglicht es dir, den zustechenden Arm des Gegners zu ergreifen. Verläuft der Stich tiefer, oder befindet sich der Angreifer in einer tiefen Ausgangsstellung, musst du deinen Stand ebenfalls tiefer ausrichten, um den Bereich deines Unterleibs mit der Unterarmverteidigung schützen zu können.

Beachte: Das Erfordernis, sich vor Anwendung der Technik in der Ausgangsstellung befinden zu müssen, **bezieht sich nur auf die Lernphase.** Vergiss nicht, dass du im Ernstfall möglicherweise aus einem passiven und neutraleren Stand heraus beginnst. Ein weiterer bedenkenswerter Aspekt ist, dass der Angreifer vielleicht nach deiner vorderen (ausgestreckten) Hand sticht oder schlägt, sofern dein Stand und deine Stellung dazu "einladen". Achte deshalb beim weiteren Training vor Ausführung der Abwehraktion darauf, dass sich deine Hände nahe am Körper befinden und dass der richtige Fuß leicht vorangestellt ist. Dies erweckt den Eindruck einer weniger bereiten Stellung, wie es auch unter realistischen Umständen der Fall sein dürfte (oder in einer Situation, in der du den Angreifer zu nichts anderem ermutigst, als den einfachen, direkten Stich auszuführen). Wenn du mit der Ausführung dieser Technik beginnst, führ deine Hand- und Körperabwehr so aus, dass du dabei die auf dem ersten und zweiten Foto dargestellten Positionen imitierst. Denk daran, dass die verteidigende Hand deinen Bewegungsablauf führt.

Stich, gerade Haltung - Block von der Innenseite ("live"- Seite) nach außen

1 Wenn du dich in sicherer Entfernung zum Angreifer befindest, bist du für eine Handabwehr bereit (siehe Anmerkung zur Ausgangsstellung). Du verteidigst mit der vorderen Hand (fast genauso wie bei der vorangegangenen Technik) aber auf der Innenseite des gegnerischen Arms.

2 Der nach vorn ausgestreckte und sich nahezu im rechten Winkel zum Boden befindliche, abwehrende Unterarm trifft die Innenseite der angreifenden Handfläche oder des Handgelenks und pariert sie mit einer "fegenden" Bewegung. Dabei wird der Kontakt eine zeitlang auf einem Teil des Weges aufrechterhalten.

3 Deine Handabwehr besteht aus einer fegenden Bewegung, die dem Stich eine neue Richtung gibt. Dieser Unterarmblock leitet die Körperverteidigung in eine diagonale Bewegung nach vorn ein. Als zusätzliche Vorsichtsmaßnahme geht die Körperverteidigung, während du die Handabwehr ausführst, mit einem leichten Zurücklehnen des Körpers einher.

4 Heb den Ellenbogen des abwehrenden Arms, um einen wirkungsvollen Gegenangriff auszuführen. Gleichzeitig packt deine hintere (linke) Hand den angreifenden Arm. Sei dabei darauf vorbereitet, dass der Gegner den Arm zurückzuziehen versucht.

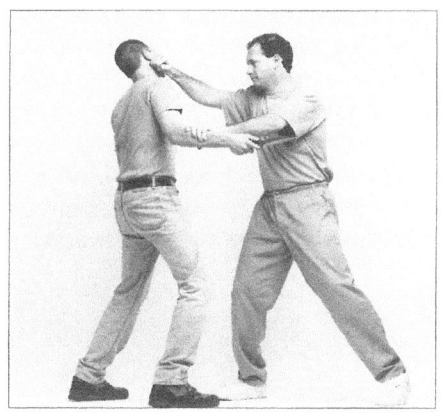

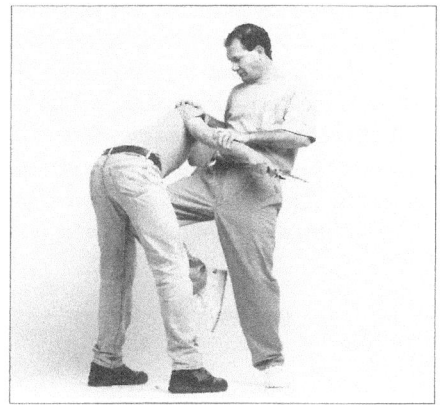

5 Führ mit einem seitlichen Hammerschlag oder einem von der Außenseite her geführten Handkantenschlag an Kopf, Hals oder Kehle des Angreifers einen Gegenangriff aus.

6 Pack dann die Schulter des Angreifers und versetz ihm einen Kniestoß in den Unterleib. Dies kannst du nach einem schnellen Vorsetzen des hinteren (linken) Beins mit dem vorderen (rechten) Bein tun. Lässt dir der Winkel keine andere Wahl, kannst du auch mit dem hinteren Bein/Knie angreifen.

Wende die Unterarmverteidigung nahe der Innenfläche oder dem Gelenk der angreifenden Hand an. Eine fegende Abwehr verändert die Angriffslinie. Dies ist wegen des Angriffswinkels erforderlich und um ein Beugen des Ellenbogens zu vermeiden. Halt deine andere Hand während der Abwehraktion dicht an deinem Hals. Führ den ersten Gegenangriff (Handkantenschlag oder waagerechter Hammerschlag) so früh wie möglich aus. Mit deinem ersten Gegenangriff streckst du auch die andere Hand aus, um die Hand des Gegners zu packen.

Achtung: Ein geübter Messerstecher könnte zustechen **und seinen Arm dann einer Sprungfeder ähnlich wieder zurückziehen, um erneut zuzustechen!** Denk daran, wenn du die hintere Hand ausstreckst, um nach der Hand des Gegners zu greifen. Versuch, ihn in Nähe des Ellenbogens zu packen, so dass du die zustechende Hand, wenn sie zurückgeht, in Höhe des Handgelenks zu fassen bekommst. Wenn du den Arm des Angreifers packst, so halt den Ellenbogen deines zupackenden Arms niedrig und übe Druck aus. Dies verhindert, dass das Messer durch eine nach innen gerichtete Schneidattacke oder einen anderen Stich erneut auf dich gerichtet werden kann.

Der Körperverteidigung kommt eine größere Bedeutung zu, wenn mit einem Block von innen nach außen verteidigt wird als wenn gegen denselben Stich mit einem Block von der Außenseite ("dead"- Seite) her verteidigt wird. Beug den Bereich, auf den der Angreifer zielt, zur Verstärkung deiner Körperverteidigung zurück. Das heißt: zielt der Stich auf deine Kehle, **so beug den Oberkörper zurück.**

Beachte: Auch hier bezieht sich die Forderung, die Technik wie abgebildet aus einer Ausgangsstellung heraus zu beginnen nur auf das Lernstadium. Im Ernstfall agieren wir nicht aus einer Kampfstellung heraus und in einer wirklichen, lebensbedrohlichen Situation könnte uns die Zeit fehlen, die Stellung vor Ausführung der Technik einzunehmen. Auch aus taktischen Erwägungen könnte es sein, dass wir eine offensichtliche Verteidigungsstellung vermeiden wollen, um die Aufmerksamkeit des Angreifers nicht auf das bevorstehende Abwehrverhalten zu lenken. Wir scheinen zum Zustechen "einzuladen", so dass der Angreifer verleitet wird, einen einfachen, direkten Stich auszuführen, ohne nach unserer vorderen Hand zu stechen, ohne Finte und ohne den Versuch, uns zu überlisten. Führ die Technik im Sinne einer wirklichkeitsnäheren Situation aus einem Stand heraus aus, der deine Absicht zu handeln nicht erkennen lässt und für den Angreifer keine psychologische Bedrohung darstellt. Mit anderen Worten: **Zeig dem Angreifer nicht, dass du geübt darin bist, seine Angriffe zu vereiteln.**

Großmeister Imi vor der Demonstration einer Abwehrtechnik gegen einen Messerangriff in orientalischer Haltung.

Überraschender gerader Stich zum Unterleib

1 Der Angreifer attackiert mit einem geraden, auf deinen Unterleib gerichteten Stich. Eine natürliche Reflexreaktion besteht darin, beide Hände in Richtung der Stichattacke auszustrecken und das Becken zurückzuziehen.

2 Wandle diese natürliche Reaktion der Hände in eine nach außen verlaufende schaufelnde Abwehr im Bereich deines Handgelenks, wobei du den Angriff mit einer kleinen kreisförmigen Bewegung zur Seite hin parierst. Zieh dein Becken zurück. .

3 Bring dein Becken schnell wieder nach vorn und versetz dem Gegner dabei einen kräftigen Tritt in den Unterleib, gegen den Solarplexus oder ans Kinn.

Die natürliche Reaktion auf diesen "Tiefangriff", insbesondere wenn er überraschend erfolgt, besteht darin, das Becken bei gleichzeitigem Vorstrecken der Hände zurückzuziehen.

Die angewandte Handabwehr besteht in einer schaufelnden Bewegung im Handgelenkbereich. Der Gegenangriff erfolgt am Ende der Handabwehr, während das Becken schnell wieder in die ursprüngliche Position zurückgebracht und dem Gegner ein gerader Tritt gegen eine empfindliche Stelle seines Körpers versetzt wird. Auch ein Tritt gegen den Solarplexus reicht aus, um den Angreifer zurückzustoßen. Ein geübter Schüler dürfte in der Lage sein, gleichzeitig mit der Handabwehr einen Schlag mit der Hand anzubringen.

*Varianten: Andere Reflexbewegungen gegen diesen Stich bestehen in einem Innenblock mit geöffneter Handfläche (ähnlich wie in der Technik **Bedrohung aus weiter Distanz von vorn** in dem folgenden Kapitel **Verteidigung gegen die Bedrohung mit einem Messer**) oder in einer Verteidigung mit dem Unterarm bei nach unten gewandter Handfläche und hoch genommenem Ellenbogen.*

Stich, gerade Haltung - Tritt zur Körpermitte

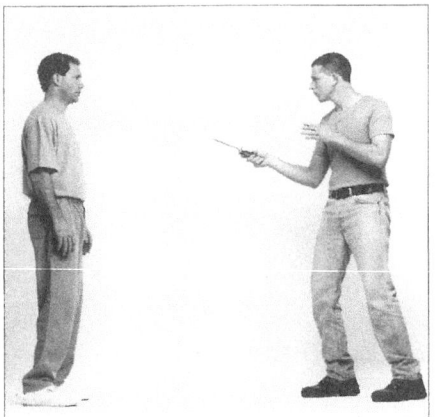

1 Vor dem Stich ist der Abstand zwischen dir und dem Angreifer relativ groß und ausreichend für einen Tritt.

2 In dem Moment, in dem der Gegner zum Angriff nach vorn geht, führst du einen Tritt zur Mitte seines Körpers aus, wobei du deinen Oberkörper zurücklehnst und deine Hüfte nach vorn stößt. Der genaue Treffpunkt hängt vom Timing des Tritts sowie vom Winkel des Körpers des Angreifers beim Zustechen ab. Auf diesem Foto wird ein Tritt gegen den Solarplexus gezeigt.

2V Führst du den Tritt früher aus, triffst du das Kinn des Angreifers. Ein blitzschneller Fersenwechsel auf der Stelle sorgt für einen schnelleren Tritt.

Bei dieser Technik ist es außerordentlich wichtig, dass du deinen Oberkörper weit zurücklehnst, ohne dabei jedoch deinen Schwerpunkt nach hinten zu verlagern, und gleichzeitig einen kraftvollen, hohen und weitreichenden Tritt ausführst. Dieser Tritt ist eine Kombination aus einem geraden (vorwärts)Tritt und einem Nach-oben-Schwingen des gestreckten Beins.

Aufgrund der Art seiner Ausführung kann der Tritt in der Höhe variierend gegen jeden Punkt in der Körpermitte des Angreifers gerichtet werden. Wenn du stabile, spitze Schuhe trägst, kannst du mit den Zehen treten, ansonsten tritt mit dem Fußballen oder mit der Ferse.

*Variante: Wenn es die Umstände zulassen, kannst du diese Technik mit einer Körperdrehung ausführen. Dabei wechselst du mit einer blitzschnellen Bewegung die Position deiner Fersen auf der Stelle. (Siehe vorangegangene Technik: **Stich, orientalische Haltung - Tritt zum Kinn**).*

Beachte: Für unsere Zwecke bedeutet "Mitte des Körpers" eine vertikale Linie, die beim Kopf beginnend abwärts mitten durch den Körper verläuft. Ihre Lage variiert je nach Winkel des gegnerischen Körpers. Der Körper des Gegners sollte als Silhouette betrachtet werden. Grundsätzlich gilt: Für Verteidigungszwecke wird die "Mitte des Körpers" dort angenommen, wo sich die Mittellinie der Silhouette befindet. Selbstverständlich verschiebt sich diese Linie, wenn die Positionen von Angreifer und Verteidiger sich verändern.

Stich, gerade Haltung - normaler Tritt zur Achselhöhle

1 Der Abstand zwischen dir und dem Angreifer ist vor dem Stich relativ groß und ausreichend für einen Tritt.

2 In dem Moment, in dem der Gegner zum Angriff nach vorn geht, führst du einen Tritt mit dem linken Bein zur Achselhöhle der das Messer haltenden Hand aus. Dabei lehnst du deinen Oberkörper weit zurück.

Lehn deinen Oberkörper bei dieser Technik, so wie bei der vorangegangenen, weit zurück. Schieb dein Becken dabei gleichzeitig nach vorn und tritt dem Angreifer in die Achselhöhle. Die Verteidigung erfolgt aus der neutralen (passiven) Startstellung heraus. Das tretende (linke) Bein befindet sich in gerader Linie zur zustechenden (rechten) Hand. Die Achselhöhle ist ein empfindlicher unbeweglicher Bereich und deshalb auch verhältnismäßig leicht angreifbar. Je nach Entfernung und Timing, kann ein erfahrener Kämpfer auch an anderen Stellen des zustechenden Arms, z. B. an Handgelenk, Unterarm oder Ellenbogen, einen Tritt platzieren.

Beachte: Die beiden letzten Techniken sind grundlegend identisch. Abgesehen von deiner persönlichen Vorliebe in Bezug auf das den Tritt ausführende Bein, hängt die Wahl zwischen beiden von dem Winkel ab, aus dem dich der Gegner angreift: Befindet sich der Angreifer diagonal zu deinem rechten Bein, trittst du ihm mit dem rechten Fuß in die Achselhöhle. Befindet er sich seitlich zu deiner Linken, trittst du mit dem linken Bein und zielst dabei auf die Mitte seines Körpers. Dies verdeutlicht ein grundlegendes Prinzip des Krav Maga: **Wähle Verteidigung oder Angriff entsprechend deiner Position und der des Angreifers.**

Stich, gerade Haltung - seitliche Körperverteidigung und Tritt

1 Vor dem Stich besteht ein sicherer Abstand zwischen dir und dem Angreifer. Dies bedeutet, dass er nach vorn gehen muss, um dich zu treffen.

2 Wenn sich der Angreifer nähert und zusticht, spring mit einem schnellen Stampfschritt diagonal zur Seite und nach vorn. Neig deinen Oberkörper dabei zur Seite und wende deine Brust dem Boden zu. Führ einen Roundhouse-Kick (Halbkreis-Fußtritt) gegen Solarplexus oder Unterleib des Angreifers aus.

3 Lass dem Roundhouse-Kick einen Seitwärtstritt zum Knie des Angreifers folgen oder entferne dich sofort von deinem Gegner.

4 Solltest du dich entscheiden, den Gegner zu kontrollieren und weitere Gegenangriffe auszuführen, dann handele der neu entstandenen Situation entsprechend. Ergreif z. B. den angreifenden Arm des Gegners mit der (rechten) Hand und setz währenddessen zum Schlag an.

Diese Technik eignet sich hervorragend gegen einen schwungvoll anstürmenden Angreifer, da sie dich aus der Angriffslinie herausbringt. Sie eignet sich darüber hinaus auch dann, wenn du dich in der Bewegung befindest, d.h., während du dein Gewicht von einem Fuß auf den anderen verlagerst, oder wenn du das Gleichgewicht verlierst. Sie ist besonders passend, wenn sich dein Trittbein vorn befindet.

5 Versetz dem Angreifer mit der linken (hinteren) Faust einen Schlag zum Kinn. Trägt er einen Mantel oder ein langärmeliges Hemd, bietet es sich an, seinen Ärmel zu packen.

Dein Kopf lenkt die Bewegungen deines Körpers: in diesem Fall so, dass du deinen Oberkörper vorbeugst, bis sich deine Brust parallel zum Boden befindet (kein seitliches Abbeugen) und du dich gleichzeitig mit einem schnellen Wechselschritt diagonal nach vorn bewegst. Richtung und Umfang dieser Bewegung sollten der Tiefe des gegnerischen Vorstoßes angepasst sein und von der Größe des Angreifers und der Länge seiner Gliedmaßen im Vergleich zu dir abhängig gemacht werden. Sie können auch vom Timing zwischen dem Angriff und deiner Verteidigung abhängen. Hast du beispielsweise lange Beine oder erfolgt deine Reaktion spät, kannst du dich zur Seite hin oder sogar diagonal rückwärts bewegen. Hast du vergleichsweise kurze Beine oder erfolgt dein Timing früh, solltest du dich weiter nach vorn orientieren.

Bring deine rechte Hand zu Beginn deiner Körperbewegung aus Gründen der Sicherheit in die Nähe deines Halses, um einen auf dieses Ziel gerichteten Angriff abwehren oder stoppen zu können. Je nach seiner Position während der Ausführung des Stichs, sollte dein Roundhouse-Kick zum Solarplexus, zum Magen oder zum Unterleib des Gegners zielen.

Jedes weitere Handeln wird von der Wirkung deiner anfänglichen Gegenangriffe abhängen. Falls erforderlich kannst du dem Angreifer erneut Tritte versetzen oder die das Messer haltende Hand packen und mit deiner anderen Hand Gegenangriffe ausführen. **Bedenke: Die Aktion ist erst dann beendet, wenn du die Gefahr in jeder Hinsicht völlig ausgeschaltet hast!**

Varianten: Führ nur einen Tritt aus (Roundhouse- oder Seitwärtstritt) und kontrolliere sofort den angreifenden Arm. Geh danach zum Gegenangriff über. Eine weitere Möglichkeit: Entferne dich schnell nach deinem ersten oder zweiten Gegenangriff.

Eine wahre Geschichte

Ein in Krav Maga ausgebildeter Wachmann wurde von einem kräftig gebauten Terroristen angegriffen. Der Terrorist stürmte plötzlich auf ihn ein und versuchte mehrmals, ihm mit einem 40 cm langen Messer in den Hals zu stechen. Der Wachmann wandte gegen diesen Angriff die Grundtechnik an, indem er den Unterarm des Gegners, als dieser auf ihn zukam, mit seinem eigenen abblockte. Er stieß den Terroristen zurück, zog seine Waffe und erschoss ihn.

Stich, gerade Haltung - Seitwärtstritt

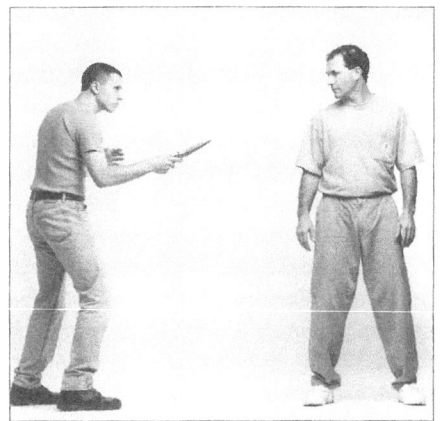

1 Der Angreifer kommt von deiner Seite. Bei dieser Entfernung muss er vor dem Zustechen nach vorn gehen.

2 Der Angreifer geht nach vorn, um zuzustechen. Lehn dich zur Seite, beug den Rumpf nach unten und rücke gleichzeitig soweit wie nötig vor. In diesem Beispiel gehst du nach vorn, indem du deinen hinteren Fuß an die Stelle des vorderen setzt. Deine Hand (die, die dem Angreifer näher ist) ist - falls erforderlich - zur Verteidigung bereit.

3 Führ einen Seitwärtstritt gegen das vordere Knie oder die kurzen Rippen des Angreifers aus, während er sich noch auf Distanz befindet, um ihn zu stoppen und das Messer von dir fern zu halten. Dein Standbein und dein Oberkörper sind gebeugt. Dadurch, dass du eine tiefe Stellung einnimmst, die unterhalb des Angriffs liegt und sich von diesem wegbewegt, baust du deine Körperverteidigung auf.

Diese Technik kombiniert eine Körperverteidigung und einen den Gegner stoppenden Angriff mit dem richtigen Timing. Der Rumpf ist zur Seite geneigt, die Hüfte des tretenden Beins schießt dem Gegner beim Tritt entgegen. Daraus resultiert ein kräftiger Tritt und gleichzeitig eine Körperverteidigung für lebenswichtige Bereiche (z. B. oberer Rumpf). Der Seitwärtstritt ist die Aktion, die den noch auf Distanz befindlichen Angreifer stoppt. Er wird in der Vorwärtsbewegung ausgeführt und verringert den anfänglichen Abstand in Einklang mit dem Timing der gesamten Aktion.

Es gibt folgende Möglichkeiten um dich in die beste Distanz für einen Angriff zu bringen: Rückwärtiges Kreuzen der Beine, Fersenwechsel, Tritte aus dem Stand heraus oder sogar die Ausführung von Seitwärtstritten während des Rückzugs. Zwei **empfindliche Stellen** am Körper des Gegners sind das vorangestellte Knie sowie der Bereich der kurzen Rippen und des Solarplexus.

Aus **Sicherheitsgründen** kannst du deine vordere Hand dazu verwenden, die zustechende Hand abzuwehren. Dennoch ist es zweifelhaft, ob diese Aktion wirklich nötig ist. Im Fall eines **plötzlichen Überraschungsangriffs** könntest du eine solche Defensivmaßnahme ergreifen, und wenn auch nur in Form einer Reflexbewegung. Führ den Seitwärtstritt blitzschnell im selben Moment aus, in dem du deinen Oberkörper nach unten beugst.

Kommt der Angreifer von vorn, kannst du diese Technik aus einer neutralen Stellung heraus ausführen. Geh ein wenig nach vorn oder nach hinten und führ eine Körperdrehung aus, die dich in den richtigen Winkel zur Ausführung des Seitwärtstritts bringt. Lass im Anschluss an die vorangegangene Aktion weitere Tritte folgen. Um jede weitere Gefahr auszuschalten, kannst du auch die Hand des Gegners packen, sie unter Kontrolle bringen und mit deiner hinteren (linken) Hand einen Gegenangriff ausführen. Eine weitere Möglichkeit besteht darin, einfach auf sichere Entfernung zum Angreifer zu gehen.

Beachte: Die beiden letzten Techniken können auch gegen andere, in diesem Kapitel beschriebene Arten von Messerangriffen angewandt werden.

Verteidigung gegen Schneidattacken

Wer diese Art des Angriffs anwendet, verursacht von Beginn an ein komplizierteres Kampfszenario. In der Regel besteht das Ziel des Angreifers darin, zunächst zu schneiden und zu verletzen (wenn auch nur oberflächlich) und das Messer dann in lebenswichtige Teile des Körpers zu rammen.

Viele der zuvor erörterten Grundlagen, insbesondere gegen Angriffe mit gerader Messerhaltung, treffen auch auf die verschiedenen Abwehrtechniken gegen Schneidattacken mit dem Messer zu:

- **Werfen eines kleinen Gegenstandes**: In einer frühen Phase, wenn der Gegner im Begriff ist, anzugreifen, kannst du ihm einen kleinen Gegenstand wie z. B. einen Schlüssel, eine Armbanduhr oder eine Brieftasche ins Gesicht oder in die Augen werfen, um ihn abzulenken oder zu irritieren. Diese Technik wird in Kapitel 7: Die Verwendung von alltäglichen Gegenständen als Abwehrwaffen veranschaulicht. Geh in angemessener Weise nach vorn und tritt dem Gegner in den Unterleib.

- **Verteidigung durch Seitwärtsbeugen und Roundhouse-Kick** (Halbkreis-Tritt): Wie gegen einen geraden Stich gezeigt unter Beachtung der richtigen Richtung und des richtigen Timing.

- **Verteidigung mit Tritt unter Zurücklehnen des Oberkörpers:** z. B. normaler Tritt zur Mittellinie des Körpers oder zum Kopf des Gegners wie in Foto a und b (auf der folgenden Seite) gezeigt; oder Seitwärtstritt wie bei den Techniken gegen einen geraden Stich gezeigt.

- **Unterarmabwehr, um die angreifende Hand zu stoppen:** Lehn deinen Oberkörper zurück, um dem ersten Schnitt auszuweichen (siehe Foto c). Wurde das Messer von der einen zur anderen Seite geführt und befindet es sich nun wieder auf dem Weg zurück, so verteidige dich mit einem oder mit beiden Unterarmen gegen den angreifenden Arm, womit du die Attacke abblockst. Falls erforderlich, kannst du auch schon **den ersten Schnitt,** wie auf Foto d gezeigt, mit einem Unterarmblock **stoppen.**

Diese Prinzipien werden auch bei der Verteidigung gegen Messerangriffe in Kapitel 8 **Kurzer Stock gegen Angriff mit dem Messer** demonstriert.

a

b

c

d

Beachte: Die Schneidattacke ist raffinierter und mit Handabwehrtechniken schwieriger abzuwehren. Dies gilt vor allem für erfahrene Angreifer, deren Schnitte kurz und schnell sind. Sobald du den Angriff blockst - oder so schnell wie möglich danach - **musst du einen Gegenangriff ausführen, um den Angreifer auszuschalten**.

Messerangriffe: Besondere Situationen
Von hinten angreifender Gegner

Jeder, der dich mit einem Messer angreift, **wird höchstwahrscheinlich auf dich einstechen**, und sollte als jemand betrachtet werden, der mit einer **Tötungsabsicht** handelt! Man muss sich darüber im Klaren sein, dass der Umgang mit einem Gegner, der von hinten angreift, auch wegen des dieser Situation eigenen Überraschungsmoments äußerst schwierig ist.

Ein von hinten zustechender Angreifer.

Gegen einen entschlossenen Gegner stehen grundsätzlich folgende Möglichkeiten zur Auswahl: (1) Flucht. (2) Wehr ab, führ Gegenangriffe aus, um den Angriff zu vereiteln, und zieh dich bei der ersten, sich als sicher erweisenden Gelegenheit zurück.

(3) Schalt den Gegner mit wirkungsvoller Verteidigung und aggressiven Gegenangriffen aus.

Verzichte aufgrund der ernsten Gefahr nicht darauf, Maßnahmen zu ergreifen oder mögliche Gegenangriffe einzuleiten, die dein Leben retten oder den Angreifer verletzen könnten. Dies beinhaltet auch solche Angriffe, die nach allgemeiner Auffassung unorthodox oder extrem brutal sind. Es ist dir erlaubt (und auch empfohlen), dich **eines jeden sich in der Nähe befindenden Gegenstands** zu bedienen, der dir dabei hilft, dein Ziel zu erreichen (siehe Kapitel 7: **Die Verwendung von alltäglichen Gegenständen als Abwehrwaffen**).

Vorausahnung

Bemerkst du auf irgendeine Art, sei es optisch, akustisch oder rein gefühlsmäßig, dass dich jemand von hinten angreifen will, kannst du in folgender Art und Weise vorgehen:

- **Angriff nach hinten:** Während du einen Blick zurückwirfst und deinen Oberkörper nach vorn beugst, wobei du - wenn nötig - einen Schritt nach vorn machen kannst, führst du einen geraden Tritt nach hinten aus. Im Krav Maga nennt man diesen Tritt **"Verteidigungstritt nach hinten"**. Er wird ähnlich wie Pferd oder Stier mit dem Hinterhuf auskeilen, gerade nach hinten ausgeführt.
- **Umdrehen nach hinten mit einer Abwehr:** Während du dich umdrehst, entfern dich ein wenig und führ einen Unterarmblock aus. Dies bringt den Angreifer normalerweise an deine Seite. In dieser Position musst du dich je nach Winkel und Art des Stichs verteidigen und Gegenangriffe ausführen. Führ den Gegenangriff so früh wie möglich unter Anwendung einer passenden Technik aus.

- **Sich entfernen:** Wenn du den bevorstehenden Angriffs erahnst, solltest du dich vom Angreifer entfernen. Situationsabhängig sollte deine Bewegung nach vorn, schräg nach vorn oder zur Seite hin führen. Während du dich bewegst, solltest du nach hinten sehen und dich dann so schnell wie möglich dem Angreifer zuwenden, um ihn mit einem Tritt oder einer Handabwehr und einem anschließenden Gegenangriff, entsprechend der in diesem Kapitel erläuterten Techniken zu "begrüßen".

Wenn du getroffen wurdest...

Das Messer ist in deinen Körper eingedrungen. Normalerweise wirst du im ersten Moment noch nicht einmal bemerken, dass du von einem Stich getroffen wurdest. Du spürst vielmehr einen normalen Aufprall und einen Schmerz, als hätte dir gerade jemand einen Schlag versetzt. Ein Herausziehen des Messers kann größeren Blutverlust und Schaden sowie innere Blutungen verursachen und **sollte deshalb nur von einer entsprechend qualifizierten Person** vorgenommen werden. Außerdem kann der Gegner das herausgezogene Messer erneut benutzen! Dein vorrangiges Ziel muss an dieser Stelle sein, **zu verhindern, dass der Angreifer erneut auf dich einsticht**.

Hast du bemerkt, dass du von hinten angegriffen und von einem Schlag getroffen wurdest, solltest du zunächst davon ausgehen, dass der Angreifer eine Waffe wie ein Messer, eine Axt oder einen ähnlichen Gegenstand verwendet. Reagier schnell: beweg dich schnell, mach drei oder vier Schritte vom Angreifer weg und dreh dich dabei nach ihm um. Wenn du dich nicht schnell genug bewegst, wirst du wahrscheinlich wieder und wieder angegriffen, **was weitaus größeren Schaden zur Folge hätte**. Die Richtung deiner Bewegung sollte den jeweiligen Umständen entsprechend nach vorn oder zur Seite verlaufen. Dreh dich beim Weglaufen um, um den Angreifer visuell zu erfassen und die in diesem Kapitel beschriebenen Maßnahmen gegen ihn einzuleiten. Halt deinen Kampfgeist stets aufrecht: gerate nicht in Panik und gib nicht auf!

Wenn du feststellen solltest, dass du dich nicht mehr auf den Beinen halten kannst, kannst du dich mit einem Fallenlassen auf den Boden immer noch in eine andere Richtung bewegen. Fall in die Nähe des Angreifers, lande auf der Seite und greif Knie oder den Unterleib des Gegners mit Tritten vom Boden aus an, die vorzugsweise mit der Ferse ausgeführt werden.

Ein Experte kann sich dem Angreifer, auch nachdem er von einem Stich getroffen wurde, schnell zuwenden und solche Verteidigungsaktionen und Angriffe ausführen, wie es die Lage erfordert. **Die Hauptsache ist, dass du dich darauf konzentrierst, lebend aus dem Kampf herauszukommen.** Viele Opfer von Messerangriffen haben trotz zahlreicher Wunden, die ihnen während des gewalttätigen Übergriffs zugefügt wurden, überlebt. Diesen Menschen ist es hoch anzurechnen, dass sie weiterkämpften und **nicht aufgaben**. Darum verlier nicht deinen Willen zu kämpfen, die Oberhand zu gewinnen und zu überleben, auch wenn du durch einen oder mehrere Messerstiche verwundet wurdest.

Du bist mit einer Pistole bewaffnet und wirst von deinem Gegner mit einem scharfen oder stumpfen Gegenstand angegriffen

Attackiert dich ein wahnsinniger Angreifer, während deine Waffe im Holster steckt oder Du aus anderen Gründen nicht zum sofortigen Einsatz bereit ist, musst du deine Erfahrung in der Verteidigung mit bloßen Händen einsetzen, um deinen Körper vor unmittelbaren und ernsten Verletzungen zu schützen. Die meisten Angreifer können eine Strecke von vier bis sechs Metern zurücklegen, bevor der Verteidiger überhaupt in der Lage ist, seine Pistole oder seinen Knüppel einzusetzen! Tragischer Beweis hierfür sind die zahlreichen Gesetzeshüter auf der ganzen Welt, die auf diese Art ums Leben kamen.

Bei Experimenten mit einem messerbewehrten Angreifer, der weniger als sechs Meter von einem sich der Gefahr bewussten Polizisten entfernt stand und auf diesen zustürmte, wurde bewiesen: Alle Versuche des Polizisten, seine Waffe zu ziehen und zu gebrauchen, misslangen; er wurde mehrfach von Stichen getroffen! Der Grund hierfür liegt in der für eine wirkungsvolle Reaktion benötigten Zeit, die sich wie folgt zusammensetzt: Zeit für die den Angriff betreffende Informationsverarbeitung und die Entscheidung, die Waffe aus dem Holster zu ziehen, plus Zeit zum Zielen und Abdrücken. Diese Zeit kann zwischen 1,5 und 3 Sekunden liegen, in denen der Angreifer praktisch ungestört handeln kann. Deshalb musst du, auch wenn du eine Waffe trägst, Hand- und Fußabwehrtechniken sowie Gegenangriffe üben und beherrschen, um einen Angriff aus naher Distanz, wie zuvor beschrieben, zu überleben.

Deine Waffe kannst du nur dann sicher und wirksam ziehen, wenn du die anfängliche Gefahr mit Hilfe von Beintechniken (Tritten) oder dem Gebrauch deiner Hände und der Ausführung erster Gegenangriffe gebannt und dir - falls möglich - einen sicheren Abstand verschafft hast (siehe Foto a). Bist du ein mit einer Maschinenpistole oder einem Schnellfeuergewehr bewaffneter Polizist oder Soldat und wirst aus naher Entfernung angegriffen, solltest du in der Lage sein, die Waffe zu deiner Verteidigung einzusetzen und einen Gegenangriff einzuleiten. Im Ernstfall verwendest du die Feuerwaffe zunächst als Schlagwaffe (stumpfer Gegenstand), um den ersten Angriff abzulenken oder zu blocken und einen Gegenangriff auszuführen. Schlag mit der Waffe (wie in Abb. c verdeutlicht) oder tritt zu und nutz das Gewehr, falls erforderlich, danach, um den Gegner auszuschalten.

a

b   c

Es hat Fälle gegeben, in denen ein Messerstecher seine Angriffe im Zustand des Deliriums (möglicherweise unter dem Einfluss von Drogen, plötzlichem Wahnsinn, religiösem Fanatismus usw.) fortsetzte, nachdem er bereits mehrfach angeschossen worden war (vor allem nach Treffern mit kleinkalibrigen Geschossen). Dies verdeutlicht die unglaubliche Entschlossenheit eines messerbewehrten Angreifers. Aus diesem Grund musst du darauf vorbereitet sein, dich mit Hilfe deiner Hände und Beine zu verteidigen und mit ihnen Gegenangriffe auszuführen, wenn du keine Gelegenheit hast, wirksamere Mittel einzusetzen (Abb. b). Tatsächlich kann es sein, dass deine Waffe nur als Beiwerk fungiert; **vertrau nicht einzig und allein auf deine Waffe** als allmächtiges "magisches" Werkzeug, das dich rettet. Du musst ein echter Kämpfer sein, egal ob mit oder ohne Waffen wie Gaspistole, Knüppel oder Feuerwaffe.

Zusammenfassung

Bei einer Messerattacke will der Angreifer dich auf jeden Fall töten oder dir ernsthaften körperlichen Schaden zufügen. Er legt Kraft und Schnelligkeit in seinen Angriff und wird möglicherweise mehrmals zustechen. Bei der Handabwehr geht es grundsätzlich darum, den Angriff abzuwehren oder zu unterbinden, den wiederholten Einsatz der Waffe zu verhindern und so früh wie möglich Gegenangriffe auszuführen, um den Angreifer auszuschalten. Wenn nötig sollte der Gegner entwaffnet werden.

Tritt-Techniken gegen Messerangriffe sind bei größerem Abstand erfolgreich. Ihr Zweck besteht darin, den Angreifer zu verletzen und zu stoppen, bevor er den Abstand zu dir derart verkürzt hat, dass deine Sicherheit in Gefahr gerät.

Die in diesem Kapitel beschriebenen Techniken solltest du nur dann anwenden, wenn dir keine andere Wahl bleibt. Hast du die Wahl, solltest du besser vom Ort des Geschehens fliehen oder - falls möglich - eine wirksame Waffe (wie eine Pistole) oder eine Behelfswaffe (Eisenstange, Stock, Stuhl usw.) zu deiner Verteidigung einsetzen

Verteidigung gegen die Bedrohung mit einem Messer

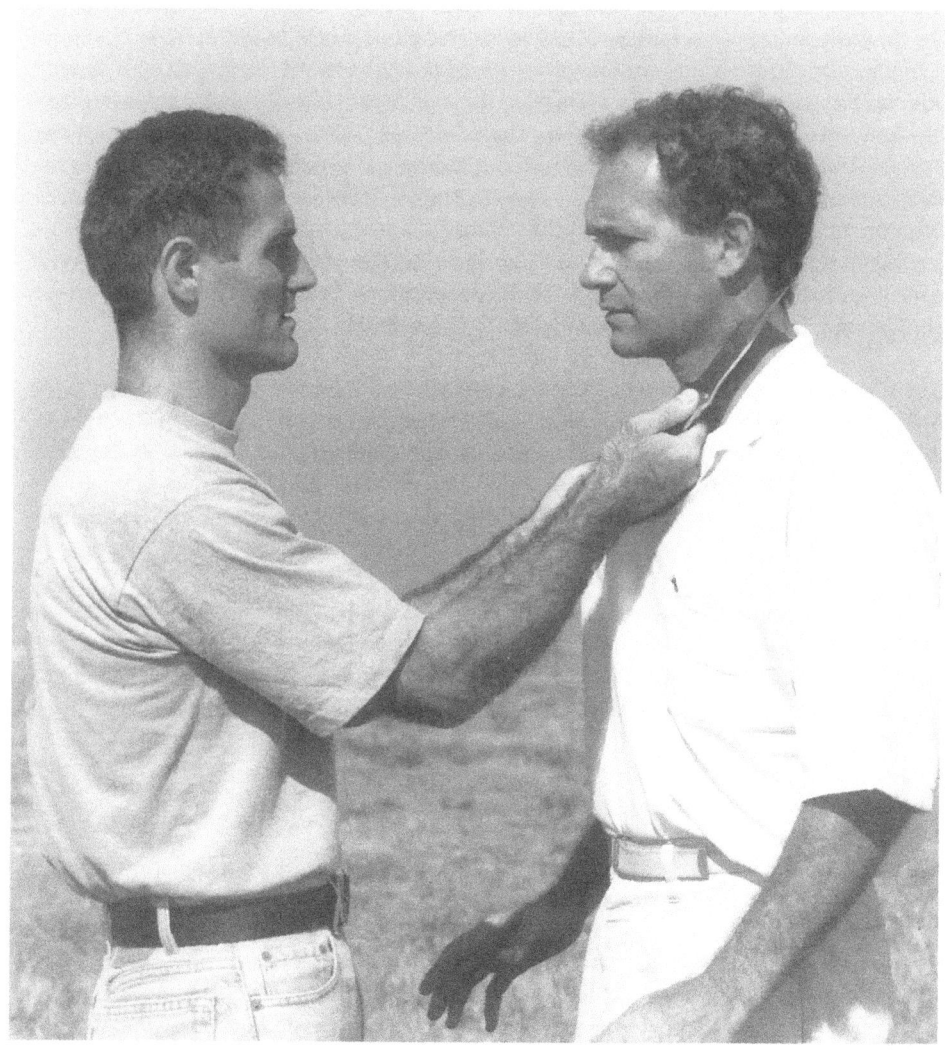

Kapitel 2

Verteidigung gegen die Bedrohung mit einem Messer

Die Absicht eines Angreifers, der dich mit einem Messer bedroht, ist hier ähnlich wie die desjenigen, der einen anderen mit einer Handfeuerwaffe bedroht. Sein Ziel unterscheidet sich aber von dem eines Angreifers, der gerade mit einem Messer zusticht oder schneidet. Derjenige, der mit einem Messer droht, **will durch Bedrohung oder Einschüchterung etwas erreichen.** Das Ziel des Täters könnte darin bestehen, Informationen, Geld, Eigentum oder etwas anderes zu bekommen oder sein Opfer einfach nur von einem Ort an einen anderen zu bringen. Normalerweise präsentiert er das Messer auf aggressive und bedrohliche Weise oder setzt es an den Körper des Opfers, um ihm Furcht einzuflößen und seine sofortige widerstandslose Kooperation zu erzwingen. Darum besteht das grundlegende Problem in der Bedrohung durch das Messer und dessen Position, die im Allgemeinen statisch bleibt.

Der Angreifer kann sein Opfer aus verschiedenen Distanzen (nah, mittel und weit), Richtungen und Winkeln bedrohen. Er kann seine Waffe unterschiedlich hoch halten und an verschiedenen Körperteilen seines Opfers ansetzen, um es in seine Gewalt zu bringen. Der Angreifer wird das Opfer vielleicht auch an dessen Kleidung, seinem Arm, seinen Haaren oder anderen Körperteilen festhalten, um ihm seinen Willen aufzuzwingen.

Historisch betrachtet basieren unsere Techniken im Umgang mit einer Bedrohung durch ein Messer größtenteils auf den grundlegenden Regeln zur Neutralisierung der Bedrohung durch eine Handfeuerwaffe, zur Verteidigung gegen einen Messerangriff und zur Verteidigung gegen Angriffe mit einem bajonettbestückten Gewehr.

Regeln zur Vorgehensweise

- Führ die Technik **so schnell und so früh wie möglich** nach der ersten Wahrnehmung der Bedrohung aus. Denk daran, dass ein sich bewegendes Messer (ein Stich oder Schnitt) eine gefährlichere Situation ist, während ein bewegungsloses Messer eine andersartige, weniger gefährliche Bedrohung darstellt. Je mehr Zeit nach dem Beginn der Bedrohung verstreicht, desto gefährlicher kann die Situation werden und umso wahrscheinlicher artet sie in einen richtigen Messerangriff (durch Stiche oder Schnitte) aus.

- Ein für die Abwendung der Bedrohung besonders günstiger Moment ist ein Augenblick, **in dem die Aufmerksamkeit des Angreifers leicht abgelenkt ist.** So zum

Beispiel, wenn er redet und Befehle erteilt, oder sich das Flehen des Opfers um Gnade anhört.

- Als Reaktion auf eine Verteidigungsbewegung, **reagiert der Angreifer möglicherweise reflexartig** mit dem Zurückziehen der das Messer haltenden Hand, um auf das Opfer einzustechen oder es zu schneiden. Es könnte auch leicht sein, dass er sofort zusticht oder -schlägt oder das Opfer wegstößt oder es auf andere Weise etwa mit einem Tritt oder mit seiner freien Hand attackiert. Die Grundtechniken gegen die Bedrohung mit einem Messer berücksichtigen solche "natürlichen" und voraussehbaren Reaktionen des Angreifers auf deine Verteidigungsaktion.

- Die meisten Verteidigungstechniken zur Neutralisierung der Bedrohung mit einem Messer aus naher Distanz, besonders dann wenn der Angreifer das Opfer festhält, beruhen auf den folgenden Regeln und Verteidigungstechniken gegen die Bedrohung mit einer Handfeuerwaffe:

  (1) **Aktive Verteidigung mit der Hand** in Verbindung mit einer passenden Körperverteidigung.

  (2) **Erlangen der Kontrolle über die Waffe bzw. über die die Waffe haltende Hand,** während man sich auf den Angreifer zu bewegt.

  (3) **Ein kraftvoller Gegenangriff.**

  (4) Abschluss durch **Entwaffnung des Angreifers oder Fluch**t.

- Grundsätzlich solltest du dich bei der ersten sich bietenden Gelegenheit so weit wie möglich vom Ort des Geschehens entfernen. Man sollte bedenken, dass die Techniken zur Abwendung der Bedrohung mit einem Messer häufig **ohne eine Entwaffnung des Gegners** vonstatten gehen (d. h. ohne das Messer an sich zu nehmen). Ein solches Vorgehen wird allgemein empfohlen, da es in vielen Fällen effektiver ist, die das Messer haltende Hand des Angreifers unter Kontrolle zu bringen, kraftvolle Gegenangriffe auszuführen und sich aus dem Gefahrenbereich zu entfernen, als zu versuchen, dem Angreifer das Messer abzunehmen.

- Die Verteidigungstechniken zur Abwehr eines Messers aus relativ **großer Entfernung** basieren auf den grundlegenden Regeln und Verteidigungstechniken gegen gerade ausgeführte Stöße mit einem Stock oder einem Gewehr mit aufgepflanztem Bajonett. Diese grundlegenden Regeln lauten: **Parier die Bedrohung** zuerst mit einem Schlag mit der offenen Hand und beug dich dann, falls nötig, nach vorn, dreh den Körper und **versetz deinem Gegner einen Tritt**.

Es folgen nun Beispiele zum richtigen Umgang mit verschiedenen Bedrohungen durch ein Messer. Zunächst solltest du die Grundtechniken üben, um dann auf dem, was du gelernt hast aufbauend, den Umgang mit verschiedenen bedrohlichen Situationen zu trainieren, die wenngleich abgeändert, dennoch den Grundtechniken ähneln. Sei dir bewusst, dass die Handlungen des Angreifers im Ernstfall nicht exakt vorhersehbar sind. Deshalb musst du, nachdem du die grundlegenden Übungen erlernt hast, im Rahmen wirklichkeitsnaher, unter großem Druck durchgeführter Unterrichtseinheiten trainieren, um weitere Erfahrungen zu sammeln und dich mit einer Vielzahl möglicher Gefahren vertraut machen. Ein solches Vorgehen sollte beim Training für **alle** in diesem Buch **behandelten Inhalte** Anwendung finden.

Bedrohung von vorn aus großem Abstand

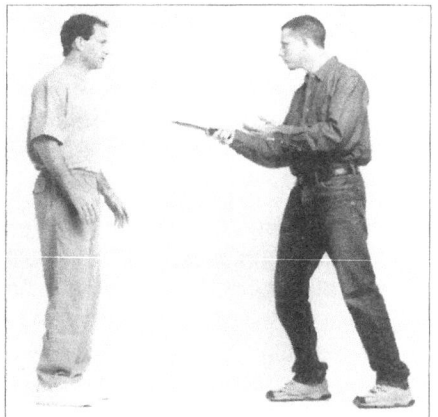

1 Du wirst mit einem Messer von vorn bedroht. Der Angreifer befindet sich relativ weit weg und hält das Messer vor sich.

2 Wehr die Gefahr auf möglichst einfache Art mit einem Schlag mit der offenen Hand (bei ausgestreckten Fingern) gegen den Handrücken des Gegners zur Seite hin ab. Diese Abwehrbewegung mit der Hand verursacht eine leichte Drehung des Körpers, die als Körperverteidigung dient. Falls nötig, musst du dich ein wenig vorbeugen, um die von deiner Handabwehr erzielte Reichweite zu vergrößern (Parade).

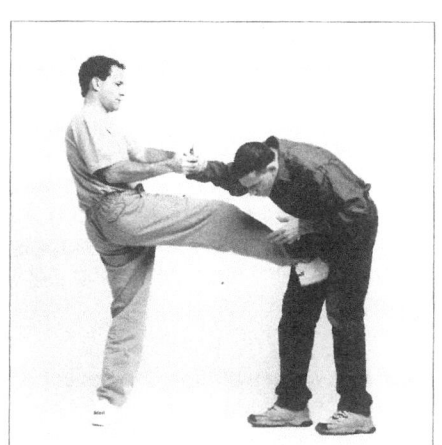

3 Fahr mit einem Tritt in den Unterleib fort, wobei du deinen Körper zurückbeugst und von dem Messer wegbewegst. Beende die Aktion, indem du vom Ort des Geschehens wegläufst oder den Angreifer wie in den folgenden Schritten beschrieben, ausschaltest. Es kann sein, dass der Angreifer das Messer infolge des plötzlichen Schlags, mit dem es pariert werden soll oder wegen des kräftigen Tritts, fallen lässt.

2a Detailbetrachtung, Foto 2: Schlag gegen den Handrücken des Gegners.

4 Entschließt du dich, nicht zu fliehen empfiehlt sich folgendes Vorgehen: Wenn dein Fuß nach dem Tritt zurückkommt, pack die das Messer haltende Hand des Angreifers nahe dem Ellenbogen mit deiner näheren (rechten) Hand.

5 Falls erforderlich, fahr mit einem Faustschlag und weiteren Gegenangriffen, z. B. Kniestößen oder Fußtritten, fort.

Das Parieren der Hand des Angreifers ähnelt der Parade, die im Rahmen der Abwehrtechnik gegen einen Stoß mit einem Stock oder einem mit Bajonett versehenen Gewehr ausgeführt wird. Die Hand des Verteidigers weist mit dem Daumen nach oben und mit dem kleinen Finger nach unten, während die Handfläche mit ausgestreckten Fingern geöffnet ist. Die Hand des Verteidigers bewegt sich diagonal nach vorn, um das Ziel - die das Messer haltende Hand des Angreifers - zu treffen.

Die Bewegung der verteidigenden Hand verläuft so ökonomisch wie möglich in gerader Linie zur Seite der gegnerischen Hand und schlägt diese waagerecht zur Seite. Wird das Messer viel höher gehalten und befindet sich dadurch näher an deinem Gesicht, musst du mit deiner Hand in einer anderen (senkrechten) Haltung zuschlagen. In diesem Fall sollten deine Finger geschlossen sein und nach oben zeigen.

Zwischen der Parade und dem Tritt wirst du normalerweise blitzschnell einen Stampfschritt machen, je nach Erfordernis auf der Stelle oder während einer leichten Vorwärtsbewegung, so dass dein Gewicht rasch auf das Standbein verlagert wird. Dies dient auch dazu, falls nötig die Entfernung zum Ziel zu verkürzen und die Ausführung des schnellstmöglichen und kräftigsten Tritts aus deiner anfänglich "neutralen" Stellung heraus zu erreichen. Es wird allgemein empfohlen, mit dem der abwehrenden Hand gegenüberliegenden Fuß zu treten. Versetz dem Angreifer mit dem Spann oder besser noch mit dem Fußballen einen Vorwärtstritt in den Unterleib.

Um dich auf echte Konfrontationen vorzubereiten, solltest du auch die Taktik einüben, **dich sofort nach dem Tritt schnell aus der Gefahrenzone zu begeben**. Ist das im Ernstfall nicht möglich, fahr - wie hier beschrieben - mit den nächsten Schritten fort:

Ergreifen und Kontrollieren der Hand des Gegners, weitere Gegenangriffe und schließlich die Entwaffnung des Angreifers. Nach der ersten Parade und dem Gegenangriff solltest du besonders auf Gegenstände in der Umgebung achten, die dir als zusätzliche Hilfe bei der Verteidigung oder bei Angriffen auf den Gegner nutzen könnten.

*Varianten: Befindet sich der Angreifer neben oder hinter dir und bedroht dich aus einer verhältnismäßig großen Entfernung, ist die Technik im wesentlichen gleich. Eine solche Technik beinhaltet das Wegschlagen und Abwehren der Hand des Gegners durch einen Block nach außen, bei dem die Handfläche oder der innenliegende (knochige) Teil des Unterarms zum Einsatz kommt, sowie das anschließende Beugen in die dem Messer abgewandte Richtung und den so schnell wie möglich auszuführenden Tritt zum Angreifer. Der geeignete Tritt ist normalerweise ein **Seitwärtstritt** oder ein* **Verteidigungstritt nach hinten***. Wenn nötig, kannst du den Angreifer auch treten, ohne die Parade auszuführen. In diesem Fall ist besonders auf die Ausführung der* **Körperverteidigung** *in Verbindung mit dem geeigneten Tritt zu achten.*

Bedrohung von vorn - Messer außerhalb der Reichweite

1 Du wirst mit einem Messer bedroht. Dabei steht der Angreifer in mittler oder weiter Distanz. Die Situation ähnelt der vorangegangenen, jedoch mit der Ausnahme, dass der Angreifer zwar nah genug ist, das Messer aber in einer Entfernung gehalten wird, die es dir schwer macht, die Hand zu erreichen, die das Messer hält.

2 Führ einen schnellen, kräftigen Tritt in den Unterleib aus, während du deinen Oberkörper zurücklehnst. Falls möglich, verlass schnell den Ort des Geschehens. Wenn nicht, fahr damit fort, den Gegner anzugreifen, um ihn außer Gefecht zu setzen und es ihm unmöglich zu machen, das Messer einzusetzen.

Diese Technik ähnelt der vorhergehenden mit Ausnahme der Parade. Ein äußerst günstiger Moment, um diese Technik anzuwenden besteht dann, wenn du Kooperationsbereitschaft vortäuschst und so tust, als würdest du den Anweisungen des Angreifers Folge leisten. (Beispielsweise, wenn du vortäuschst, deine Brieftasche aus der Jacke zu ziehen.)

Bedrohung von vorn aus der Nahdistanz

1 Du wirst mit einem Messer bedroht, das sehr nah an deine Kehle oder an eine andere Stelle im Bereich deines Oberkörpers gehalten wird.

2 Beginn mit einer verteidigenden Handbewegung und lass eine Körperdrehung folgen. Lenk das Messer horizontal ab, indem du den Angreifer in der Nähe des Handgelenks der das Messer haltenden Hand packst. Wenn du das Handgelenk des Gegners ergreifst, sollten dein Daumen nach unten und dein Zeigefinger nach oben gerichtet sein. Dein Gewicht verlagerst du diagonal nach vorn auf die Seite der abwehrenden Hand.

3 Geh mit dem auf der Seite der abwehrenden Hand befindlichen Fuß nach vorn. Verlagere dabei dein Gewicht so, dass du einen nach unten und zur Seite wirkenden Druck auf die Hand des Angreifers ausüben kannst. Greif kraftvoll mit einer Geraden an und übe bei gestrecktem Ellenbogen Druck auf die das Messer haltende Hand aus. Nun ist es möglich, den Angreifer erneut anzugreifen oder ihn zurückzustoßen, während du dich schnell von ihm entfernst und den Ort des Geschehens verlässt.

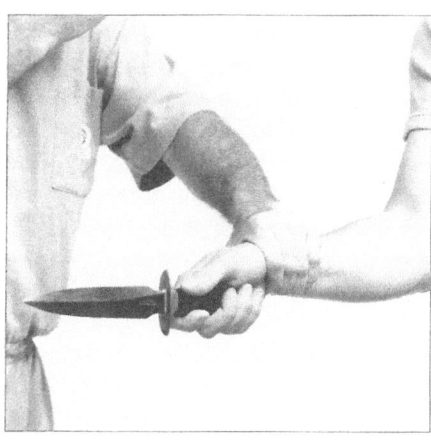

2a Detailbetrachtung, Foto 2: Das Ergreifen des gegnerischen Handgelenks bei gleichzeitigem Ablenken zur Seite hin.

4 Wenn du nicht weglaufen willst, hast du die Möglichkeit, die Hand des Angreifers, wie abgebildet, mit deinen beiden Händen zu packen und dich etwas nach hinten zurückzubewegen, um dir eine bessere Ausgangsposition für einen kraftvollen Tritt zu verschaffen.

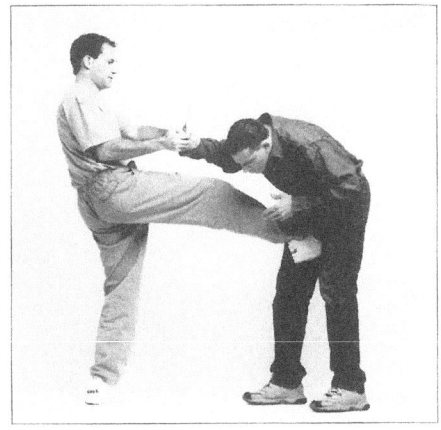

5 Tritt den Angreifer in den Unterleib.

Diese Technik basiert auf der für **"Bedrohung von vorn aus der Entfernung"** (siehe Kapitel 4: **Neutralisierung einer Bedrohung mit einer Handfeuerwaffe aus unmittelbarer Nähe**) verwendeten Technik, doch packst du den Gegner hier am Handgelenk. Die meisten Neutralisierungstechniken für die Bedrohungen mit einem Messer von vorn sowie aus naher Entfernung basieren auf den selben Grundregeln dieser besonderen Technik. Sie bestehen aus

6 Entwaffne deinen Gegner wie in der Technik **"Stich, Orientalische Haltung - Diagonale Unterarmabwehr"** (siehe vorangegangenes Kapitel) beschrieben.

einer Handabwehr (Deflektieren und Ergreifen des Handgelenks des Gegners), einer Körperverteidigung (Drehung und diagonal nach vorn gehen), der Kontrolle über die das Messer haltende Hand (Ergreifen und nach unten drücken), dem Angriff des Gegners, seiner Entwaffnung (wahlweise) oder dem schnellen Verlassen der Gefahrenzone.

Beachte: In manchen Bedrohungssituationen in der kurzen Distanz ist es möglich, die erste Technik anzuwenden, sofern der Angreifer dich nicht festhält: parier die Bedrohung, versetz deinem Gegenüber einen Tritt und verlass schnell den Ort des Geschehens.

Bedrohung an der Kehle von vorn

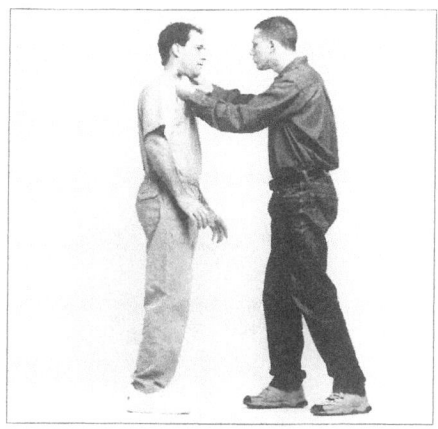

1 Der Angreifer hat dir ein Messer an die rechte Seite deiner Kehle gesetzt. Du warst nicht in der Lage, das Entstehen dieser Situation zu verhindern. Er hält außerdem deine Kleidung fest, um eine bessere Kontrolle über dich zu erlangen.

2 Ähnlich wie bei der vorangegangenen Technik entfernt die nähere (in diesem Fall deine linke) Hand das Messer von deiner Kehle, indem sie das Handgelenk des Angreifers direkt pariert und ergreift und sich dabei so schnell wie möglich bewegt. Gleichzeitig führst du eine Körperverteidigung (Drehung) aus und verlagerst dein Gewicht diagonal nach vorn. So erreichst du einen Sicherheitsabstand zwischen deiner Kehle und dem Messer.

3 Bring in diesem Fall dein linkes Bein nach vorn. Es befindet sich auf der selben Seite wie die das Handgelenk des Gegners festhaltende Hand. Greif ihn mit einer Geraden an, während du die das Messer haltende Hand diagonal nach unten drückst.

Deflektier die Hand des Angreifers und ergreif sie, wie in der vorangegangenen Technik beschrieben. Lass eine Körperdrehung folgen und geh diagonal nach vorn.

4 Pack die das Messer haltende Hand nun auch mit deiner anderen Hand, um sie besser unter Kontrolle zu bringen und greif wieder mit einem Kniestoß in den Unterleib an. Fahr auf die für die Entwaffnung zuvor beschriebene Weise fort oder stoße den Angreifer zurück und verlass schnell den Ort des Geschehens.

Führ einen schnellen und kraftvollen Gegenangriff aus. Der Druck auf die das Messer haltende Hand sollte diagonal zur Seite sowie nach unten und zum Körper des Angreifers wirken.

Das Messer kann entweder an der rechten oder der linken Seite deiner Kehle angesetzt werden. In einer Situation, in der das Messer an der linken Seite angesetzt wird, kommt die folgende Technik zur Anwendung:

Bedrohung der Kehle, nach innen gerichtetes Messer

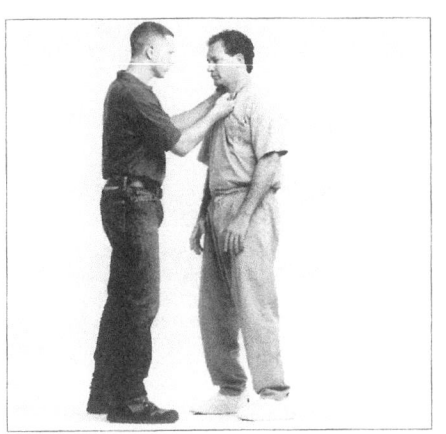 

1 Der Angreifer hält dich fest, um dich besser unter Kontrolle zu bekommen und setzt das Messer an deiner Kehle an. Dies ähnelt der vorangegangenen Technik, nur dass das Messer jetzt nach innen weist.

2 Wende die Grundtechnik mit deiner **rechten Hand** an. Ergreif und parier das Handgelenk des Angreifers bei gleichzeitiger Ausführung einer Körperdrehung, um deinen Hals aus der Reichweite des Messers zu bringen. Aus der diagonalen Vorwärtsbewegung heraus stößt du dem Angreifer mit dem Knie in den Unterleib und streckst den Ellenbogen des parierenden Arms.

3 Rück noch näher an den Angreifer heran und versetz ihm einen Schlag. Beende die Aktion mit weiteren Kontern, stoße den Gegner weg, und entfern dich oder entwaffne ihn.

Es versteht sich von selbst, dass eine mit der linken Hand nach innen geführte Parade, ähnlich der vorangegangenen Technik, eine Schnittverletzung deiner Kehle zur Folge hätte. Deshalb wird grundsätzlich die Verteidigungstechnik mit der rechten Hand ausgeführt. Parier das Messer, indem du das gegnerische Handgelenk mit deiner rechten Hand ergreifst. Schütz deinen Körper, indem du dich von dem Messer entfernst, dein Gewicht diagonal nach vorn verlagerst und einen Angriff mit deinem Knie ausführst.

Je nach Situation, ist es möglich, zuerst mit einer Geraden zu kontern, während du mit dem rechten Bein diagonal nach vorn gehst, um mit dem hinteren (linken) Bein anschließend einen Kniestoß in den Unterleib des Angreifers folgen zu lassen.

Varianten:

● *Parier und ergreif das Handgelenk des Angreifers mit der rechten Hand, entferne dich von dem Messer und pack auch mit der linken Hand schnell zu. Sicher deinen Griff ab, indem du die die Messer haltende Hand des Angreifers umschließt. Dies ist eine noch sicherere Methode, bei der du außerdem eine Reihe von Gegenangriffen mit dem Knie ausführen kannst. Sie erinnert an die Technik, die gegen die Bedrohung mit einer Pistole angewandt wird:* **Diagonale Bedrohung von vorn aus der Entfernung - Gerichtet auf die "live" Seite.** *(Kapitel 4:* **Neutralisierung einer Bedrohung mit einer Handfeuerwaffe aus unmittelbarer Nähe)***

● *In einigen Fällen ist auch eine mit der linken Hand ausgeführte Verteidigung von innen nach außen möglich. Führ gleichzeitig mit einem Faustschlag einen Gegenangriff aus, wende die selbe Körperverteidigung wie oben an (diagonale Vorwärtsbewegung mit dem rechten Bein) und parier das Handgelenk des Angreifers (mit deiner Linken). Bei dieser Variante erfolgt das Zupacken im Vergleich mit der oben beschriebenen Technik relativ spät.*

Bedrohung von hinten mit Griff an die Schulter

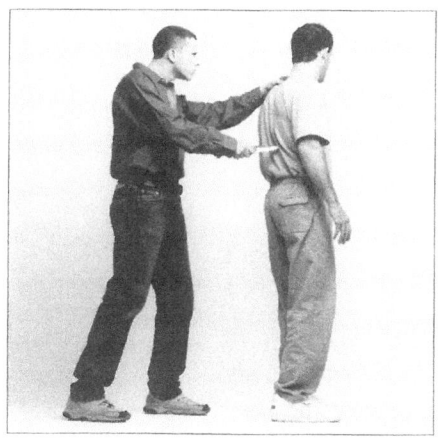
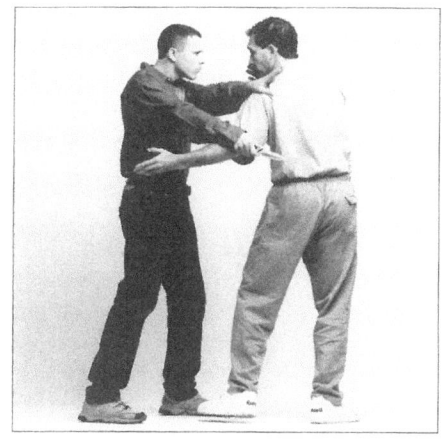

1 Der Angreifer packt dich aus mittlerer Distanz in Schulternähe an der Kleidung und hält dir ein Messer an den Rücken. Er will dich vielleicht nur einschüchtern oder woanders hin bringen.

2 Wie in der Grundtechnik gegen eine Bedrohung mit einer Pistole von hinten, parierst du die die Waffe haltende Hand, führst gleichzeitig eine Körperdrehung aus und gehst entschlossen auf deinen Gegner zu. (Siehe Abwehrtechniken gegen eine Pistole, z. B.: **Bedrohung von hinten in der Nahdistanz.**)

Diese Technik ist nahezu identisch mit der Technik für die Abwendung einer Bedrohung mit einer Handfeuerwaffe von hinten; wir schlagen vor, diesen Abschnitt des Buches jetzt durchzuarbeiten.

Die parierende Hand "zieht" den Körper in eine Drehung hinein. Es folgt ein Vorrücken zum Angreifer. Sollte dich der Angreifer mit der Hand (die deine Kleidung festhält) nach vorn stoßen, oder hast du das Gefühl, dass dir die Position der stoßenden Hand oder des Messers die Ausführung einer Drehung in die abgebildete Richtung (nach links) erschwert, so wende die spiegelverkehrte Technik an: dreh dich während der Parade rechts herum und ergreif den Unterarm des Angreifers mit deiner rechten Hand.

3 Nach dem Parieren der Messerhand des Angreifers bewegt sich deine Hand diagonal nach vorn. Pack sodann mit einer ziehenden Bewegung den Unterarm der Messerhand in der Nähe des Ellenbogens. Versetz dem Gegner gleichzeitig einen Ellenbogenschlag gegen den Kiefer oder seine Kehle. Achte darauf, dass dein Ellenbogenschlag waagerecht nach innen und nach vorn verläuft, als wolltest du das beabsichtigte Ziel durchschlagen.

Das Grundprinzip ist hier dasselbe wie bei der vorherigen Technik: Hand- und Körperverteidigung, Kontrolle der Messerhand, entschlossenes Angreifen des Gegners mit Entwaffnung oder der Rückzug aus dem Gefahrenbereich.

Variante: Wenn der Angreifer dich nicht festhält, kannst du seine Hand in den meisten Fällen durch einen Schlag mit deinem Unterarm parieren, wobei du gleichzeitig einen schnellen Schritt machst, dich nach vorn beugst und einen Stampftritt nach hinten ausführst. Dabei wendest du die in der ersten Technik dieses Kapitels beschriebenen Prinzipien an.

Eine wahre Geschichte

Avi, ein israelischer Krav Maga-Lehrer, schlenderte am Strand der Copa Cabana in Rio de Janeiro entlang. Drei Männer näherten sich ihm mit der Absicht, ihn auszurauben. Der zu seiner Linken setzte ihm ein Messer an die Kehle, der zweite begann, seine Tasche zu durchwühlen und der dritte stand ein kleines Stück entfernt. Avi parierte die das Messer haltende Hand - wie bei den beschriebenen Techniken in diesem Kapitel. Seine Aktion verursachte eine Schnittwunde im Gesicht des zweiten Angreifers. Gleichzeitig schlug er den Angreifer, der das Messer hielt, mit zwei Faustschlägen zu Boden. Aufgrund seiner Verletzung rutschte der zweite Angreifer aus und zog sich zurück (wobei er die Hände vor sein Gesicht presste). Der Dritte lief davon. Das "Opfer" des versuchten Überfalls rannte schnell in entgegengesetzter Richtung davon.

Bedrohung von hinten in der Nahdistanz

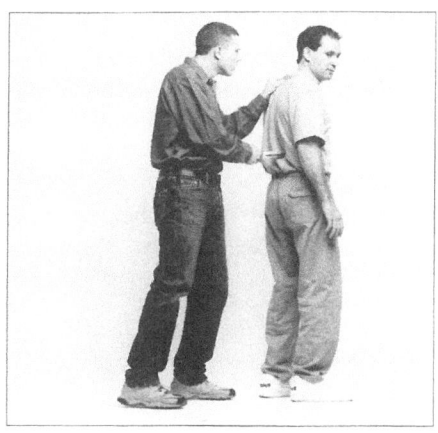

1 Der Angreifer nähert sich dir von hinten und hat einen geringen Abstand zu dir. Er ergreift deine Schulter und hält dir ein Messer an den Rücken. **Wegen des Vorwärtsdrucks gegen deine linke Schulter** kannst du dich nicht nach links drehen und auch keinen Schritt dorthin machen.

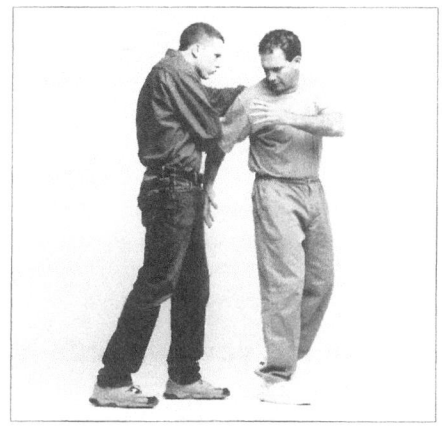

2 Parier die Hand des Angreifers, wie in der vorangegangenen Technik, und lass eine schnelle Körperdrehung nach außen folgen, mit der du näher an den Gegner herankommst. Der Angreifer ist dir nun sehr nah, wodurch es schwierig wird, seinen Arm mit deinem verteidigenden Arm zu ergreifen. Ergreif und fixiere deshalb seinen Ellenbogen oder Oberarm mit deiner anderen Hand und geh mit dem rechten Bein auf den Angreifer zu.

3 Halt den Angreifer fest, indem du deinen rechten Arm um ihn herum legst (da du ja eine Rechtsdrehung vorgenommen hast). Pack ihn mit der linken Hand in der Nähe des Ellenbogens und drück den Ellenbogen nach innen. Geh schnell mit dem linken Bein neben den Angreifer vor und versetz ihm mit dem rechten Bein eine Reihe von Kniestößen in den Unterleib, während du ihn zurückdrängst.

Ähnlich wie die vorangegangene Technik beginnt auch diese mit dem Deflektieren der die Waffe haltenden Hand. Auf die Parade folgt unmittelbar danach eine Körperdrehung und ein Vorgehen mit dem Bein auf der Seite des parierenden Arms.

Aufgrund des anfänglich bereits äußerst geringen Abstands, der dich in eine seitliche Position oder hinter den Angreifer bringt, ist es sehr schwierig, die Grundtechnik auszuführen, bei der der Unterarm des Gegners mit dem parierenden Arm ergriffen wird. Die Lösung besteht darin, sehr nah an den Angreifer heranzugehen und ihn zu "umarmen".

Neutralisier gleichzeitig die das Messer haltende Hand, indem du den Oberarm nahe am Ellenbogen ergreifst und den Gegner umklammerst, während du ihn zurückdrängst.

Bring diese Technik zum Abschluss, indem du den Angreifer wegstößt und den Ort des Geschehens schnell verlässt, oder indem du mit deiner Linken Unterarm oder Handgelenk der Messerhand ergreifst und den Gegner auf die zuvor beschriebene Weise entwaffnest.

*Variante: In einigen Fällen kannst du (wie bei der folgenden Technik beschrieben) anstatt des Unterarms **mit deiner linken Hand** auch den Oberarm des Angreifers packen.*

Bedrohung von der Seite in der Nahdistanz

1 Der Angreifer, der sich von der Seite genähert hat, packt dich in Schulternähe und hält das Messer hinter deinem Arm gegen deine Rippen. Seine Absicht besteht höchstwahrscheinlich darin, dich zu berauben. Er wird deine Bewegungsfreiheit einschränken und dich mit dem Messer bedrohen, so dass Andere dies nicht so leicht bemerken.

2 Mit einer plötzlichen Bewegung, mit ausgestrecktem Arm, parierst du die Messerhand und lenkst sie in Richtung des Bauchs deines Gegners ab. Dabei führst du eine Körperdrehung aus. Die andere Hand ist bereit, den Unterarm des Angreifers zu packen, während du (falls erforderlich) auf ihn zugehst.

Wie bei der Technik zur Abwehr einer von hinten oder von der Seite kommenden Bedrohung durch eine Handfeuerwaffe, wehrst du auch hier die Gefahr ab, führst eine Körperdrehung aus, um eine Körperverteidigung zu erreichen und schnellst auf den Angreifer zu. Aufgrund von Entfernung und Winkel erweist sich ein "einfaches" Ergreifen des Unterarms mit deinem parierenden Arm in dieser Situation als schwierig. Deshalb musst du seinen Unterarm mit deiner anderen Hand (der linken) packen, um seine Bewegungen unter Kontrolle zu bringen und ihn am Zurückziehen seiner Hand zu hindern. Greif so früh wie möglich an, um es deinem Gegner schwer zu machen, seine Waffe einzusetzen. Beende die Aktion, indem du den Angreifer entwaffnest oder indem du dich von ihm entfernst.

3 Ergreif den Unterarm des Angreifers und übe weiter Druck mit dem parierenden Arm aus. Greif so früh wie möglich an, z. B. mit einem Kopfstoß gegen eine empfindliche Stelle am Kopf oder im Gesicht des Gegners.

4 Mit deiner deflektierenden rechten Hand packst du die Messerhand des Gegners und versetzt ihm einen Kniestoß in den Unterleib. Begib dich dann aus der Gefahrenzone oder entwaffne den Gegner.

Bedrohung von hinten - Messer an der Kehle

1 Der Angreifer steht hinter dir, hält dich fest und setzt dir das Messer an die Kehle.

2 Heb deine zu Haken geformten Hände, pack sein Handgelenk und zieh das Messer von deiner Kehle weg, wobei du deinen Hals in die entgegengesetzte Richtung bewegst.

In diesem Fall besteht die Absicht des Angreifers darin, sein Opfer so zu bedrohen, dass es keinen Widerstand mehr leistet, unabhängig davon, ob sein eigentliches Ziel Raub oder Geiselnahme ist. Diese Abwehr basiert auf der Krav Maga-Grundtechnik zur Befreiung aus einem Schwitzkasten von hinten (Freies Würgen mit dem Unterarm).

3 Versetz dem Angreifer einen Kopfstoß ins Gesicht und bring das Messer weiter von dir weg, indem du sein Handgelenk nach unten ziehst. Heb deine rechte Schulter leicht an. Währenddessen drückst du die das Messer haltende Hand fest gegen deine Brust. Falls nötig, hast du die Möglichkeit, dem Angreifer in dieser oder in der vorhergehenden Phase einen Schlag in den Unterleib zu versetzen.

4 Fahr mit einer Körperdrehung fort (dein Kopf weist dabei in die Richtung der zuvor geschaffenen Lücke). Achte dabei sorgfältig darauf, **dass sich das Messer nicht deinem Hals nähert** und schlüpf mit deinem Kopf durch die Lücke.

5 Greif erneut an und press die Hand des Angreifers dabei immer noch fest gegen deine Brust.

Der Angreifer kann nicht sehen, dass du die Hände hochnimmst, um sein Handgelenk zu packen. Merkt er es dennoch, ist es für ihn bereits zu spät. Der erste Schritt dieser Technik besteht darin, die das Messer haltende Hand fest herunterzuziehen, gleichzeitig deinen Hals nach hinten zu bringen und dem Angreifer einen Kopfstoß ins Gesicht zu versetzen. Dem folgt sofort eine nach innen gerichtete Drehung, wobei du deinen Körper beugst, um dich aus dem Griff zu befreien. Die Lücke in der Umklammerung des Angreifers entsteht durch ein kräftiges Ziehen an seinem Handgelenk und die schnelle Bewegung deines Körpers. Um das Entkommen zu erleichtern, solltest du deine linke Schulter absenken. Das Anheben der rechten Schulter hilft dir dabei, dem Angreifer die Möglichkeit zu erschweren, das Messer näher an dich heranzubringen.

Beachte: Grundsätzlich handelt es sich hier um **eine hoch riskante Technik**, die deshalb **nur als letzter Ausweg** angewandt werden sollte! Manchmal lohnt es solange zu warten, bis sich deine Abwehrposition verbessert.

Verteidigung gegen einen Angreifer mit Stock

Kapitel 3

Verteidigung gegen einen Angreifer mit Stock

Ein Angreifer, der einen Stock als Waffe benutzt, hält diesen normalerweise mit einer oder mit beiden Händen an einem Ende. Mögliche Angriffe mit dem Stock sind folgende: **Schlag von oben, Schlag nach vorn, Stich nach vorn, waagerechter Schlag von der Seite, schräger Schlag von oben**, die allesamt aus unterschiedlicher Höhe ausgeführt werden können. Außerdem gibt es noch weniger gebräuchliche Angriffsformen wie z. B. den Schlag von unten nach oben, der sowohl senkrecht als auch schräg verlaufen kann.

Ein geübter Kämpfer kann einen Stock abhängig von dessen Länge und Gewicht auch an beiden Enden fassen und eine Reihe verschiedener Angriffstechniken anwenden. Den Griff des Stocks kann er auch während des Angriffs verändern. So kann er ihn beispielsweise von der einen in die andere Hand nehmen oder ihn so an einem Ende fassen, dass der kurze, hintere Teil des Stocks ebenfalls zum Angriff genutzt werden kann.

Beachte: Verteidigungen gegen Stockangriffe können auch gegen Angriffe mit stockähnlichen Waffen wie z. B. Eisenstangen, Äxten, Keulen, Baseballschlägern, Hacken oder Gewehren mit oder ohne Bajonett wirksam eingesetzt werden.

Wir müssen uns vor Augen halten, dass **das äußere, auf dich gerichtete Ende, der schnellste und gefährlichste Teil des Stocks ist**. Je näher wir an das hintere in den Händen des Angreifers liegende Ende des Stocks herankommen, um so schwächer (und folglich weniger gefährlich) ist der Schlag. Dies ist ein grundlegendes Merkmal von Stockangriffen.

Die Verteidigungsmaßnahmen gegen Stockangriffe beinhalten zwei Handlungsformen, die im Allgemeinen Bestandteil der Abwehrtechniken sind: **Handabwehr und Körperverteidigung** (Ausweichen). Die Körperverteidigungen basieren auf einem Vorschnellen (manchmal in diagonaler Richtung) und einem sehr nahen Heranrücken an den Gegner. Diese Arten der Körperverteidigung richten sich hauptsächlich gegen Schläge, bei denen der Angreifer mit dem Stock senkrecht nach unten, diagonal nach unten oder wie mit einem Baseballschläger waagerecht zuschlägt (siehe Zeichnungen a, e und d).

Bei einem Angriff von oben basieren die Handabwehrtechniken auf einer **gleitenden Abwehr**, die den Stock oder den Arm des Gegners in eine andere Richtung lenkt (Zeichnungen a, b und e). Gegen einen waagerecht verlaufenden Schlag (Zeichnung d) besteht das Prinzip der Handabwehr darin, durch blitzartiges Verkürzen der Distanz **die Wucht** des weniger gefährlichen und sich langsamer bewegenden Teils des Stocks oder des gegnerischen Arms **zu dämpfen**. Eine nach innen gerichtete Handabwehr kann einen peitschenden Hieb von vorn oder eine Stichattacke parieren und in eine andere Richtung lenken (Zeichnungen b und c).

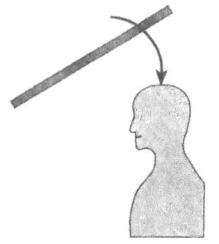

a) Schlag von oben

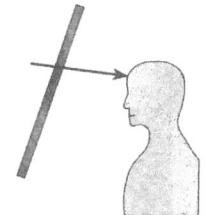

b) Schlag nach vorn

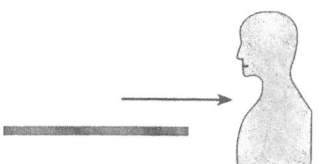

c) Stich in verschiedenen Höhen

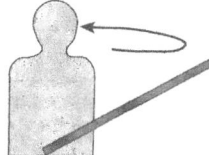

d) Waagerechter Schlag von der Seite in unterschiedlichen Höhen

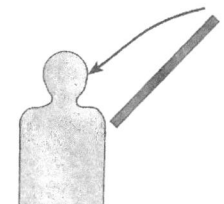

e) Diagonaler Schlag von oben in verschiedenen Höhen und Winkeln

Schlag von oben - Handspeer-Verteidigung (Stechabwehr) auf der Innenseite des Angriffs

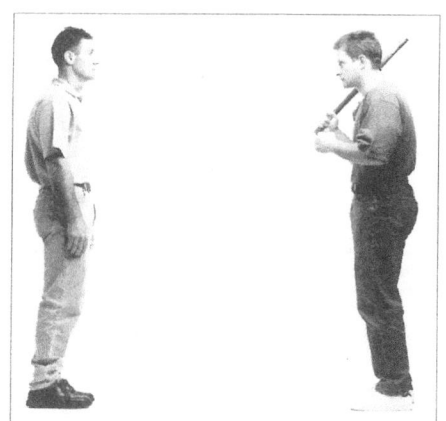

1 Ausgangsposition, d. h. neutraler Stand.

Foto 2: Der Angreifer hebt den Stock und geht bei seinem Angriff nach vorn. Beginn, indem du deine Hand senkrecht zu einer "Handspeer-Verteidigung" hebst.

2 Lehn dich dabei nach vorn und stürz auf den Angreifer zu. Der Rücken der verteidigenden Hand weist zur Seite. Deine andere Hand kommt - zum Angriff bereit - hoch, während du den Kopf zwischen die Schultern senkst.

63

3 Stürm mit einer Handspeer-Verteidigung nach vorn und lass deinen Unterarm an der Innenseite des Unterarms deines Gegners entlang gleiten. Führ so früh wie möglich einen Gegenangriff zur Kehle oder zum Kinn des Angreifers aus. Mit Blick auf den Angreifer ist dein Körper schräg nach vorn gelehnt, so dass man sich eine Linie von deiner vorderen Hand zu deiner hinteren Ferse vorstellen kann.

4 Abschluss der Aktion: Pack den Angreifer und versetz ihm einen Kniestoß in den Unterleib.

3a Situation von Foto 3 von hinten betrachtet. Der Angriff gleitet an deinem Arm und Körper entlang. Dein Kopf befindet sich tief zwischen deinen Schultern, dein Oberarm berührt die Rückseite deines Ohrs. Wie später beschrieben kannst du je nach Situation mit dem einen oder dem anderen Bein vorgehen.

Beginn mit einer stechenden Handabwehr gegen die Innenseite des Unterarms deines Gegners. Wirst du von dem Angriff überrascht, kann sich die Abwehr abhängig vom Timing und der Art des Angriffs, auch gegen den Stock selbst richten. In jedem Fall wird der einmal parierte Stock oder Arm des Angreifers am weichen, nach außen gewandten Teil deines Arms entlang gleiten und zur Außenseite deines Körpers abgelenkt. Die Aktion der abwehrenden Hand führt ("zieht") deinen Körper in die Vorwärtsbewegung.

Wenn du deinen Arm bei der Handspeer-Verteidigung hebst, weist der Ellenbogen des verteidigenden Arms nach unten. Den Arm selbst (deinen Bizeps) bringst du nah an deinen Kopf heran, den du tief zwischen deine Schultern nimmst. Dieses Vorgehen funktioniert auch, wenn der Angreifer den Stock **mit beiden Händen** hält. In diesem Fall musst du die Handspeer-Verteidigung zur **Außenseite** des Unterarms ausführen (siehe folgende Technik).

64

a. Nach vorn beugen: Die **richtige Haltung**, die deinen Kopf näher an den Angreifer und in den weniger gefährlichen Bereich bringt.

b. Aufrechter Stand: Die **falsche Haltung**, in der dein Kopf zu weit vom Angreifer entfernt ist.

Die Körperverteidigung basiert darauf, in dem Augenblick nach vorn zu stürmen, in dem der Gegner seine Hand zum Angriff hebt. Du kannst mit einem **beliebigen Fuß** nach vorn gehen. Ein Vorgehen mit dem linken Fuß verstärkt die Handabwehr. Stürmst du mit dem rechten Fuß vor, kommt dein Körper besser aus der Angriffslinie.

Wenn es dir gelingt, die Entwicklung des Angriffs klar zu durchschauen, und dieser relativ langsam verläuft, hast du Zeit, deinem Voranstürzen, dem natürlich die Handabwehr vorausgeht, mehr

c. Verteidigung gegen einen plötzlichen Angriff

Nachdruck zu verleihen. Denk daran, dass die Abwehrtechnik und das Voranstürmen **im selben Moment** erfolgen müssen, **indem dein Gegenüber die Hand hebt** und sich in einem Abstand zu dir befindet, aus dem heraus er dir gefährlich werden kann.

Bedenke: Bei einer Verteidigung gegen einen plötzlichen Angriff dauert es zu lange, mit dem ganzen Körper nach vorn zu stürmen: Besonderer Wert wird dabei auf das Vorbeugen des Oberkörpers (und die Handabwehr) gelegt. Dies verringert den Abstand zum Angreifer und bringt das Ziel (d. h. deinen Kopf), wie nachfolgend beschrieben, dem weniger gefährlichen Bereich des Stocks näher.

Erfolgt der Angriff von vorn (siehe Zeichnung b in der Einführung zu diesem Kapitel), ist es selbstverständlich, dass sich die Abwehrtechniken mehr gegen den Stock als gegen den Unterarm des Angreifers richten. Halt deinen Kopf nach unten sowie nach vorn gebeugt; dein abwehrender Handstich richtet sich dabei sogar noch weiter nach vorn als dies auf den Fotos 2 und 3 gezeigt wird (siehe Zeichnung).

Handspeer-Verteidigung gegen Schlag von oben - Auf der Stelle stehend (Lernphase)

1 Führ einen "Stich" zur Außen- (oder Innenseite) des Angriffs aus. Obwohl es sich hier in erster Linie um eine Lernphase handelt, die die Effektivität der Abwehr illustriert, erweist sich diese Technik als äußerst nützlich, wenn du total überrascht wirst. Deiner Abwehr folgen ein Vorstürmen sowie Gegenangriffe.

1a Situation von Foto 1, von hinten aufgenommen. Hier wird der Gleitweg des Angriffs entlang Arm und Körper des Verteidigers deutlich. Der äußere weiche Teil deines Unterarms trifft in spitzem Winkel auf den Angriff.

In dieser Lernphase, die die Effektivität dieser Technik veranschaulicht, wird die Stechverteidigung gegen den Teil des Stocks, der der angreifenden Hand des Gegners am nächsten ist, gesondert betrachtet. Als Trainingsmethode dient die Technik dazu, die Handabwehr des Übenden gegen Angriffe von geringer bis mittlerer Stärke mit einem normalen Stock oder gegen kraftvollere Angriffe mit einem gepolsterten Stock zu schulen. Es handelt sich hierbei auch um ein Beispiel einer schnellen, reflexartigen Handabwehr gegen einen plötzlichen, gegen deinen Kopf gerichteten Stockangriff, bei dem du nicht früher oder nicht schnell genug nach vorn gehen konntest.

Richtung und Winkel des Angriffs entscheiden darüber, ob eine gegen die Innen- oder die Außenseite des Angriffs gerichtete Verteidigung angewandt wird. Ein weiterer wichtiger Faktor, der berücksichtigt werden muss, ist die Anwesenheit **weiterer Angreifer** sowie deren Position zu dir, d. h. die Seite, von der aus sie sich dir nähern.

Schlag von oben - Handspeer-Verteidigung zur Außenseite des Angriffs

1 Ausgangssituation zu Beginn: Der Verteidiger steht dem Angreifer leicht seitlich versetzt gegenüber oder direkt vor ihm.

2 Führ in dem Moment, in dem der Gegner die Hand hebt und zum Angriff nach vorn geht, eine Stechverteidigung (mit der rechten Hand) aus und stürm gleichzeitig vor. Die Vorwärtsbewegung erfolgt mit dem Fuß, der der verteidigenden Hand gegenüberliegt.

3 Ende der ersten Verteidigungsphase: Führ eine Stechverteidigung mit dem Arm aus. Gleite dabei an der Außenseite seines Unterarms entlang. Dein Ellenbogen weist dabei nach unten. Dein Körper ist schräg nach vorn geneigt. Dein Kopf befindet sich tief zwischen deinen Schultern. Der Bizeps des "stechenden" Arms befindet sich nah an deinem Ohr (der Handrücken weist nach außen), und die andere Hand ist in der Nähe deines Gesichts.

4 Gemeinsam mit deiner Körperdrehung folgst du der angreifenden Hand und erreichst sie mit beiden Händen. Du hast dein hinteres Bein aus dem Bereich des sich herabsenkenden Stocks zurückgezogen.

5 Zieh die Hand des Angreifers fest nach unten und wechsle die zupackende Hand. Das Zupacken ist besonders einfach, wenn der Angreifer ein langärmeliges Hemd trägt.

6 Setz deinen Angriff mit deiner hinteren (rechten) Hand fort und lande entweder eine Gerade oder je nach dem Winkel zwischen dir und dem Angreifer einen Schlag, der zwischen einem rechten Haken und einem Uppercut angesiedelt ist.

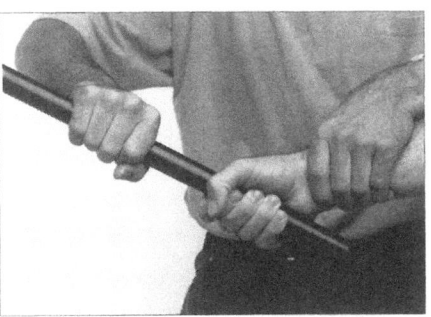

7a Detailbetrachtung, Foto 7: Griff an Handgelenk und Stock zur Entwaffnung des Gegners.

7 Entwaffne den Gegner: Halt das Handgelenk des Angreifers mit der einen und den Stock mit der anderen Hand fest. Setz einen Hebel gegen den Daumen des Angreifers an, dreh den Stock nach unten, um seinen Griff zu lockern und entwaffne ihn. Sollte sich das Entwaffnen als schwierig erweisen, so tritt beim Herunterdrehen des Stocks mit dem Knie gegen Handgelenk und Handrücken des Angreifers.

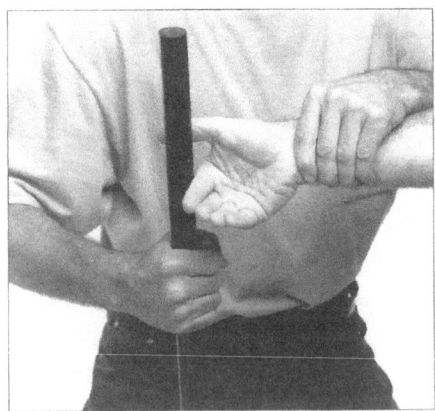

7b Detailbetrachtung, Foto 7: Das Drehen des Stocks führt zur Entwaffnung.

4.1 Im Gegensatz zu Schritt 4, bei dem beide Hände der angreifenden Hand folgen und sie ergreifen, benötigst du hier nur eine (die rechte) Hand. Du nutzt die andere (linke) Hand unter Ausführung einer schnellen Körperdrehung zum Angriff. Als Ergebnis von Körperdrehung und Handabwehr befindet sich dein hinteres Bein jetzt außerhalb der Reichweite des herabsinkenden Stocks.

5.1 Pack den angreifenden Arm (oder den Ärmel des Angreifers), um ihn am weiteren Gebrauch des Stocks zu hindern und greif gleichzeitig mit einer Geraden an. Senkt sich der Arm mit einer gleichmäßigen Bewegung herab, bist du in der Lage, den angreifenden Arm zu packen. Dies geschieht jedoch erst, wenn sich der Stock nah an deinem Körper befindet, und nicht früher.

6.1 Beende die Aktion mit einem weiteren Gegenangriff wie z. B. einem Tritt in den Unterleib .

Hebt ein Angreifer seine Hand, um dir mit einem Stock auf den Kopf zu schlagen, empfiehlt es sich normalerweise, vorzustürmen und eine gegen die **Innenseite** des Angriffs gerichtete Abwehr, wie zuvor bei der ersten Technik in diesem Kapitel gezeigt, auszuführen.

Die hier gezeigte Technik kann angewandt werden, wenn du auf der Seite der angreifenden Hand seitlich versetzt oder aber dem Angreifer direkt gegenüberstehst und die Situation eine Handspeer-Verteidigung erfordert, um zur **Außenseite** zu deflektieren. In letzterem Fall ist es erforderlich, diagonal vorzustürmen. Hier wird die Vorwärts - bewegung mit dem der verteidigenden Hand gegenüberliegenden Fuß ausgeführt. Dies geschieht, um eine bessere und schnellere Körperverteidigung zu erreichen, da die Richtung des Stockangriffs, insbesondere bei einhändiger Haltung des Stocks, schräg nach unten verläuft.

Die nachfolgenden Zeichnungen veranschaulichen die Möglichkeiten dieses Ansatzes (Verteidigung gegen die Außenseite des angreifenden Arms), wenn du von vorn, seitlich versetzt oder von der Seite angegriffen wirst.

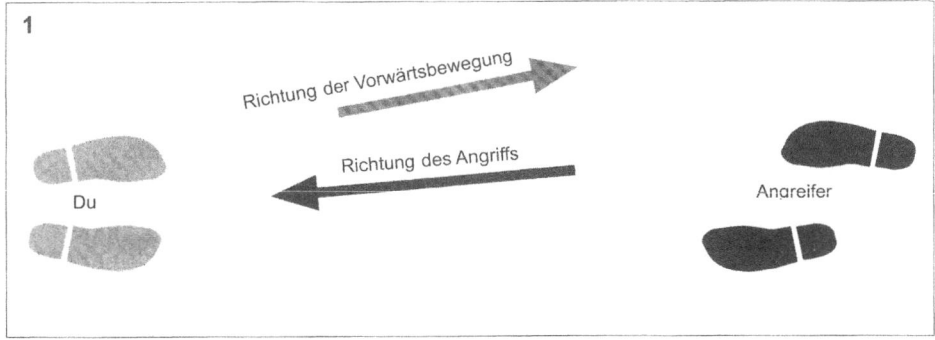

Zeichnung 1: Du stehst dem Angreifer gegenüber und bewegst dich diagonal nach außen, so dass du die Handspeer-Verteidigung zur Außenseite des Angriffs ausführen kannst. In dieser Situation empfiehlt sich die Anwendung der ersten Technik, wenn der Stock in einer Hand gehalten wird: **Schlag von oben - Handspeer-Verteidigung gegen die Innenseite des Angriffs.**

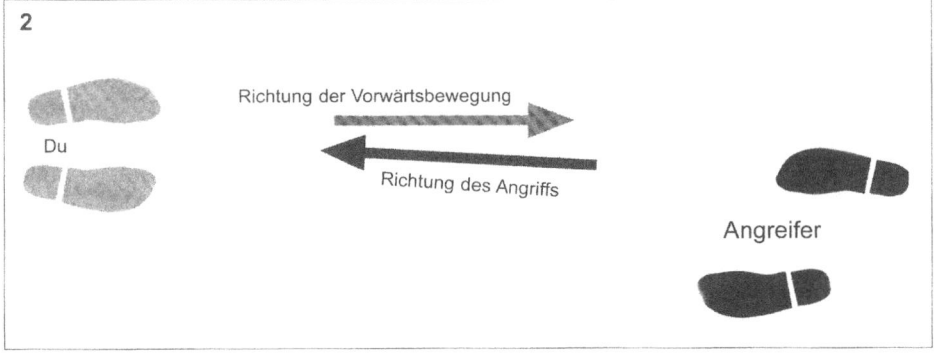

Zeichnung 2: In dieser Position ist die Anwendung der zuletzt beschriebenen Verteidigung günstig, wenn man der angreifenden Hand direkt gegenübersteht. Die Vorwärtsbewegung sollte, wie auf Foto 3 gezeigt, geradeaus verlaufen.

Bei einer Verteidigung zur Außenseite des Angriffs, wie hier gezeigt, können Situationen auftreten, bei denen sich jeweils der gleiche Fuß und die gleiche Hand vorn befinden sollten. Dies kann beispielsweise gegen einen Angreifer erforderlich sein, der von der Seite angreift, oder aber wenn du dich aus taktischen Gründen dicht hinter den Angreifer begeben musst. In dieser Situation **kann der Körper des Angreifers sogar als Schutzschild** gegen eine weitere Bedrohung, wie z. B. einen zweiten hinter dem Verteidiger auftauchenden Angreifer, dienen (für weitere Details siehe die Technik **Schlag von oben - Handspeer-Verteidigung gegen die Außenseite des Angriffs, Vorwärtsbewegung mit zwei Schritten**).

Schlag von oben mit beiden Händen-Handspeer-Verteidigung

1 Der Angreifer startet seine Aktion. Beginn mit einer Handabwehr durch "Stechen" und Vorstürmen.

2 Die Verteidigung richtet sich ähnlich wie die vorhergehende Technik gegen den Unterarm des Angreifers oder seinen Stock.

3 Führ eine Körperdrehung aus, indem du dein rechtes Bein nach hinten setzt und dich damit aus der Reichweite des herabsinkenden Stocks bringst. Ergreif die Hand des Angreifers und übe Druck nach unten auf sie aus.

4 Dein erster Gegenangriff

Das Vorstürmen und die Verteidigungstechnik werden ähnlich wie in der vorhergehenden Technik ausgeführt. Während sich die Hände des Angreifers nach unten senken, musst du eine Körperdrehung ausführen, mit deiner anderen Hand den Arm des Angreifers packen und ihn fest nach unten drücken. Deinen ersten Gegenangriff solltest du so früh wie möglich einleiten.

Variante: Anstelle mit der in Schritt 3 beschriebenen Körperdrehung, kannst du auch mit einem Kniestoß mit deinem hinteren Bein zum Unterleib des Gegners fortfahren.

Angreifer seitlich, Schlag von oben

1 Der Angreifer kommt von der Seite

2 Der Angreifer attackiert dich mit einem Schlag von oben. Führ gleichzeitig mit einer Körperdrehung eine Stechverteidigung mit der Hand aus, die dich frontal zum Angreifer ausrichtet und stürm nach vorn.

3 Führ die Handabwehr und einen ersten Gegenangriff aus. Diese Aktionen werden - ähnlich wie alle weiteren - so wie in der ersten Technik dieses Kapitels dargestellt, ausgeführt. Es ist wichtig, dass du deinen Kopf unter deinem Arm verbirgst.

Dies ist die Anwendung der Technik Schlag von oben - **Handspeer-Verteidigung gegen die Innenseite des Angriffs** bei einem Angriff mit einer Axt.

Beachte: Bei dieser Technik ist es wichtig, die Handspeer-Verteidigung gleichzeitig mit einer Körperdrehung zum Angreifer hin auszuführen (du solltest nicht seitlich zum Angreifer stehen bleiben), damit der Stock beim Entlanggleiten an deinem Arm **nicht deinen Kopf trifft**.

Schlag von oben - Handspeer-Verteidigung zur Außenseite des Angriffs, Vorrücken mit zwei Schritten

1 Ausgangsstellung, d. h. neutraler Stand.
Foto 2: Während du vorstürmst führst du eine Handspeer-Verteidigung zur Außenseite des angreifenden Unterarms aus. Die Richtung des schnellen Vorstoßes

2 verläuft schräg nach vorn, mit dem der verteidigenden ("stechenden") Hand entsprechenden Fuß (rechter Fuß, rechte Hand) und kreuzt eine gedachte Linie zwischen dir und dem Angreifer.

3 Abschluss der Handspeer-Verteidigung des Verteidigers (erster Schritt). Während der Ausführung des "Stichs" weist dein Ellenbogen nach unten, dein Arm ist gestreckt, und dein Handrücken ist nach außen gerichtet. (Falls erforderlich, kannst du ohne einen weiteren Schritt aus dieser Position heraus einen Gegenangriff ausführen.)

4 Fahr mit einem weiteren Schritt mit dem Fuß (linker Fuß) fort, so dass du fast hinter den Angreifer gelangst. Der Sinn dieser Bewegung liegt in der Verkürzung des Abstands und dient als vorbeugende Maßnahme gegen eventuelle weitere Bedrohungen von der rechten Seite oder von hinten. Zieh mit einer Hand - oder mit beiden - die angreifende Hand während du vorgehst nach unten. Damit unterbindest du die Möglichkeit einer erneuten Attacke durch den Angreifer.

5 Ergreif die den Stock haltende Hand und kontrolliere sie. Führ gleichzeitig einen deiner Position (seitlich zum Gegner oder hinter ihm stehend) angemessenen Gegenangriff aus.

Bei dieser Technik gehst du mit **zwei Schritten** nach vorn. Die Technik kann wie folgt in verschiedenen Situationen angewendet werden:

Erste Situation: Es gibt zwei Angreifer und die übliche Verteidigung könnte dazu führen, dass du dem zweiten Angreifer den Rücken zuwendest oder ihm zu nahe kommst. Hier ist der zusätzliche Schritt erforderlich, um diese Situation zu vermeiden. Weitere Erläuterungen findest du im Kapitel 10: **Verteidigung gegen zwei bewaffnete Angreifer.**

Die Zeichnungen 1a bis 1c zeigen, was in solcher Situation zu tun ist.

Zeichnung 1a: Situation, in der du dich hinter den Angreifer begeben solltest.

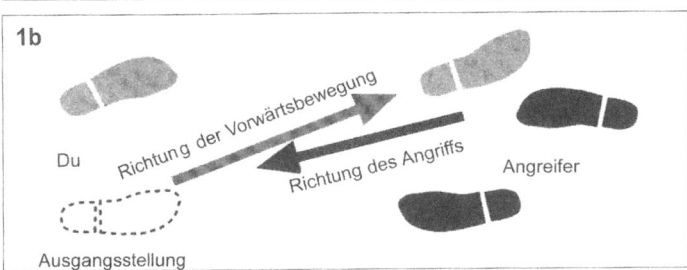

Zeichnung 1b: Stürm mit einem Schritt nach vorn und führ gleichzeitig eine Handabwehr (wie auf Foto 3 gezeigt) aus.

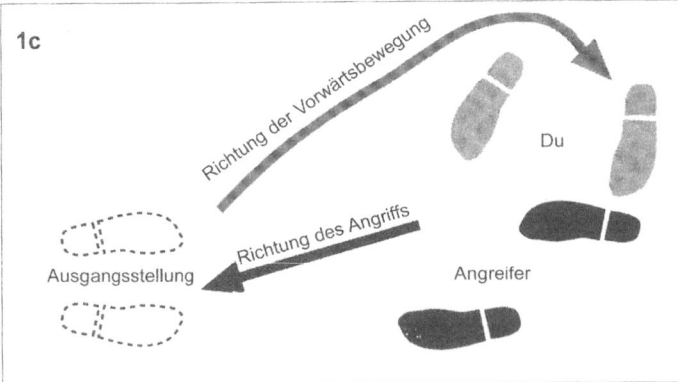

Zeichnung 1c: Begib dich mit deinem zweiten Schritt (wie auf Foto 4 gezeigt) hinter den Angreifer. Auf diese Weise wird der Angreifer zu einem Schutzschild zwischen dir und einer weiteren Bedrohung.

Zweite Situation: Der Angreifer kommt von der Seite (oder schräg von der Seite) und führt einen Stockschlag von oben aus. Geh gleichzeitig mit der Handspeer-Verteidigung auf den Angreifer zu (mit dem auf der Seite der verteidigenden Hand befindlichen Fuß), dreh deinen Körper frontal zu ihm und schütz so deinen Kopf wirksam mit deinem Arm. Dies verhindert, dass dich der Stock am Kopf trifft. Die Zeichnungen 2a und 2b veranschaulichen die Umsetzung dieser Technik.

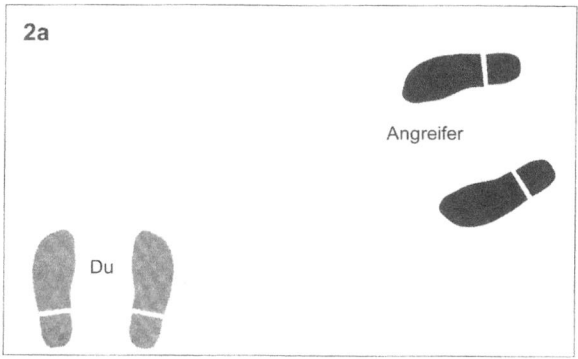

Zeichnung 2a: Der Angreifer befindet sich schräg versetzt auf deiner rechten Seite und greift mit einem Stockschlag von oben an.

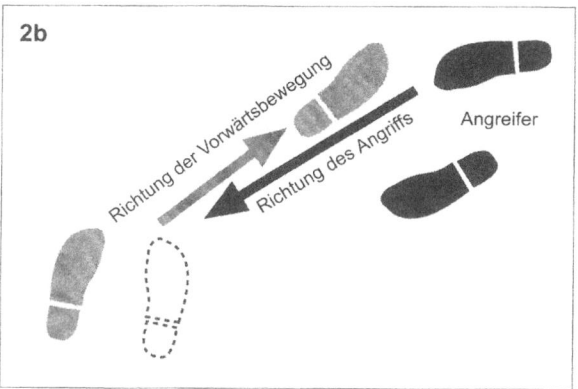

Zeichnung 2b: Führ eine Handabwehr mit der rechten Hand zusammen mit einer Körperdrehung aus und geh mit dem rechten Fuß voran.

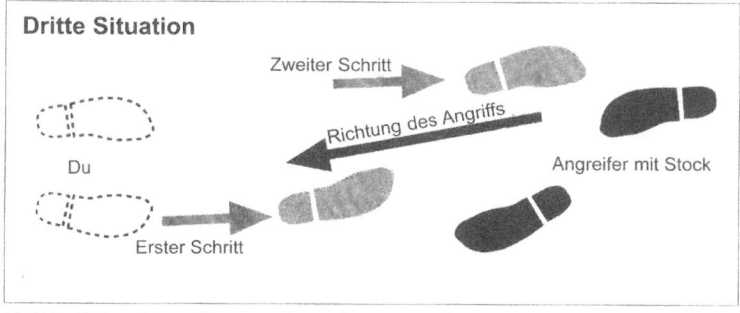

Dritte Situation: Gegen einen längeren Stock oder bei einer größeren Ausgangsentfernung machst du **zwei Schritte**, da ein einzelner Schritt unter den genannten Voraussetzungen nicht ausreicht.

Horizontaler Schlag von der Seite -

Vorstürmen (Baseballschläger-Schlag)

1 Ausgangsstellung: z. B. neutraler Stand.

2 Der Angreifer kommt auf dich zu und führt einen waagerechten Schlag mit seinem Stock aus. Führ eine Körperdrehung aus und stürm nach vorn, wobei sich die Schulter und das Bein auf der Seite befinden, auf der du angegriffen wirst (linke Seite). Zum Schutz deines Kopfes sollte deine vordere Hand beim Voranstürmen nach unten und die hintere Hand nach oben weisen.

3 Der Moment des Zusammenpralls mit dem Angreifer: Deine Schulter sowie dein Arm kommen sehr nah an die Schulter des Angreifers heran. Der Handrücken der tieferen Hand sowie die Handfläche der anderen Hand sind nach außen gerichtet.

4 Klemm die den Stock haltende Hand ein und führ dabei einen der Distanz angepassten Gegenangriff aus (z. B. einen waagerecht verlaufenden Ellenbogenschlag zum Kopf des Angreifers).

5 Ein weiterer Gegenangriff kann ein Kniestoß in den Unterleib des Gegners sein.

3.1 Die selbe Technik wird gegen einen Angreifer angewandt, der den Stock in beiden Händen hält.

Diese Verteidigung basiert fast ausschließlich auf der Verkürzung der Distanz zwischen dir und dem Angreifer. Um dieses Ziel zu erreichen, drehst du dich nach innen und stürmst geradeaus. Nähere dich dem Angreifer dabei so weit wie möglich und versuch, mit deiner Schulter die des Gegners zu treffen.

Beachte: Der Verteidiger bewegt sich auf die Schulter des Angreifers zu, die zu dem, den Stock schwingenden Arm gehört.

Die gleichen Schritte werden unternommen, wenn der Angreifer mit dem in beiden Händen gehaltenen Stock zuschlägt (allgemein auch "Baseballschläger-Schlag" genannt), nur dass du in diesem Fall mit dem Ober-(Trizeps) oder dem Unterarm zusammenstößt.

Beginn mit einer Körperverteidigung, die dich in eine vorstürmende Bewegung "hineinzieht". Heb deine hintere Hand schnell an die gegenüberliegende Wange, während deine vordere Hand nach unten und der weiche Teil nach außen weist (siehe Foto 3.1).

Trifft der Stock dich dennoch, so tut er dies mit dem weniger gefährlichen Teil, nahe der Stelle, wo er festgehalten wird. Er trifft dabei auf eine große Fläche deines Arms und deiner Rückenmuskeln und fügt dir keinen ernsthaften Schaden zu.

Mögliche Variante: Stürm nach vorn, jedoch mit zwei Schritten. Der erste Schritt verläuft wie gerade gezeigt. Der zweite, der mit dem hinteren (rechten) Fuß in Richtung der fortlaufenden Bewegung des Stocks erfolgt, bewirkt ein Zusammentreffen mit dem Angreifer in Form einer sich drehenden Bewegung. Diese Bewegung dämpft den Aufprall. Andererseits kann das Ziel der Drehung während des Vorstürmens auch darin bestehen, den Angreifer zwischen dich und einen anderen Gegner zu bringen (falls sich ein Gegner hinter dir oder zu deiner Linken befindet), oder näher an den Angreifer heranzukommen, sofern du eine größere Strecke überwinden musst.

Stich mit einem Stock - Block nach innen von der Außenseite (Verteidigung auf der "dead"- Seite)

1 Ausgangsstellung: z. B. neutraler Stand. Der Angreifer will mit seinem Stock nach dir stechen.

2 Der Angreifer geht vor und stößt den Stock mit einer Stichbewegung nach vorn. Beginn mit einer nach innen gerichteten Handabwehr. Dabei beugst du deinen Körper nach vorn und drehst ihn, wobei du dein Gewicht sowohl nach vorn als auch nach außen (nach rechts) verlagerst.

3 Führ eine nach innen gerichtete Abwehr mit geöffneter Hand und ausgestreckten Fingern aus. Beug dich leicht vor, um eine größere Reichweite zu erzielen, dreh deinen Körper, um auszuweichen und stürm diagonal voran. Bring deine andere (linke) Hand in die Nähe der gegenüberliegenden Wange.

4 Wechsle die Hände, während du diagonal nach vorn stürmst. Deine hintere Hand ergreift den Stock und dein hinterer Fuß setzt zum Tritt an. In dem Moment, indem dein vorderer Fuß auf dem Boden aufsetzt, bist du zu einem Tritt bereit.

Gegen einen Stich mit einem Stock (oder einem ähnlichen Gegenstand wie z. B. einem Spieß, einer Heugabel oder einem Gewehr mit Bajonett) führst du eine Abwehr nach innen mit der geöffneten, ausgestreckten Hand aus. Für eine wirksame Verteidigung sind deine Finger geöffnet, wobei dein kleiner Finger nach unten und der Daumen nach oben weisen. Dein Körper sollte vorgebeugt und gedreht werden, um sowohl auszuweichen als auch eine größere Reichweite zu erzielen, die dich in die Lage versetzt, den Stock zu Beginn des Angriffs zu deflektieren.

5 Ergreif den Stock und tritt dem Gegner in den Unterleib; das Ergreifen des Stocks wird in dieser Situation empfohlen, ist jedoch nicht zwingend erforderlich.

6 Weiterer Gegenangriff, z. B. Faustschlag mit deiner freien Hand.

Beachte: Handelt es sich bei der Waffe um einen Speer, eine Heugabel oder ein Gewehr mit aufgesetztem Bajonett, musst du sichergehen, dass deine Hand **nicht mit dem spitzen (vorderen) Teil der Waffe in Berührung kommt**. Schütz deine andere Hand beim Deflektieren der Waffe, indem du sie zur gegenüberliegenden Schulter und damit aus dem Gefahrenbereich bewegst.

In Situationen, in denen ein Angriff mit einer relativ langen Waffe erfolgt, kannst du im Verlauf der Parade mit der verteidigenden Hand leicht an der Waffe ziehen, um so dein Vorankommen zu erleichtern. Deine andere Hand rückt an die Stelle der parierenden Hand. Versetz dem Angreifer gleichzeitig einen Tritt in den Unterleib.

Beachte: Falls der Angreifer schnell und kraftvoll nach vorn geht, kann es sein, dass ein Tritt als Konter keine geeignete Maßnahme ist, da hierfür mehr Platz erforderlich ist. In diesem Fall kannst zu zuerst mit einem Faust-, einem Ellenbogen- oder Kniestoß angreifen.

Bei der Koordination deiner Bewegungen musst du deinen Tritt mit dem richtigen Timing ausführen. Dies geschieht, indem der tretende Fuß (linker Fuß, siehe Foto 4), seine Bewegung einen Bruchteil einer Sekunde vor dem Aufsetzen des vorrückenden Fußes (rechter Fuß) beginnt. Das Vorgehen ist in diesem Fall ein stampfender oder hüpfender, schräg nach vorn ausgeführter Schritt. Wenn der vorrückende Fuß den Boden berührt, weisen die Zehen leicht nach außen, wodurch das tretende Bein schneller agieren kann und eine größere Reichweite erhält.

Variante: Deflektier die Waffe, während du ein wenig zur Seite gehst und deinen Körper drehst. Dreh deinen Körper dann schnell wieder zurück, greif die Waffe und versetz dem Angreifer einen Tritt in den Unterleib.

Stich mit einem Stock - Block nach außen von der Innenseite (Verteidigung auf der "live"- Seite)

1 Ausgangsstellung: z. B. neutraler Stand. Diese Version der Technik wurde ursprünglich zur Verteidigung gegen einen Angreifer mit einem bajonettbestückten Gewehr entwickelt. Wenn der Angreifer sich in Bewegung setzt, beginnst du mit deiner Verteidigung.

2 Führ eine nach innen gerichtete Handabwehr aus, die deinen Oberkörper in eine vorgebeugte Haltung "zieht", während du eine Körperdrehung ausführst, dein Gewicht verlagerst und vorstürmst. Die verteidigende Handfläche ist geöffnet und gespreizt, um den Block zu vergrößern.

3 Stürm schräg nach vorn, beug die Knie und lehn dich ein wenig in Richtung der Waffe. Um den Angreifer am weiteren Gebrauch der Waffe, einem Stechen oder Schlagen mit dem hinteren Teil zu hindern, streckst du beide Unterarme nach vorn und die Ellenbogen nach unten, um damit einen Schutzschild zu errichten. Die Ellenbogen werden dabei tief und deine Handflächen dem Gegner entgegengehalten.

4 Pack den Stock mit deinen hakenförmig gehaltenen Händen in einer fegenden Bewegung, heb ihn leicht an und versetz dem Angreifer mit deinem hinteren Bein einen Tritt in den Unterleib. Alternativ kannst du den Tritt nach einem schnellen Schritt auch mit dem vorderen Bein ausführen.

3.1 Bietet sich dem Angreifer keine Möglichkeit, mit dem hinteren Teil des Stocks nach dir zu schlagen, konterst du auf die gleiche Weise wie in der zuvor beschriebenen Technik. Wechsle dabei die Hände, fasse den Stock und führ einen Tritt mit deinem hinteren Bein aus.

Großmeister Imi bei der Demonstration einer Verteidigung gegen einen Schlag von oben.

Diese Technik kommt besonders dann zum Einsatz, wenn der Angreifer eine Waffe mit einem herausstehenden hinteren Teil verwendet, z. B. einen längeren Stock oder ein bajonettbestücktes Gewehr mit langer Schulterstütze.

Führ einen Innenblock aus, während du dich zur "live"-Seite des Angreifers begibst. Die Handabwehr und die Körperverteidigung sind dieselben wie in der vorangegangenen Technik, doch ist der Stoß erst einmal deflektiert, ist es wahrscheinlich, dass der Angreifer den hinteren Teil der Waffe (Kolben) verwendet, um dich zu treffen.

Geh deshalb während der Vorwärtsbewegung in eine tiefe Stellung und schieb beide Unterarme vor, während der innenliegende (weiche) Teil des Unterarms, nahe deiner Hand, an der Waffe hinabgleitet. Ergreif dann die Waffe und ziehe sie hoch, um für einen Tritt Raum zu schaffen. Das Ziehen an der Waffe dient auch dazu, den Angreifer zu kontrollieren und bringt ihn näher an den Tritt heran.

Die vorhergehende Technik, **Verteidigung auf der "dead"-Seite**, kann auch wirkungsvoll zur "live"-Seite angewandt werden, wenn der Angreifer keine Möglichkeit hat, dich mit dem hinteren Teil der Waffe anzugreifen. So zum Beispiel, wenn er die Waffe am äußersten Ende festhält und nur ein unbedeutendes Stück Stock hinter seiner Hand herausragt.

.

Neutralisierung einer Bedrohung mit einer Schusswaffe

Kapitel 4

Neutralisierung einer Bedrohung mit einer Schusswaffe

Stehst du einem Angreifer mit einer Schusswaffe gegenüber, **ist es wichtig, sowohl die Bedrohung als auch den Gegner selbst auszuschalten.** Dies erfolgt durch eine schnelle und einfache Technik, die einerseits sicher ist, und andererseits auf bekannten Prinzipien und Bewegungsmustern basiert. Der Handlungsablauf besteht aus vier Komponenten. (1) Verteidigung: Richtungsänderung (Handabwehr) und Meidbewegung (Körperverteidigung) aus der Schusslinie. (2) Kontrolle über die Waffe. (3) Ausschalten des Waffenträgers durch wirkungsvollen Angriff. (4) Entwaffnung des Gegners.

Grundprinzipien der Verteidigung gegen die Bedrohung mit einer Schusswaffe

Sei dir im Klaren darüber, dass jemand, der dich aus unmittelbarer Nähe mit einer Waffe bedroht, wahrscheinlich **etwas von dir haben will.** Dies könnten Geld, Eigentum oder Informationen sein. Vielleicht will er dich auch als Geisel nehmen. **Auf alle Fälle besteht seine vorrangige oder unmittelbare Absicht normalerweise nicht darin, dich zu töten.** Wie auch immer, du musst vom ersten Augenblick an, der dich und in der Nähe Stehende in Gefahr bringt, schnell und ohne zu zögern handeln! Andererseits ist der Versuch, eine bewaffnete Person ohne die erforderliche Beherrschung der folgenden Techniken zu überwältigen, immer **gefährlich** und kann letztendlich ernsthafte Verletzungen (oder sogar den Tod) des Verteidigers sowie der Umstehenden zur Folge haben. Die Entscheidung für einen Angriff auf den Bewaffneten oder für einen Handlungsverzicht, sollte von jedem, der in einen solchen Vorfall verwickelt wird, **wohl überlegt** sein, wobei die möglichen Risiken der Entscheidung sorgfältig abzuwägen sind.

Hinweis: Der günstigste Augenblick ist der, in dem die Aufmerksamkeit des Angreifers leicht abgelenkt ist, z. B. wenn er Anweisungen erteilt oder eine Frage beantwortet.

Die Richtung, in die die Pistole zeigt, bezeichnet man als **"Schusslinie".** Sie ist für dich und in der Nähe stehende Personen der gefährlichste Bereich. Deshalb muss der erste Schritt darin bestehen, **die Schusslinie in eine andere Richtung zu lenken,** indem du die Waffe parierst. Danach musst du die Kontrolle über sie behalten. Begib dich so früh wie möglich aus der Gefahrenzone und nähere dich dem Angreifer aus einem anderen Winkel, um ihm den weiteren Gebrauch seiner Pistole zu erschweren.

Bist du nicht mehr durch die Pistole selbst gefährdet, d. h. befindest du dich außerhalb der Schusslinie, **wird der Schütze zur größten Gefahr**. Er muss unfähig gemacht werden, seine Pistole weiter zu benutzen oder dich auf andere Weise anzugreifen. Deshalb musst du ihn jetzt mit Entschlossenheit angreifen, da die unmittelbare Bedrohung von ihm (und nicht mehr von der Pistole) ausgeht! Entwaffne den Schützen, nachdem du ihn aggressiv attackiert hast und beende den Vorfall, indem du dich mit der Pistole in der Hand entfernst.

Bedenke: Der Angreifer könnte ein trainierter Kämpfer sein und **darf deshalb nicht unterschätzt werden.** Fixier die Pistole nicht mit deinen Augen und signalisiere dem Angreifer nicht, dass du etwas gegen ihn unternehmen willst. In klaren Worten: Es wäre dumm und ein grundlegender Irrtum, auf irgendeine Form der "Kooperation" mit dem Angreifer zu hoffen.

Geh mit Entschlossenheit gegen den Angreifer vor. Bedenke, dass auch der Gegner um sein Leben kämpfen wird, sobald das Kampfgeschehen begonnen hat!

Während du die Schusslinie zu Beginn umlenkst, solltest du die Kontrolle über die Pistole übernehmen. Diese Kontrolle **muss solange aufrechterhalten werden**, bis dem Schützen die Waffe aus der Hand genommen wird. Pack die Waffe (oder die sie haltende Hand) fest mit einer Hand und drück dabei gut zu, um die Bewegung einzuschränken. Solltest du hierzu nicht in der Lage sein, ergreif die Pistole mit beiden Händen und versetz dem Angreifer einen kräftigen Tritt.

Beachte: Während du den Angreifer entwaffnest, indem du die Pistole in seiner Handfläche drehst, solltest du, falls Andere in der Nähe stehen, die Richtung des Laufs (die Schusslinie) nach oben oder unten lenken. **Stell mit allen Mitteln sicher, dass du die Schusslinie nicht wieder auf dich selbst richtest.** Diese Grundregel gilt für jede Art der Entwaffnung: gegen die Bedrohung durch Pistolen, Gewehre, Schrotflinten oder Maschinenpistolen.

Achtung: Wegen der offensichtlichen Risiken bei Selbstverteidigungsmaßnahmen gegen Bedrohungen mit einer Schusswaffe aus unmittelbarer Nähe dürfen solche Aktionen niemals ausschließlich auf Grundlage theoretischen Wissens ausgeführt werden, **sondern nur nach intensivem, wiederholten Training unter Aufsicht eines anerkannten Trainers.**

Wenn du die Grundtechniken erlernt und die ihnen zugrundeliegenden Verhaltensmaßnahmen verstanden hast, solltest du die Verteidigung aus unterschiedlichen Entfernungen und Winkeln sowie in verschiedenen Situationen üben. **Beispiele:** Abwendung einer Bedrohung, wenn sich der Angreifer hinter einem Hindernis befindet, während man im Auto sitzt, wenn man von hinten oder von vorn gestoßen wird, aus nächster Nähe, wenn man am Boden liegt, usw.

Hinweis: Es ist wichtig, die Techniken unter selbst auferlegtem Stress auszuführen, als Versuch, die Gefahr unter "realistischen" Bedingungen zu simulieren.

Geh nach der Entwaffnung des Angreifers auf Abstand und handle den Erfordernissen entsprechend, d. h. halt ihn solange auf Distanz und in der Schusslinie, bis Hilfe kommt. Ein Gesetzeshüter sollte die Waffe des Angreifers behalten, aber gleichzeitig **auch seine Dienstwaffe ziehen**, falls die Zeit dafür vorhanden ist. Denk daran, dass dir nur wenig über den Zustand der Waffe des Gegners bekannt ist. Ist sie einsatzbereit? Ist sie geladen?

Lässt sie sich leicht handhaben? In bestimmten Situationen, z. B. im Fall von Kämpfern in Antiterroreinheiten, muss man sogar sofort auf den Widersacher schießen und ihn verwunden, wenn er eine echte Bedrohung darstellt, insbesondere dann, wenn das Kampfgeschehen andauert und sich noch Geiseln in Gefahr befinden.

Es gibt Situationen, in denen es schwierig ist, die Techniken gegen eine Bedrohung mit einer Pistole oder einem Gewehr anzuwenden. In solchen Fällen gilt: **Unternimm nichts, es sei denn, dass dir keine andere Möglichkeit zum Überleben bleibt**, und die einzige Aussicht, zu überleben, darin besteht, dass du handelst. Theoretisch kann jede Handlung, sogar eine solche, die ein beträchtliches Risiko birgt, deine Überlebenschancen nur verbessern.

Arten von Schusswaffen - Kurze Erläuterung

Es gibt zwei verschiedene Arten von Handfeuerwaffen: **Revolver** und **Halbautomatik-Pistolen**. Wenn du eine Handfeuerwaffe parierst und ergreifst, denk daran, **dass jeder auf den Abzug ausgeübte Druck einen Schuss auslösen kann**.

Bei einer **halbautomatischen** Pistole kann der Schlitten (dessen Funktion darin besteht, die nächste Patrone zu laden) nicht zurückbewegt werden, solange er von der Hand des sich Verteidigenden fixiert wird. Betätigt der Angreifer also den Abzug wenn die Waffe schussbereit ist, wird ein Schuss ausgelöst, die leere Patronenhülse jedoch nicht ausgeworfen. Um die Pistole erneut schussbereit zu machen, muss sie manuell nachgeladen werden (durch ein Zurückziehen und Loslassen des Schlittens).

Bei einem **Revolver** verhindert das Ergreifen des Rumpfes (und der Trommel) eine Drehung der Trommel, so dass kein Schuss ausgelöst wird, wenn der Abzugshahn nicht gespannt ist. Ist der Hahn jedoch gespannt, löst die Betätigung des Abzugs einen einzelnen Schuss aus. In jedem Fall wird solange kein zweiter Schuss abgefeuert, wie sich die Trommel nicht dreht, um eine neue Patrone vor den Hahn zu transportieren.

Bedenke: Egal, ob im Training oder Ernstfall, die Handfeuerwaffe (sogar eine Spielzeugpistole) muss als **geladene und gespannte Waffe betrachtet werden, mit der mehr als ein Geschoss abgefeuert werden kann!** Im Training solltest du jede Feuerwaffe entladen und zweifach kontrollieren (es sei denn, es handelt sich um eine Attrappe).

Halbautomatische Pistole: Jericho 941.

Dem Abdruck der Jericho-Pistole liegt die freundliche Genehmigung der Israel Military Industries (I.M.I.) zugrunde

Revolver: 5 Schuss, 44 S&W Special Mountain Lite Revolver mit Titantrommel und Rahmen aus einer Aluminiumlegierung. Mit freundlicher Genehmigung der Fa. Smith & Wesson, Springfield, Massachusetts

Bedrohung von vorn, aus der Entfernung

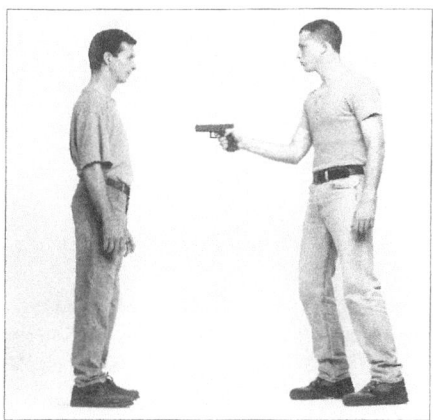

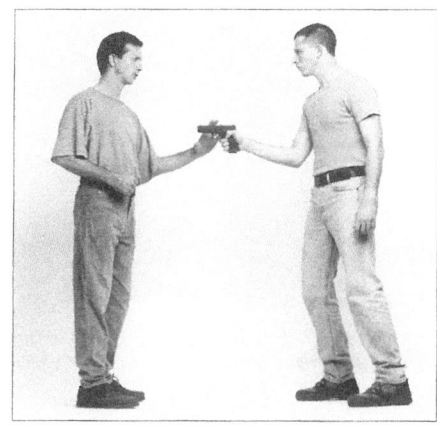

1 Der Angreifer bedroht dich mit einer Handfeuerwaffe. Sie befindet sich dabei in einer Entfernung, die etwas außerhalb der Reichweite deines ausgestreckten Arms liegt. (Das ist die größtmögliche Entfernung, in der du diese Technik noch anwenden kannst.)

2 Führ deine Hand auf direktem Weg neben die Pistole. Die Handbewegung "zieht" deinen Körper in eine Drehung hinein, die es dir ermöglicht, an die Waffe heranzukommen. Gleichzeitig ist das eine Körperverteidigung.

Achte, bevor du die Hand ausstreckst, um die Pistole zu deflektieren, darauf, **keine Bewegung zu machen, die deine Absicht, zu handeln, verraten könnte!** Eine solche verräterische Bewegung, könnte z. B. eine zu frühe Gewichtsverlagerung nach vorn oder ein Vorbeugen in Richtung der Waffe sein.

3 Dreh deine Handfläche, lenk die Pistole zur Seite, ergreif sie und vollende die Körperdrehung, während du dein Gewicht nach vorn verlagerst. Pack die Pistole mit nach unten gerichtetem Daumen sowie nach oben gerichteten Fingern und streck deinen Ellenbogen. Verlagere dein Gewicht diagonal nach vorn und auf die Pistole. Als Folge des Drucks wird die Pistole abgelenkt und nach unten gedrückt.

4 Schnell mit dem linken Fuß vor und schlag mit der Faust an Kinn oder Kehle des Angreifers. Der Ellenbogen des Arms, der die Waffe pariert hat, wird gerade durchgestreckt. Das hat zur Folge, dass sich die Pistole nun unten befindet und zur Seite weist.

5 Führ deine hintere (rechte) Hand nah an deinen Körper, so dass sie nicht vor den Lauf (die Schusslinie) gerät und ergreif den hinteren Teil der Pistole um den Hahn herum.

7 Zieh dem Angreifer die Pistole in horizontaler Richtung mit Kraft aus der Hand und geh zurück.

2a Detailansicht, Foto 2: Die Haltung deiner Handfläche zu Beginn, wenn du die Pistole deflektierst und nach ihr greifst.

6 Dreh die Pistole horizontal in der Hand des Angreifers bis sie sich um 90° zur vorherigen Position bewegt hat. **Achtung: ziel nicht auf deinen eigenen Körper!** Dies löst die Pistole teilweise aus dem Griff des Angreifers und verhindert auch, dass sein Abzugsfinger die Entwaffnung behindert.

8 Eine mögliche Beendigung des Zwischenfalls: halt den Angreifer, nachdem du schnell auf Distanz gegangen bist, in angemessener Entfernung in der Schusslinie. Ergreif die erforderlichen Maßnahmen, falls dich der Angreifer verfolgt.

Der Bewaffnete bedroht dich von vorn und hält die Pistole dabei in einer Hand oder in beiden. Die Entfernung der Pistole kann von null (die Pistole berührt dich) bis ungefähr 20 cm vom Ende deines ausgestreckten Arms entfernt sein, was einer Gesamtentfernung von ungefähr 80 cm von deinem Körper entspricht.

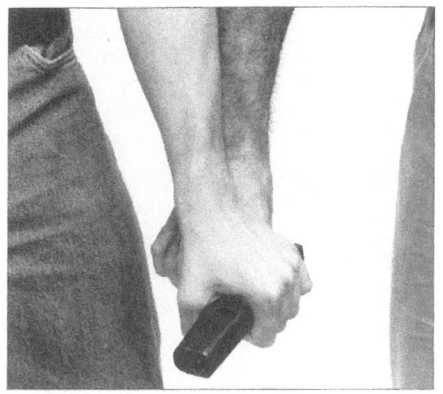

4a Detailansicht, Foto 4: Mit gestrecktem Arm auf die Pistole Druck ausüben.

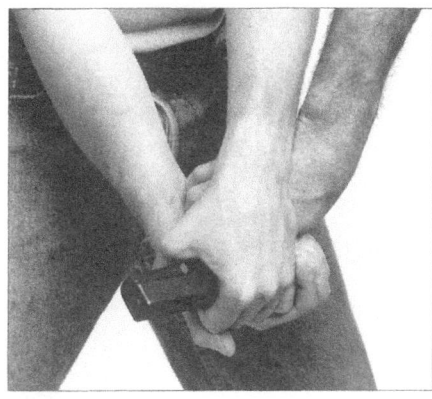

5a Detailansicht, Foto 5: Ergreifen der Waffe mit beiden Händen.

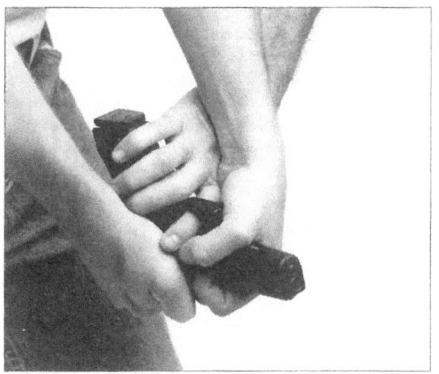

6a Detailansicht, Foto 6: Drehen der Pistole in der Hand des Angreifers.

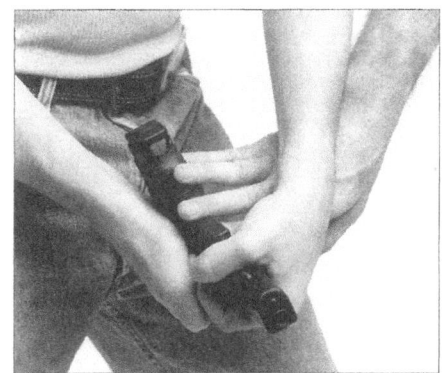

7a Detailansicht, Foto 7: Starkes Ziehen an der Pistole und Rückwärtsbewegung.

Die Pistole kann in unterschiedlicher Höhe überall vom Bauch bis zum Kopf gehalten werden. Es muss betont werden, **dass die Pistole zur Seite** und nicht schräg nach oben oder unten **pariert werden soll**. Dies dient dazu, sicherzustellen, dass die Waffe auf dem kürzesten Weg von deinem Körper abgeleitet wird. Beim Ergreifen der Pistole sollten dein Daumen nach unten und deine Finger nach oben weisen.

Das richtige Ergreifen der Pistole verhindert im Allgemeinen, dass der Abzug betätigt wird, doch handelt es sich dabei nur um einen Nebeneffekt, der für den Erfolg der Technik nicht entscheidend ist. Wenn du dein Gewicht nach vorn verlagerst und den Ellenbogen streckst, dann setz dein Gewicht so ein, dass die Bewegungsfreiheit der die Pistole haltenden Hand des Angreifers deutlich eingeschränkt wird. Die Pistole wird nah an den Körper des Angreifers und vor dein hinteres Bein geführt. Dabei weist der Lauf zur Seite, so dass jeder Versuch des Angreifers, die Waffe zurückzuziehen und auf dich zu zielen, fehlschlägt.

Die als Variante V3 angewandte Technik gegen eine aus der Nähe auf den Bauch gerichtete Waffe ist grundsätzlich identisch mit unserer Ausgangstechnik. Das Ausweichen ist hier ausgesprochen wichtig. Du solltest darauf achten, dass sich die Pistole nicht in deiner Kleidung verfängt, da dies die Abwehrbewegung der Hand einschränken würde.

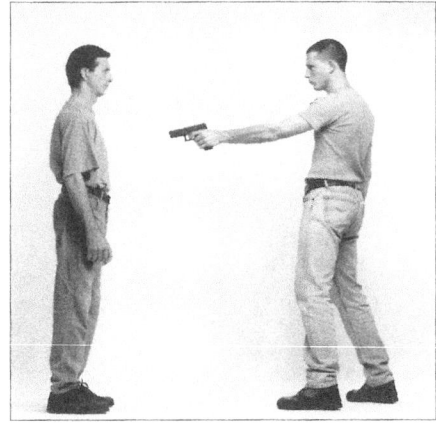

V1 Variante: Der Angreifer zielt mit der Pistole auf deinen Kopf. Wende grundsätzlich dieselbe Technik an. In dem Augenblick, in dem du damit beginnst, die Hand zu heben, um nach der Pistole zu greifen, solltest du auch deinen Kopf zur Seite und damit aus der Schusslinie drehen.

V2 Variante: Führ dieselbe Technik aus, wenn der Angreifer vor dir steht und **die Pistole in der linken Hand hält.** In dieser Situation kannst du die Technik auch spiegelverkehrt ausführen, d.h. die Pistole mit der rechten Hand ergreifen, mit dem rechten Fuß nach vorn stürmen und mit der linken Hand den Gegenangriff ausführen. Du könntest auch die nachfolgend beschriebene Technik anwenden.

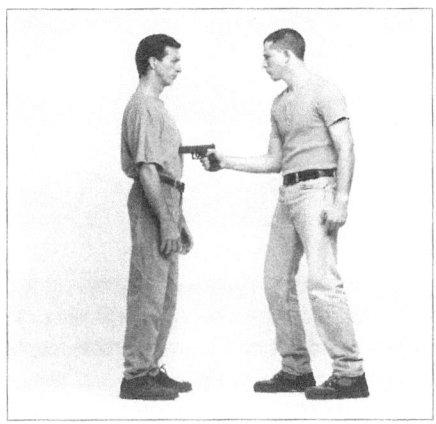

Zieh den Bauch etwas ein, um die Berührung zu vermeiden. Eine weitere wirksame Abwehr, die in dieser Situation angewandt werden kann, ähnelt der Technik: **Bedrohung von der Seite, vor deinem Arm** (siehe im weiteren Verlauf dieses Kapitels). Diese Technik eignet sich am besten, wenn die Waffe sehr tief gehalten wird.

V3 Variante: Du wirst von vorn mit einer Handfeuerwaffe bedroht, **wobei dich die Waffe entweder berührt oder dir sehr nah ist.** Du solltest die selbe Technik wie gegen eine Bedrohung aus großer Entfernung anwenden.

Lernphasen

A. Übe, deine Hand ohne Drehung des Körpers schnell auf Pistolenhöhe zu bringen.

B. Trainier Schritt A gefolgt von einer Körperdrehung und einer Parade, während du nach der Pistole greifst. Vermeide es, dem Gegner irgendwelche Verteidigungsabsichten zu signalisieren.

C. Mach von diesem Punkt an Gebrauch von der üblichen Lernmethode. Unterteil die Technik in Einzelschritte und kombinier diese zu einer fließenden Bewegung.

Bedrohung von schräg vorn, aus einiger Entfernung - gegen die „live"-Seite

1 Der Angreifer steht diagonal versetzt vor dir. Die Richtung aus der die Bedrohung kommt, entspricht der Hand, welche die Pistole hält. (Der Angreifer hält die Waffe in der rechten Hand und steht rechts von dir.)

2 Deflektier die Pistole in gewohnter Weise, mit der Hand, die sich näher an der Waffe befindet. Anders als bei der zuvor beschriebenen Technik, bringt diese Aktion die Pistole nicht näher an den Körper des Angreifers heran.

3 Wenn du das Gefühl hast, dass du in einem Winkel stehst, der es dir nicht ermöglicht, die für einen Schlag erforderliche Reichweite zu erlangen, und du deshalb die Waffe nicht wirkungsvoll kontrollieren kannst, solltest du die Pistole mit beiden Händen packen, sie fixieren und mit einem schnellen Schritt mit deinem hinteren Bein vorpreschen, so dass du dem Gegner einen Tritt versetzen kannst.

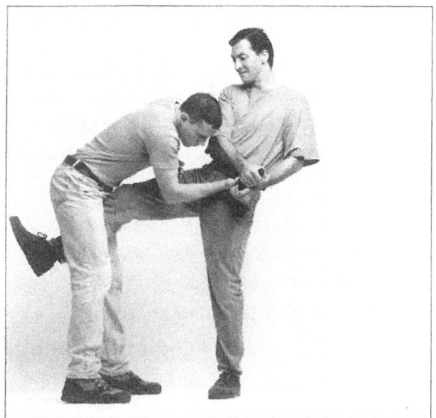

4 Versetz dem Angreifer mit dem vorderen (rechten) Bein einen Tritt in den Unterleib. Triff dabei mit Spann, Schienbein oder Knie, je nach Entfernung zwischen dir und dem Gegner. In dieser Phase kannst du mit der Entwaffnung des Angreifers beginnen, wobei du die Pistole in seiner Hand drehst.

5 Beende die Entwaffnung des Angreifers durch vollständiges Drehen der Pistole. Während des gesamten Vorgangs ist der Lauf zur Seite gerichtet.

6 Ziehe dich zurück.

Steht der Angreifer diagonal vor dir, musst du die Grundtechnik entsprechend den gleichen Prinzipien anwenden, die auch für die Neutralisierung einer Bedrohung von vorn gelten. Der Unterschied besteht darin, dass du in diesem Fall dein Gewicht verlagerst und auf den Angreifer zugehst (Foto 2). Dies bringt die Waffe nicht näher an ihn heran, so wie es sonst geschieht, wenn du die Bedrohung mit der dem Angreifer gegenüberliegenden Hand ausschaltest, also deine linke Hand einsetzt, um die Bedrohung abzuwenden, die von der in der rechten Hand des Angreifers befindlichen Waffe ausgeht. Obwohl die Parade die Pistole eher weiter vom Körper des Angreifers entfernt als sie näher an ihn heranzubrin-

3.1 Je nach Situation kannst du in vielen Fällen die übliche Technik spiegelverkehrt ausführen, indem du mit dem rechten Fuß nach vorn gehst und mit der linken Hand angreifst. Schieb den Lauf zur Seite und streck den Arm.

gen, gelangst du nach dem Vorstürmen normalerweise in eine Reichweite, die sich für einen Fauststoß eignet (siehe Foto 3.1). Solltest du dich jedoch immer noch außerhalb der Reichweite für einen Schlag befinden, musst du die Waffe wie beschrieben mit beiden Händen ergreifen, nach vorn gehen und den Widersacher mit einem Tritt in den Unterleib angreifen. Dies wird das Problem endgültig lösen.

In vielen Fällen wirst du deine Position verbessern können und eine Situation herbeiführen, in der du der Bedrohung näher bist und die Technik auf „normale" Art ausführen kannst. Dies erfordert natürlich Zeit und die Gelegenheit.

Beachte: Wenn der Angreifer seine Waffe in beiden Händen hält, kannst du grundsätzlich die selbe Technik anwenden wie gegen einen einhändigen Griff. Trotzdem kann eine solche Situation dem Verteidiger einige kleinere Korrekturen abverlangen, wie beispielsweise ein Zupacken mit beiden Händen statt nur mit einer sowie einen Tritt in den Unterleib des Bewaffneten anstelle eines Faustschlags zum Kopf.

Wann solltest du die Technik anwenden, mit der deine „andere" Hand zum Einsatz kommt?

- Befindet sich eine andere Person auf deiner rechten Seite , musst du die Waffe mit deiner rechten Hand zur linken Seite hin parieren, **um diese Person nicht in die Schusslinie zu bringen.** Anderenfalls könnte sie von einem sich lösenden Schuss getroffen werden.

- Wie in der vorangegangenen Technik (Foto 1) gezeigt, gibt es Situationen, in denen der Träger der Waffe in einiger Entfernung rechts von dir oder schräg vor dir steht. Unter solchen Umständen kann es erforderlich sein, dass du dein Gewicht auf das dem Angreifer nähere Bein verlagern musst, um an die Pistole heranzukommen. Dies kann die Ausführung der normalen Technik, bei der du nach vorn stürmst und dein Gewicht auf die Pistole legst, erschweren. In solchen Fällen erweist sich das beidhändige Ergreifen der Waffe als wirksame Möglichkeit, um die Pistole besser unter Kontrolle zu bringen. Dabei wird ein Tritt als erste Maßnahme für einem Gegenangriff genutzt.

- Wenn die Pistole vor dir ist und dabei, von deiner Körpermitte aus betrachtet, auf deine linke Seite gerichtet wird, benutzt du die rechte Hand, um die Bedrohung so zu deflektieren, dass die Waffe auf dem schnellstmöglichen Weg von ihrem Ziel abgelenkt wird.

- Wenn die Bewegungsfreiheit deiner linken Hand eingeschränkt ist, z.B. dadurch, dass der Angreifer deine linke Hand oder deinen linken Arm festhält und die Abwehr verhindert, oder wenn deine linke Hand verletzt ist.

Eine wahre Geschichte

Samuel Lichtenfeld, der Vater von Großmeister Imi Sde-Or (Lichtenfeld) war Hauptkommissar bei der Polizei von Bratislava, Slowakei. Daher musste er seine Waffe, einen Revolver, gelegentlich in einem Wandschrank zuhause verwahren.

Eines Tages fand Imis älterer Bruder die Waffe und begann damit herumzuspielen. Ohne sich der Gefahr bewusst zu sein, zielte er mit dem Revolver aus nächster Nähe auf Imis Kopf und drückte ab. Imi, der zu dem Zeitpunkt erst 13 Jahre alt war, schlug instinktiv gegen die Waffe und parierte sie. Dadurch schlug die Kugel in die Wand ein und Imi trug nicht einmal einen Kratzer davon.

Bedrohung von hinten in der Nahdistanz

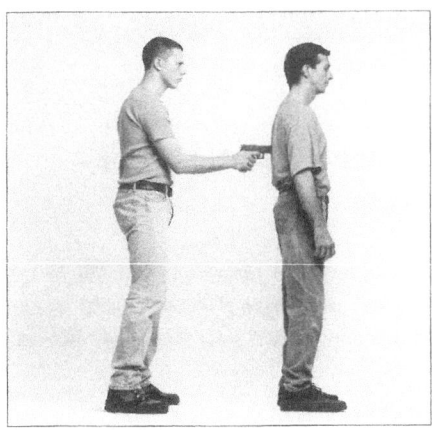

1 Der Angreifer bedroht dich von hinten mit einer Pistole. **Foto 2:** Sieh nach hinten, um zu erkennen, was vor sich geht, d. h. welche Hand die Pistole hält, und wo sich die andere Hand befindet. Diese

2 Bewegung ist eine völlig normale Reaktion, wenn jemand von hinten verbalen oder körperlichen Kontakt mit dir aufgenommen hat. Parier den Unterarm oder die Pistole des Angreifers. Dies führt zu einer Körperdrehung und einer Vorwärtsbewegung.

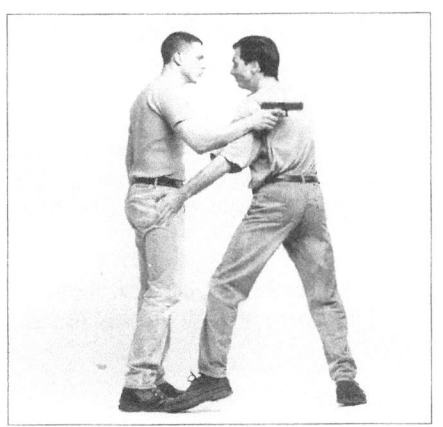

3 Nachdem du die Waffe pariert hast, streck die deflektierende Hand schräg nach vorn und nach außen, wobei sie an der Innenseite des gegnerischen Arms entlang gleitet. Stürm auf den Gegner zu, wobei du mit dem Bein auf der Seite, wo die Parade ausgeführt wurde, vorwärts gehst.

4 Klemm den Unterarm des Angreifers kräftig zwischen deinem Oberarm, Unterarm, deiner Hand sowie deiner Brust ein und versetz ihm gleichzeitig einen waagerechten, nach vorn und nach innen geführten Schlag mit dem Ellenbogen gegen seinen Kiefer oder seine Kehle.

Bei dieser Technik beobachten wir die folgenden vier grundlegenden Phasen: (1) Abwendung der von der Waffe ausgehenden Gefahr durch das Ablenken der Schusslinie von deinem Körper weg. Dies sorgt kombiniert mit einer Körperverteidigung für die schnellstmögliche Komplettabwehr. (2) Festhalten der die Pistole haltenden Hand zur Verhinderung ihres weiteren Gebrauchs. (3) Angreifen und Überwältigen des Gegners. (4) Entwaffnung des Angreifers.

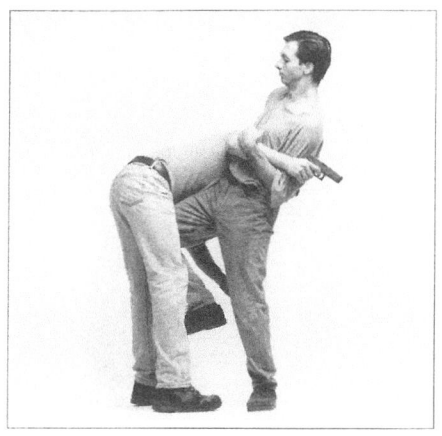

5 Pack die Schulter des Angreifers und versetz ihm mit dem Knie einen Stoß in den Unterleib. In dieser Phase fällt die Pistole vielleicht aus der Hand des Angreifers. Dies kann aber auch schon während der vorangegangenen Phase geschehen sein.

6 Führ eine scharfe Körperdrehung aus, um festzustellen, ob sich die Pistole noch in der Hand des Angreifers befindet und greif schnell danach. Pack die Pistole mit nach unten gerichteter Handfläche (der Daumen zeigt in deine Richtung).

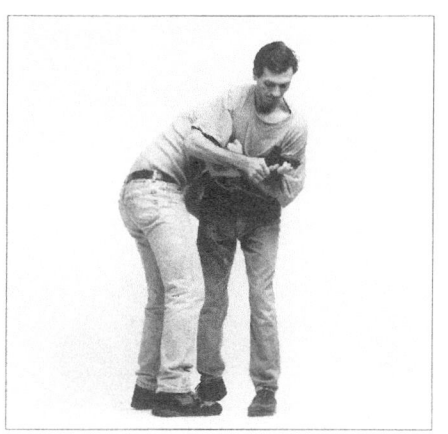

7 Dreh die Pistole um 90° ausgehend von ihrer vorherigen Position. **Achtung:** Richte den Lauf niemals auf deinen eigenen Körper!

8 Drück die Pistole von der Hand des Angreifers weg in Richtung seines Zeigefingers (siehe Detailansichten 6a, 6b, 7a und 8a).

Es ist äußerst wichtig, dass du dich gut umsiehst, bevor du irgendwelche Abwehrmaßnahmen ergreifst. Du musst dich vergewissern, ob die Position der Waffe oder des Gegners die Anwendung der Technik erschweren wird, d. h. ob die Waffe zu weit entfernt oder zu nah ist, oder ob dich die andere Hand des Angreifers statt der Pistole berührt. Beweg dich nach dem Parieren der Pistole auf den Angreifer zu, wobei die parierende Hand parallel am Arm des Angreifers entlang gleitet und seinen Unterarm fixiert. Dies machst du, um den Angreifer daran zu hindern, die Waffe zurückzuziehen und erneut auf dich zu richten. Der erste Gegenangriff, den du ausführen kannst, ist ein horizontaler nach innen geführter Ellenbogenschlag, der von einer

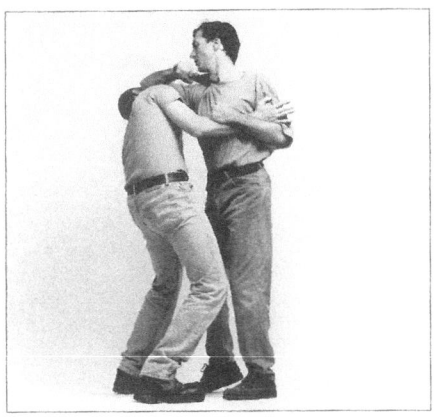

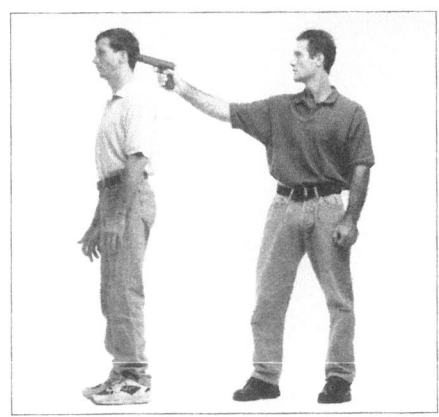

9 Während du dich von dem Angreifer entfernst, kannst du einen weiteren Angriff ausführen, z. B. einen Schlag mit dem Lauf der Pistole oder einen horizontalen Ellenbogenschlag.

V1 Die Technik für die Bedrohung mit einer von hinten gegen deinen Kopf gerichteten Pistole ist fast identisch mit der vorhergehenden, bei der sich die Bedrohung gegen deinen Rücken richtete.

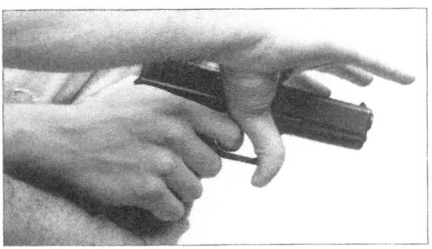

6a Detailansicht, Foto 6: Körperdrehung, Greifen nach der Pistole.

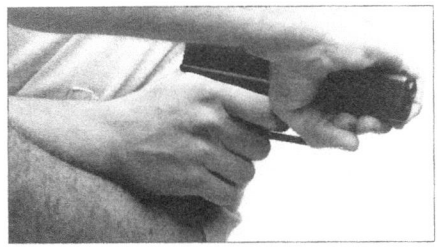

6b Detailansicht, Foto 6: Ergreifen der Pistole

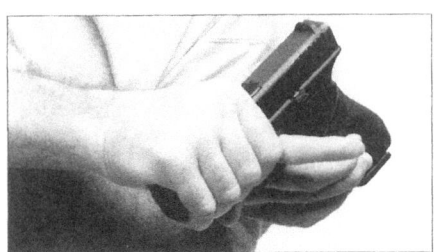

7a Detailansicht, Foto 7: Dreh die Pistole um 90°.

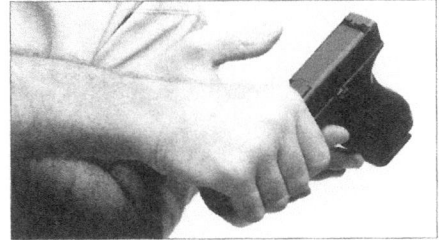

8a Detailansicht, Foto 8a: Endgültiges Entfernen der Pistole durch Wegdrücken aus der Hand des Angreifers.

Vorwärtsbewegung begleitet wird (abhängig von der Entfernung zwischen dir und deinem Gegner). Falls sich der Angreifer zu weit von dir entfernt befindet und du ihn nicht mit einem Ellenbogenschlag erreichen kannst, kann stattdessen auch eine Gerade mit der Faust ausgeführt werden. Danach kannst du damit fortfahren, die Distanz zwischen dir und dem Angreifer zu verringern und falls nötig dabei Ellenbogenschläge auszuteilen.

Du kannst das Deflektieren und die Körperdrehung sowohl nach rechts als auch nach links ausführen, je nachdem was dir angenehmer ist, aber auch abhängig von den jeweiligen Umständen. Natürlich ist die Technik gleich, egal ob du dich nach rechts oder links drehst. (Siehe Abschnitt am Ende der vorangegangenen Technik **„Wann solltest du die Technik anwenden, mit der deine „andere" Hand zum Einsatz kommt?"**).

Grundsätzlich ist die Technik gleich, wenn dir die Pistole von hinten an den Kopf gehalten wird (wie auf Foto V1 gezeigt). Allerdings ist es in diesem Fall äußerst wichtig, dass du deinen Kopf so früh wie möglich auf den Kopf des Angreifers zu bewegst. Dies erfolgt mit einer schnellen Kopfdrehung in Begleitung einer Körperdrehung, während du auf den Angreifer zustürmst. (Siehe Technik: **Seitliche Bedrohung zum Kopf - Drehung**). Der Hauptunterschied besteht darin, dass du hier das Ziel (d. h. deinen Kopf) bewegst, **bevor** du die Pistolenhand deflektierst.

Bedrohung von der Seite, hinter deinem Arm

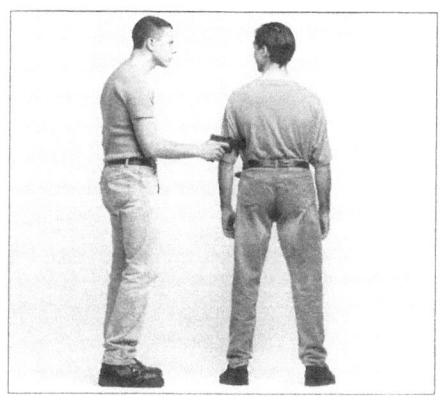

1 Der Angreifer drückt dir die Pistole hinter deinem Arm in die Seite.

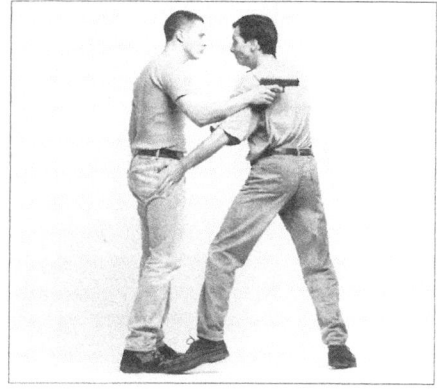

2 Parier die Pistole mit dem Arm und gleite damit am Arm des Angreifers entlang. Dreh deinen Körper zum Angreifer und stürm explosionsartig in seine Richtung.

3 Fixier (durch Einklemmen) den Unterarm des Angreifers und versetz ihm einen Ellenbogenschlag zum Kinn oder zur Kehle. Fahr genauso fort wie in der vorangegangenen Technik beschrieben.

Führ die Drehung in Richtung des Angreifers **auf schnellstem und kürzestem Weg** aus. Dreh dich in der abgebildeten Situation nach links (gegen den Uhrzeigersinn). Grundsätzlich ist dies fast identisch mit der Technik, gegen eine Bedrohung von hinten in der Nahdistanz, mit Ausnahme der Ausgangspositionen von Angreifer und Verteidiger. Natürlich benötigt man bei dieser Technik eine kleinere Körperdrehung, um sich dem Angreifer zuzuwenden.

Bedrohung von der Seite, vor deinem Arm

1 Der Bewaffnete drückt dir die Pistole vor deinem Arm in die Seite.

2 Deflektier und ergreif das Handgelenk sowie den Handrücken des Angreifers, während du einen Schritt zurück und dann schräg auf ihn zu gehst. Dies dient der Körperverteidigung. Heb gleichzeitig die andere Hand (wobei du sie aus der Schusslinie heraushältst), so dass sie sich parallel zur Pistole befindet und bereit zum Zugreifen ist. Dies hindert den Angreifer auch daran, sich umzudrehen und die Pistole erneut auf dich zu richten.

3 Ergreif den Lauf der Pistole so schnell wie möglich fest mit der rechten Hand und fang damit an, den Griff des Gegners zu lösen.

4 Drück die Pistole mit deiner rechten Hand zum Angreifer, während du sein Handgelenk mit deiner linken Hand an dich heranziehst und eine Körperdrehung ausführst. Die Kombination dieser Bewegungen verleiht deiner Aktion viel mehr Kraft. Falls nötig, ist es nun möglich, sich vom Angreifer zu entfernen.

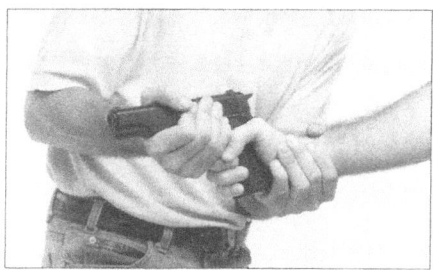

3a Detailansicht, Foto 3: Ergreifen der Pistole und der sie haltenden Hand.

5 Fahr mit einem Kniestoß in den Unterleib des Angreifers fort. Daran kannst du weitere Gegenangriffe anschließen. Entfern dich sofort von dem entwaffneten Angreifer, indem du deinen rechten Fuß zurücksetzt und Schritte mit links und rechts folgen lässt.

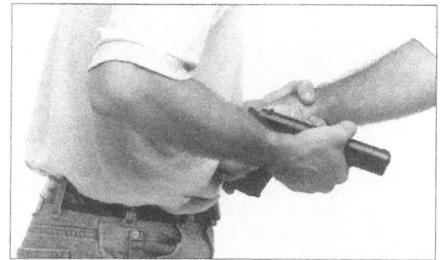

4a Detailansicht, Foto 4: Kraftvolles Drehen der Pistole zur Entwaffnung des Angreifers. Der Lauf sollte sich parallel zur Unterseite des gegnerischen Unterarms befinden und in horizontaler Richtung gedreht werden.

Zieh beim Parieren der Pistole den Bauch ein und begib dich aus der Gefahrenzone, indem du dich schnell diagonal nach hinten und dann schräg auf den Gegner zu bewegst. Parier die dich bedrohende Hand in der Nähe von Handgelenk und Handrücken, um sein Handgelenk zu fixieren und dessen Beugung bei der Abwehr zu vermeiden.

Vorsicht: Wird das Handgelenk gebogen, kann es passieren, dass du wieder in die Schusslinie gerätst.

Während du die Waffe mit der einen Hand ablenkst, führ deine andere Hand so schnell wie möglich neben die Pistole, **jedoch ohne sie dabei vor den Lauf zu bringen.** Grundsätzlich führen beide Hände die selbe Bewegung gleichzeitig aus: die parierende Hand schiebt die Pistole nach vorn, während sich die andere mit einer fast identischen Bewegung neben die Waffe begibt. Bring deine Ellenbogen vor deinen Rippen in Position.

Hast du den Gegner erst einmal entwaffnet, kannst du dich wegbeugen und falls nötig mit kraftvollen Gegenangriffen (Faustschlag, Schlag mit der Waffe oder Tritt) weitermachen und erst danach einen sicheren Abstand einnehmen.

Befindet sich der Angreifer auf deiner anderen Seite (d. h. bedroht er dich von der rechten Seite aus mit der rechten Hand), rückst du zu seiner „live"-Seite vor (siehe nächste Technik).

Bedrohung von der Seite, vor deinem Arm - Bewegung zur „live"-Seite des Angreifers

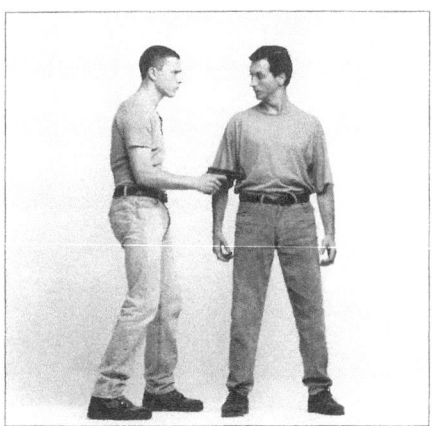

1 Der Angreifer bedroht dich von der Seite, wobei sich die Waffe vor deinem Arm befindet. Begib dich zur „live"-Seite des Angreifers.

Foto 2: Wie bereits in der vorangegangenen Technik, **Bedrohung von der Seite, vor deinem Arm**, deflektierst du auch hier die Pistole durch

2 Ergreifen von Handgelenk und Handfläche des Bewaffneten und bewegst dich diagonal zurück und dann auf den Angreifer zu. Bring die andere Hand gleichzeitig und mit der selben Bewegung neben die Pistole, um sie ergreifen zu können.

3 Pack den Lauf mit deiner hinteren Hand und beginn damit, die Waffe herauszuhebeln.

4 Durch die Hebelkraft löst du den Griff des Angreifers. Dreh die Pistole um 90° (verglichen mit ihrer vorherigen Position), während sich dein gesamter Körper zur Unterstützung der Bewegung dreht starte einen Gegenangriff.

Im Prinzip ist diese Technik mit der **Bedrohung von der Seite, vor deinem Arm** identisch, außer, dass du dich diesmal auf die „live"-Seite des Angreifers begibst. Die Entwaffnung ist auch anders. Du musst den Waffenträger in zwei Schritten wie folgt entwaffnen: Dreh den Lauf der Waffe zuerst in Richtung des Rückens seiner Hand und reiß sie dann aus der Hand heraus.

5 Zieh die Waffe aus der Hand des Angreifers, während du dein hinteres Bein nachsetzt, um ihm das Knie in den Unterleib zu rammen. Führ einen Gegenangriff aus und bring dich in Sicherheit. Du kannst auch weitere Angriffe ausführen, bevor oder während du dich zurückziehst.

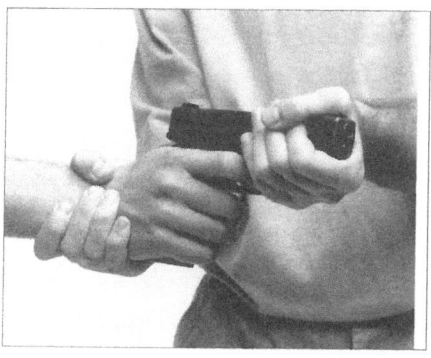

3a Detailansicht, Foto 3: Ergreifen der Waffe und der Hand oder des Handgelenks des Angreifers.

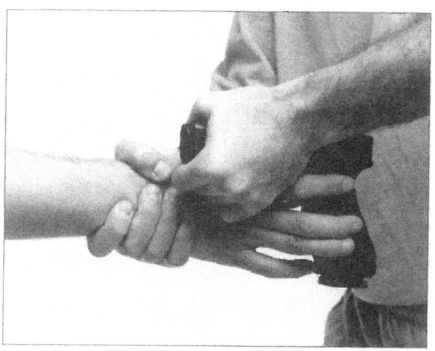

4a Detailansicht, Foto 4: Lösen des Griffs und Drehen der Pistole mit kraftvollem Hebel.

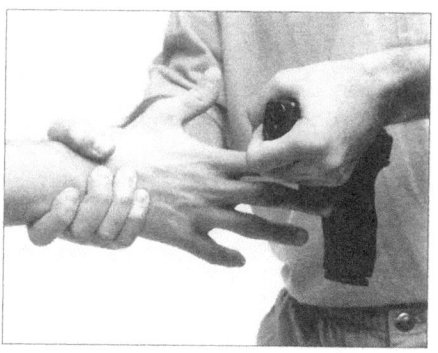

4b Detailansicht, Foto 4: Entwaffnen des Angreifers durch Wegziehen der Pistole.

Beachte: Auch wenn du deinen Gegner erfolgreich entwaffnet hast, solltest du **sofort zum Gegenangriff übergehen**, bevor er sich wieder fängt. Solang du dich schnell genug bewegst und auf seiner „live"-Seite nah bei ihm bleibst, machst du es ihm schwerer, einen Angriff auszuführen.

Dein erster Gegenangriff ist ein Tritt, weil du keine Hand frei hast. Je nach Abstand und Winkel kannst du den Tritt entweder mit dem rechten oder dem linken Bein ausführen.

Variante: Führ die selbe Technik auf der anderen Seite aus, d. h. der Bewaffnete befindet sich auf deiner linken Seite und hält die Pistole in der linken Hand.

Es ist äußerst wichtig, dass du das Abwenden von Bedrohungen aus verschiedenen Richtungen und in verschiedenen Situationen übst. Du solltest dich nicht daran gewöhnen, diese Technik nur in der für dich angenehmeren Situation anzuwenden!

Seitliche Bedrohung zum Kopf - Drehung

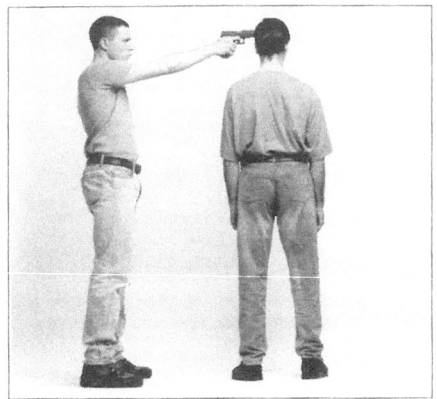

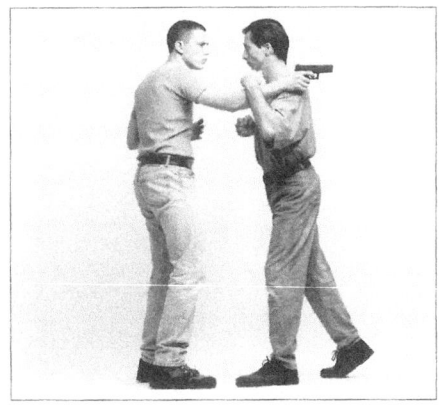

1 Der Angreifer hält die Waffe in Höhe deines Ohrs an die Seite deines Kopfes oder zum Hinterkopf (siehe Zeichnung unten).

2 Dreh Kopf und Körper gleichzeitig in Richtung des Gegners und beweg dich schnell auf ihn zu. Dies bringt dich aus der Schusslinie heraus und hinter die Pistole. Heb gleichzeitig deine Hand, leg sie wie einen Haken um den Unterarm des Angreifers und zieh ihn etwas zur Seite.

3 Zieh den Unterarm des Angreifers nach unten, ergreif ihn und geh zum Gegenangriff über. Verhinder, dass sein Arm auf deiner Schulter bleibt, bring ihn besser in Höhe deiner Brust. Dies sorgt für einen größeren Abstand zwischen der Pistole, die immer noch abgefeuert werden kann, und deinem Kopf (oder Ohr). Fahr fort wie bei der Technik: *Bedrohung von hinten in der Nahdistanz*.

Diese Technik basiert auf: ***Bedrohung von hinten in der Nahdistanz***. Hier sollte das Hauptaugenmerk der ersten Bewegung gelten - der gleichzeitigen und plötzlichen Drehung deines Kopfes und Körpers in Richtung des Gegners sowie deinem schnellen Vorrücken. Dies bringt dich aus dem Gefahrenbereich. Die gleiche Vorgehensweise ist angebracht, wenn mit einer Pistole von hinten auf deinen Kopf gezielt wird. Die Aufgabe der Hand, die der Waffe am nächsten ist, besteht darin, den Unterarm festzuhalten und die Pistolenhand unter Kontrolle zu bringen, um sie zu parieren und auf Brusthöhe herunterzuziehen.

B ¦ A

Zeichnung: Falls die Pistole auf den Bereich A gerichtet wird, sollte diese Technik (Drehung) angewandt werden. Zielt die Pistole auf den Bereich B (vordere Kopfhälfte), ist die nachfolgend beschriebene Technik vorzuziehen.

Gegenangriffe und Entwaffnung sind die selben wie bei der Technik **Bedrohung von hinten in der Nahdistanz**. Der Abstand für den Gegenangriff reicht im Allgemeinen für einen Ellenbogenschlag aus. Sollte die Entfernung jedoch größer sein, kann eine Gerade als erster Gegenangriff erforderlich werden.

Seitliche Bedrohung zum Kopf - Deflektieren und Ergreifen der Pistole

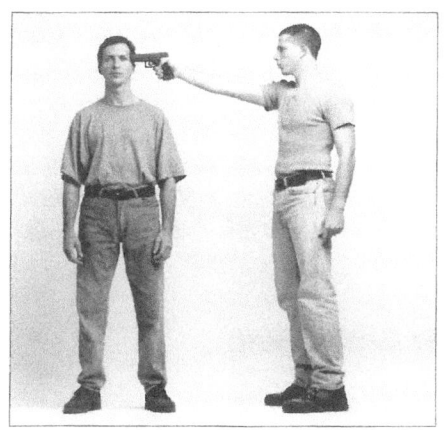

1 Der Bewaffnete hält die Waffe gegen oder sehr nah an die Seite deines Kopfes vor dem Ohr, d. h. zur vorderen Hälfte.

2 Beweg deinen Kopf zurück und auf den Gegner zu, um aus der Schusslinie zu gelangen. Heb schnell deine Hand gleichzeitig mit der Kopfbewegung und bring sie neben die Pistole, um diese zu deflektieren und zu ergreifen. Geh zur gleichen Zeit mit einem diagonalen Schritt seitlich nach hinten auf den Angreifer zu.

3 Ergreif die Pistole, drück sie in Richtung des Angreifers nach unten und führ einen Gegenangriff aus. Das Ganze wird genauso ausgeführt wie bei der ersten Technik beschrieben: **Bedrohung von vorn, aus einiger Entfernung**.

2a Phase 2, von der Seite des Verteidigers her aufgenommen.

Diese Technik ist grundsätzlich mit dem für die **Bedrohung von vorn aus einiger Entfernung** verwendeten Vorgehen identisch. Zwei Aktionen, nämlich eine Kopfbewegung und eine Handbewegung, werden gleichzeitig ausgeführt, um für die frühest mögliche Verteidigung zu sorgen. Wird die Pistole gegen deinen Kopf gedrückt, solltest du diesen leicht vom Gegner weg drehen (Körperverteidigung), so dass die Waffe von deinem Kopf abrutscht. Zeitlich gesehen bewegt sich dein Kopf aus der Gefahrenzone heraus, bevor deine Hand die Pistole erreicht.

Hat man diese Technik erst einmal erlernt, kann sie in folgenden Situationen angewandt werden: bei einer gegen die Seite des Kopfs gerichteten Bedrohung mit einer Pistole; wenn sich der Angreifer direkt oder schräg vor dir befindet; in kurzer oder weiter Distanz sowie in anderen Situationen. Manchmal ist diese Technik zu bevorzugen, und manchmal ist die zuvor beschriebene besser, **abhängig vom Winkel des Angreifers, und der genauen Position der Waffe an deinem Kopf**. So ist diese Technik z. B. vorzuziehen, wenn die Pistole gegen deine Schläfe gerichtet wird, während die vorhergehende dann besser geeignet ist, wenn sich die Pistole hinter oder über deinem Ohr befindet.

Bedrohung von hinten aus einiger Entfernung

1 Der Angreifer bedroht dich direkt oder von schräg hinten aus einiger Entfernung. Um diese Technik anzuwenden, beträgt der günstigste Abstand zwischen der Pistole und deinem Rücken 40 bis 65 cm. Sieh dich harmlos um, um den Abstand zur Waffe einzuschätzen, jedoch ohne mit deinem Blick darauf zu verharren. Die Verteidigung sollte unmittelbar nach diesem vorbereitenden Blick ausgeführt werden.

2 Parier und ergreif die Pistole oder die sie haltende Hand. Diese parierende Bewegung deiner Hand leitet zu deinen weiteren Aktionen über: einer Körperdrehung, die dich aus der Schusslinie bringt und einem blitzschnell zum Gegner ausgeführten Schritt. Verlagere dein Gewicht auf die Pistole und drück sie nach unten und in Richtung des Angreifers.

Diese Technik erfordert erhebliche Übung, weil mit ihr ein **größeres Risiko** verbunden ist als mit den zuvor in diesem Kapitel beschriebenen Techniken. Das Problem besteht in diesem Fall darin, dass du die Pistole beim Zurückblicken nur mit einem Auge sehen kannst. Da dies keine dreidimensionale Betrachtung zulässt, kann die Entfernung

3 Stürm mit dem rechten Bein auf den Gegner zu (gleiche Seite wie die parierende Hand) und führ mit einer Geraden einen entschlossenen Gegenangriff aus - bleib aus der Schusslinie!

4 Bei **zur Seite weisendem** Lauf pack mit deiner anderen Hand das Handgelenk des Angreifers und greif mit Fuß- oder Kniestößen in seinen Unterleib an. Setz das für dich bequemere Bein ein (auf dem Foto geht der Verteidiger mit dem hinteren Bein nach vorn, während er mit dem vorderen zutritt) und entwaffne den Angreifer anschließend, wobei du die Pistole in seiner Hand drehst.

nicht exakt eingeschätzt werden! Deshalb sollte diese Technik **nur dann** angewandt werden, **wenn es keine Alternative mehr gibt**, d. h. nur in Situationen, bei denen es um Leben und Tod geht. Beim Training wird besonderer Wert darauf gelegt, die Entfernung richtig einzuschätzen; die Pistole zu deflektieren, während man seinen Körper aus der Schusslinie bringt; und auf die Präzision beim Ergreifen der Waffe.

Beachte: Steht der Angreifer schräg hinter dir, so neutralisier die Gefahr unter Anwendung derselben Technik. In den meisten Fällen wird es dir möglich sein, die Pistole mit beiden Augen zu sehen und die Entfernung richtig einzuschätzen.

Die Grundprinzipien dieser Technik sind dieselben wie bei der Abwendung einer *Bedrohung von vorn, aus einiger Entfernung*. Beginn mit einer Handbewegung, die den Körper in eine Körperverteidigung hineinzieht (um aus der Schusslinie zu gelangen), ergreif die Pistole während der Vorwärtsbewegung und verlagere dein Gewicht auf den Angreifer und von oben auf die Waffe. Führ je nach deinem neuen Abstand Angriffe mit der Hand oder mit den Beinen aus. Zum Schluss entwaffnest du den Angreifer.

Stoß und Bedrohung von hinten in der Langdistanz

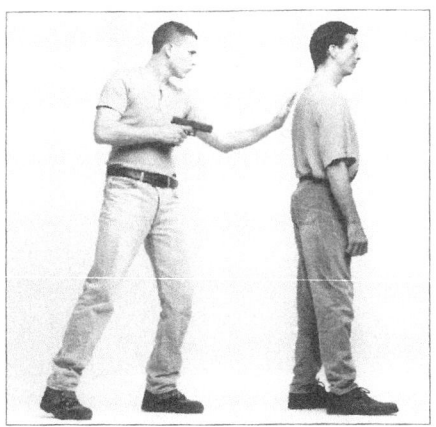

1 Die hier gezeigte Technik eignet sich für eine Situation, in der die freie Hand des Angreifers nach vorn gestreckt wird und die Pistole weit von deinem Rücken entfernt ist. Der Gegner kann dabei bewegungslos auf der Stelle stehen, er kann dich unter Ausübung eines konstanten Drucks vor sich her schieben, oder er kann dich, wie hier abgebildet, mit kurzen Stößen dazu zwingen, vorwärts zu gehen. Der Angreifer stößt dich und richtet seine Pistole auf dich. Es ist dir bereits gelungen, dich umzusehen und die Situation einzuschätzen.

2 Weich dem Stoß aus, indem du einen kleinen Schritt zur Seite machst und dich auf einem Fuß drehst, um aus dem Gefahrenbereich zu gelangen. Die Drehung erfolgt **zur Außenseite der stoßenden Hand** (nicht zu der die Waffe haltenden Hand). In dieser Phase ist es das vordere Bein, das die Drehung ausführt.

3 Der Angreifer wird sich weiter nach vorn bewegen, während du dich ihm von der Seite näherst. Der (linke) Fuß, der zur Seite gesetzt wird, sollte der hintere sein. In seine Richtung sollte auch der Körper gedreht werden, z. B. nach links, wie auf dem Foto gezeigt.

4 Dreh dich auf dem vorderen (linken) Bein um den Angreifer herum. Du kommst ganz eng hinter ihn, umschlingst mit deinem linken Arm seinen Bauch und greifst mit der rechten Hand von hinten zwischen seinen Beinen durch. In dieser Position sind deine Knie gebeugt, dein Rücken gerade, dein Bauch und deine Brust gegen ihn gepresst. Du kannst auch den Unterarm der die Waffe haltenden Hand packen und an seinen Körper pressen.

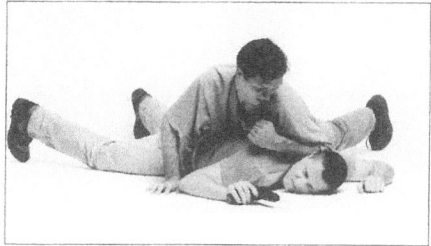

6 Wirf deine Beine zurück und lass dich hart auf den Angreifer fallen (in X-Form mit deiner Brust auf die Mitte des Rückens des Angreifers). Zieh deine Hände unter dem Körper des Angreifers weg, bevor du auf dem Boden aufkommst und beginn so früh wie möglich mit Gegenangriffen.

5 Zieh mit dem Spaltgriff deiner rechten Hand die Genitalien des Gegners nach hinten und nach oben. Er kommt dadurch von selbst auf die Zehenspitzen und verliert unter dem Gegendruck deines Oberkörpers die Bodenhaftung.

Diese Technik eignet sich sowohl gegen eine statische Bedrohung oder ein Schieben mit gleichbleibendem Druck als auch gegen kurze Stöße, die ernster und gefährlicher sind. Die Technik erfordert ein präzises Timing sowie ein großes Können! Führ sie aus, nachdem du das Tempo und die zeitliche Abstim-

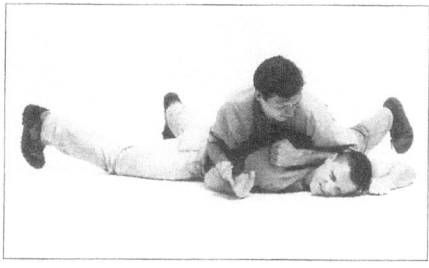

7 Möglicher Gegenangriff: Ellenbogenschlag in den Nacken oder Hals oder Faustschlag gegen die Schläfe. Schnapp dir dann der Pistole und entwaffne den Angreifer.

mung der Stöße des Angreifers durchschaut hast. Es ist sehr wichtig, dass du dich **genau in dem Moment wegdrehst, indem der Angreifer seinen Stoß ausführen will**, so dass er ins Leere läuft und aus dem Gleichgewicht kommt. Führ diese Technik nicht aus, wenn dir soeben ein Stoß versetzt wurde, sondern immer **vor** dem ersten oder nächsten Stoß! Wende deinen Körper in Richtung des sich drehenden Fußes. Beginn mit der Körperdrehung, wenn sich die Drehachse hinten befindet. Drehst du dich nach links, solltest du dich auf dem linken (hinteren) Fuß drehen und dich dabei kräftig mit dem rechten (vorderen) Bein abstoßen.

Schwerpunkte für das Training: (1) Weich der Bedrohung aus. (2) Ergreif Körper und Unterleib des Angreifers mit geradem Rücken - ein wirksames Mittel, um ihn auszuschalten. (3) Fall mit so viel Kraft auf den Angreifer, dass er dabei überwältigt wird. Im vierten Schritt hast du auch die Möglichkeit, den Unterarm (der die Waffe haltenden Hand) des Angreifers festzuhalten.

Alternative Techniken:

- Wenn es die Umstände zulassen, besonders dann, wenn die Waffe nicht zu weit von dir entfernt ist, kannst du auch die vorangegangene Technik anwenden: *Bedrohung von hinten aus einiger Entfernung.*

- Wenn dich der Angreifer mit einer in deinen Rücken gedrückten Waffe bedroht, wende die Technik *Bedrohung von hinten in der Nahdistanz an.*

Großmeister Imi Sde-Or demonstriert die Abwehr gegen die Bedrohung mit einer Pistole von hinten.

Eine wahre Geschichte

Joseph trainierte schon seit einigen Jahren Krav Maga. Eine Zeit lang arbeitete er als Verkäufer in einem Waffengeschäft, wo kleinere Waffen (hauptsächlich Handfeuerwaffen) angeboten wurden. Eines Tages nahm einer seiner Arbeitskollegen eine Pistole aus dem Schrank, lud sie mit einem vollen Magazin, spannte sie und nahm das Magazin wieder heraus. Joseph warnte ihn, dass die Waffe wahrscheinlich noch geladen sei, und dass noch eine Patrone im Lauf stecken könnte. Sein Freund bestand darauf, dass die Waffe entladen war. Es folgte eine Diskussion, in deren Verlauf er die Pistole spaßeshalber auf die Mitte von Josephs Körper richtete und den Abzug betätigen wollte, um zu beweisen, dass die Pistole tatsächlich leer war. Joseph wandte die Technik an, die er im Krav Maga erlernt hatte und parierte die Waffe. Es löste sich ein Schuss und das Geschoss bohrte sich in die Ladentheke.

Neutralisierung der Bedrohung durch ein Gewehr oder eine Maschinenpistole

Kapitel 5

Neutralisierung der Bedrohung durch ein Gewehr oder eine Maschinenpistole

Zwischen einem Gewehr und einer Handfeuerwaffe gibt es - genauso wie zwischen einer Maschinenpistole und einer Schrotflinte - viele **Ähnlichkeiten**. Die aus Sicht des Verteidigers wichtigste Gemeinsamkeit ist die Art der Bedrohung. Die Hauptunterschiede zwischen diesen beiden Waffentypen sind ihre Länge und die Art, in der sie gehalten werden. Betrachten wir die Techniken gegen die Bedrohung mit einer Handfeuerwaffe sowie zur Verteidigung gegen einen Stich mit einem Stock oder gegen ein Gewehr mit Bajonett, so können wir einige der gemeinsamen Grundprinzipien zu wirksamen Techniken kombinieren, die sich gegen einen Angreifer anwenden lassen, der dich (in der Nahdistanz) mit einem Gewehr oder mit einer Maschinenpistole bedroht.

Zwischen einer Handfeuerwaffe und einer Maschinenpistole gibt es einen grundlegenden Unterschied; abgesehen von den Abweichungen in der Größe und der Art, sie zu halten, unterscheiden sie sich in ihrer Funktionsweise. Hältst du den Lauf der Maschinenpistole fest, kann der Angreifer immer noch seine gesamten Patronen verschießen, wohingegen mit einer halbautomatischen Handfeuerwaffe nur noch ein Schuss abgefeuert werden kann, wenn jemand Lauf und Schlitten festhält. Dies liegt an der Fixierung des Schlittens, durch die die Handfeuerwaffe nicht neu gespannt wird und keine neue Patrone in die Kammer gelangen kann. Je nach seinem Zustand kann auch mit einem Revolver höchstens noch ein Schuss abgegeben werden, solange du die Trommel festhältst. Auch viele Gewehre sind mit einem **manuellen Mechanismus** ausgestattet: der Schütze muss sie mit der Hand nachladen, um den nächsten Schuss abfeuern zu können.

Genauso wie bei der Abwendung der Bedrohung durch eine Handfeuerwaffe, musst du auch hier zuerst die unmittelbare Gefahr abwenden. **Das bedeutet, dass du die Schusslinie in eine andere Richtung lenken musst, indem du die Waffe deflektierst und gleichzeitig deinen Körper aus diesem Bereich bringst**. Danach musst du den Angreifer am weiteren Gebrauch seiner Waffe hindern und seine Bewegungsfreiheit und besonders die der Waffe einschränken. Gleichzeitig (bzw. direkt danach) solltest du den Angreifer mit einem geeigneten Gegenangriff ausschalten. Zum Schluss musst du ihn entwaffnen und dich selbst aus der Gefahrenzone bringen.

Beachte: Aufgrund der tödlichen Gefahr, die von den beiden in diesem Kapitel behandelten Schusswaffen ausgeht, ist bei der Anwendung der folgenden Techniken ein höchstes Maß an Vorsicht geboten. Es handelt sich hierbei eindeutig um ein Thema für Experten, die über entsprechende Erfahrung verfügen. (Siehe hierzu auch die Warnung im vorhergehenden Kapitel **Neutralisierung einer Bedrohung mit einer Waffe aus unmittelbarer Nähe.**)

Grundlagen der in diesem Kapitel vorgestellten Techniken

- Der beste Zeitpunkt zur Abwendung der Gefahr ist der Moment, in dem der Angreifer nicht 100%ig auf dich oder auf seine Waffe fixiert ist: Befindet sich der Angreifer z. B. hinter dir, kannst du dich umdrehen, um ihn anzusehen und mit ihm zu reden oder ihm eine Frage zu stellen. Dies ermöglicht es dir, die Zweckmäßigkeit einer geeigneten Technik zu prüfen, während du die Aufmerksamkeit des Angreifers ablenkst. Es passiert durchaus, dass sich Opfer während eines Verbrechens auf der Straße von Angesicht zu Angesicht mit dem Täter unterhalten. Sollte dir dies möglich sein, so mach Gebrauch davon.

- Deflektier den Lauf der Waffe auf schnellste Weise und auf dem kürzesten Weg. Sehr häufig erfordert es die Situation sowie die Stellung zum Gegner, dass du den Lauf der Waffe mit der rechten Hand parierst, wohingegen du in anderen Fällen die linke Hand benötigst. Manchmal erlaubt die Situation die Wahl, welche Hand du für diese Aktion benutzt.

- Manchmal kann es erforderlich sein, die Waffe in die für dich weniger angenehme Richtung abzuwehren, um in deiner Nähe stehende Unbeteiligte nicht in die Schusslinie zu bringen.

- Deflektier die Waffe und stürm auf den Angreifer zu. Komm dabei in seine Nähe. Dies erschwert es ihm, die Waffe gegen dich einzusetzen.

- Die Techniken, um die Bedrohung durch einen Angreifer abzuwehren, der ein kurzes Gewehr oder eine Maschinenpistole mit einer Hand hält, sind grundsätzlich ähnlich wie die zur Abwehr einer Handfeuerwaffe.

- Hält der Angreifer das Gewehr oder die Maschinenpistole mit beiden Händen, wird es für dich viel schwieriger, die Waffe zu bewegen und sogar noch schwieriger, die Kontrolle darüber auszuüben, nachdem du sie erst einmal in eine bestimmte Richtung deflektiert hast. Deshalb musst du hier noch mehr als bei der Abwendung einer von einer Handfeuerwaffe ausgehenden Gefahr auf deine Körperverteidigung achten, indem du dich unmittelbar nach dem einleitenden Parieren der Waffe auf den Gegner zu bewegst. Dies hält dich aus der Schusslinie heraus.

- Wenn du den Gegner schlägst, wirst du ihm die Waffe leichter entwinden können. Aktionen, die mehr aus einem Drehen der Waffe als auf einem Ziehen bestehen, machen es dir leichter, sie dem Gegner abzunehmen.

Die folgenden Techniken beschäftigen sich mit der Abwendung der von einem Gewehr oder einer Maschinenpistole ausgehenden Gefahr, wobei sich der Angreifer entweder vor oder hinter dir befindet. Wenn du diese Techniken (und die zur Verteidigung gegen eine Handfeuerwaffe) erst einmal verstanden hast, solltest du die Verteidigung gegen ein Gewehr oder eine Maschinenpistole aus verschiedenen Richtungen, Entfernungen und Winkeln üben. Danach solltest du auch in verschiedenen Positionen und Situationen trainieren, z. B. im Stehen oder Sitzen, oder wenn der Angreifer dich stößt, zieht oder packt, usw.

111

Bedrohung von vorn - einhändige Haltung der Waffe

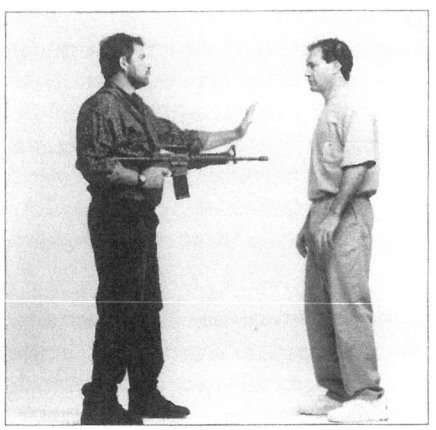

1 Der Angreifer bedroht dich mit einem Schnellfeuergewehr (oder einer Maschinenpistole), das er in einer Hand hält. Der Abstand zwischen deinem Körper und der Waffe ermöglicht es dir, sie abzulenken und zu packen.

2 Ähnlich wie bei der Grundtechnik gegen eine Bedrohung mit einer Handfeuerwaffe beginnst du mit einer Aktion deiner Hand, lässt die Körperdrehung folgen und verlagerst dein Gewicht diagonal nach vorn, wobei du die Waffe zur Seite parierst und sie an einer Stelle packst, an der du sie leicht greifen kannst. Drück sie dabei schräg nach unten.

3 Stürm nach vorn (mit dem Fuß, der sich auf der Seite der parierenden Hand befindet). Übe dabei Druck (zur Seite und schräg nach unten) auf die Waffe aus und leite einen Gegenangriff ein. Je nachdem, wie der Angreifer die Waffe hält, kannst du (mit gestrecktem Ellenbogen) leicht an ihr ziehen, um deine Vorwärtsbewegung zu unterstützen.

4 Pack den Lauf mit beiden Händen, heb ihn und stoße ihn zum Kopf des Angreifers.

Diese Technik ist im Wesentlichen was Ablauf und Prinzipien anbelangt identisch mit der Grundtechnik zur Abwendung einer Gefahr durch eine Handfeuerwaffe von vorn. Dieses Verfahren passt hauptsächlich dann, wenn der Angreifer die Waffe in einer Hand hält oder sehr nahe ist und sofern es möglich ist, den vorderen Teil der Waffe zu fassen, d. h. wenn dieser nicht zu kurz oder zu breit ist, und wenn die vordere Hand des Angreifers eine solche Aktion nicht behindert.

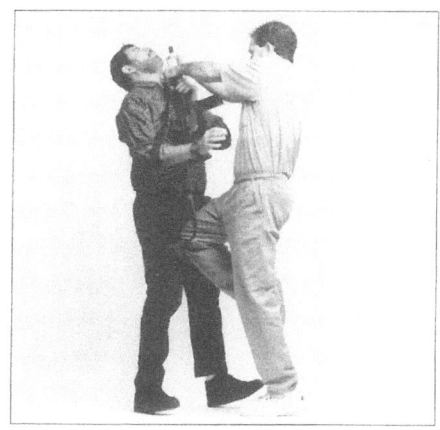

5 Versetz dem Angreifer mit der Waffe oder deinen Fäusten einen Schlag zum Kopf.
Foto 6: Greif erneut an, z. B. mit einem Kniestoß in den Unterleib des Gegners. Um ihn zu entwaffnen,

6 greifst du mit einer Hand (der rechten) um den Kolben der Waffe. Dreh den Lauf in Richtung des Angreifers, während du am Kolben ziehst und geh auf Distanz zu ihm (siehe folgende Technik).

Während der ersten Phase der Technik musst du ständig Druck auf die Waffe ausüben und das Gewicht darauf verlagern, hauptsächlich zur Seite hin, aber auch nach unten. Schieb die Waffe dabei in Richtung des Angreifers, um ihn daran zu hindern, sie einzusetzen.

Bedrohung von vorn - Ablenkung von außen nach innen (zur „live"-Seite)

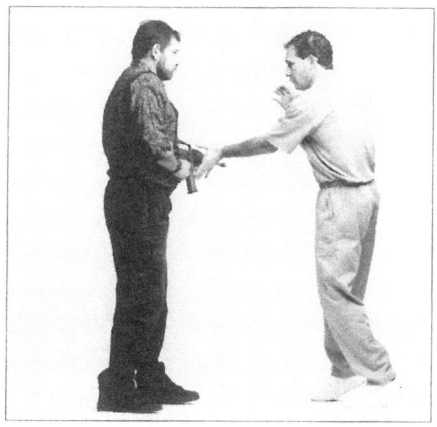

1 Die Bedrohung erfolgt aus mittlerer Distanz: Der Angreifer hält die Waffe mit festem und sicherem Griff in beiden Händen. Du entscheidest dich, die Technik zur „live"-Seite (rechte Seite) des Angreifers anzuwenden.

2 Parier den Lauf der Waffe, indem du mit der flachen Hand dagegen schlägst. Diese Aktion „zieht" deinen Körper in eine vorgebeugte Haltung, ähnlich der Situation, in der du einen Stockstich oder ein Gewehr mit aufgepflanztem Bajonett parierst. Stürm schräg nach vorn, während du den Lauf der Waffe parierst.

3 Bring beim Vorstürmen so schnell wie möglich **beide** Hände zum Gewehr und halt es fest.

4 Pack die Waffe und stoße sie schräg in Richtung des Gegners sowie leicht nach unten. Indem du dies tust, hinderst du den Angreifer daran, den Lauf nach der ersten Parade erneut auf dich zu richten. Du solltest **sehr nah** an die Flanke des Bewaffneten herankommen.

5 Greif den Gegner mit einem Kniestoß in den Unterleib an; falls nötig, heb die Waffe leicht an.

6 Halt das Gewehr fest und dreh es so, dass der Lauf nach oben zum Kopf des Angreifers zeigt.

Die nach innen zur „live"-Seite des Angreifers ausgeführte Technik bringt dich diagonal vor ihn und verschafft dir eine gute Kontrolle über seine Waffe und eine gute Position für einen Gegenangriff.

Die hier beschriebenen Abwehrbewegungen ähneln denen, die bei der Abwehr eines Stockstichs angewandt werden; sie beinhalten auch ein Deflektieren der Waffe (die Position der Handfläche hängt von der Höhe der Waffe ab), eine Körperdrehung, ein Beugen des Körpers sowie eine diagonale Vorwärtsbewegung. Nach dem Deflektieren des Gewehrs mit der einen Hand ergreift deine andere (hintere) Hand das Gewehr, ohne dem Gegner Zeit zu lassen, die Waffe nochmals auf dich zu richten.

7 Dreh die Waffe und reiß sie gleichzeitig kraftvoll aus den Händen des Angreifers. Diese Aktion kann auch als zusätzlicher Gegenangriff dienen, wobei mit dem Lauf des Gewehrs auf den Kopf des Gegners gezielt wird.

Musst du mit einem Faustschlag oder Ellenbogenstoß angreifen, darfst du dies **nur wenn du sicher gestellt hast**, dass es für deinen Gegner äußerst schwierig ist, die Waffe zu bewegen und erneut auf dich zu richten.

Dies ist eine wirkungsvolle Technik gegen eine Bedrohung aus einiger Entfernung von vorn, gegen eine Bedrohung aus allernächster Nähe von vorn (obwohl in diesem Fall auch die vorangegangene Technik äußerst wirksam sein kann), gegen eine Bedrohung schräg von der Seite sowie gegen eine Bedrohung von Kopf oder Brust.

Bedrohung von vorn - Deflektieren von außen nach innen von der entgegengesetzten Seite

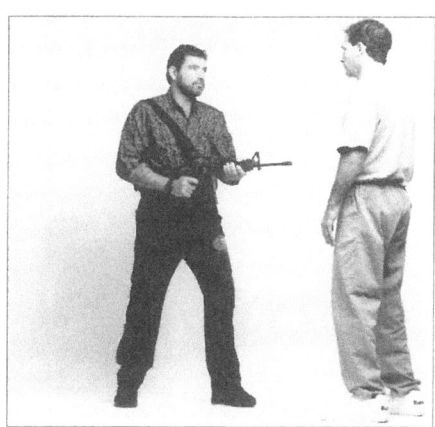

1 Der Angreifer bedroht dich so, dass du die Waffe (mit der rechten Hand) parieren und zu seiner „dead"- (linken) Seite gehen musst.

2 Parier die Waffe mit der rechten Hand. Führ dabei eine Körperdrehung aus wie bei **Stich mit einem Stock - Block nach innen von der Außenseite** (Kapitel 3) und stürm diagonal nach vorn. Deine deflektierende Hand unterstützt dein Vorrücken mit leichtem Ziehen.

Wenn es erforderlich ist, die Waffe (mit der rechten Hand) in die andere Richtung als in der vorangegangenen Technik gezeigt zu parieren, führst du eine Körperdrehung aus und gehst wie oben beschrieben vorwärts. Pack den Angreifer von hinten und wirf ihn zu Boden.

3 Dreh dich blitzschnell hinter den Angreifer.

4 Pack den Angreifer mit festem Griff und heb ihn vom Boden hoch. Drück deinen Körper dabei gegen seinen, so wie bei der Technik zur Abwendung einer Bedrohung durch eine Handfeuerwaffe im vorangegangenen Kapitel beschrieben: **Stoß und Bedrohung von hinten in der Langdistanz**.

6 Streck deine Beine nach hinten aus und lande mit großer Wucht auf dem Angreifer.

5 Wirf den Angreifer mit dem Kopf voran zu Boden. Zieh dabei mit deiner rechten Hand und schiebe mit dem Oberkörper.

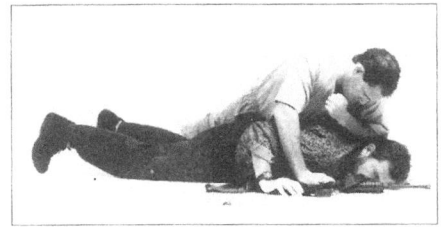

7 Führ so früh wie möglich einen Angriff mit einem Ellenbogenstoß zum Nacken des Angreifers aus und ergreif seine Waffe.

Wende dabei denselben Wurf an, der in Kapitel 4 zur Verteidigung gegen die Bedrohung mit einer Handfeuerwaffe von hinten benutzt wurde: **Stoß und Bedrohung von hinten in der Langdistanz**.

Hinweis: Es empfiehlt sich, das Gewehr zu deflektieren und dem Angreifer dabei einen Schlag gegen das Handgelenk oder den Handrücken zu versetzen. Zur weiteren Unterstützung deines Vorstürmens kannst du mit der parierenden Hand leicht an der Stelle ziehen, an der die Parade ausgeführt wird.

Zusätzliche Technik: In der beschriebenen Situation könntest du auch die Grundtechnik gegen eine Bedrohung mit einer Handfeuerwaffe von vorn anwenden, allerdings **nur bei einer Bedrohung mit einem langen Gewehr** (siehe vorangegangenes Kapitel).

Bedrohung von hinten in der Nahdistanz

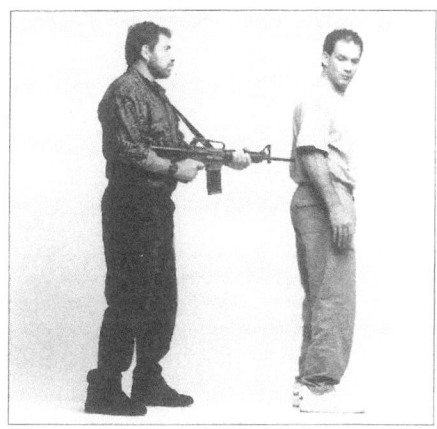

1 Der Angreifer bedroht dich von hinten.

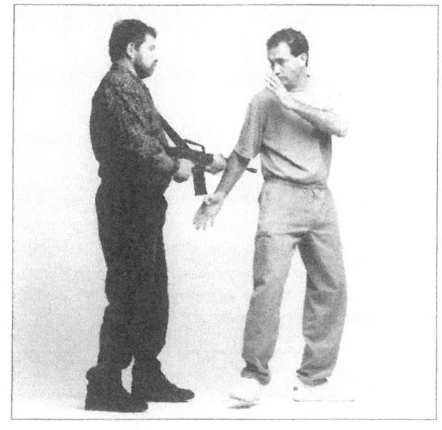

2 Beginn damit, die Waffe mit deinem Arm zu deflektieren. Diese Aktion zieht dich in eine schnelle Körperdrehung und ein Vorstürmen in Richtung des Angreifers hinein. So kommst du schon zu Beginn der Parade nah an den Angreifer heran.

3 Während du auf den Angreifer zustürmst (dies geschieht mit dem Bein, das sich auf der Seite des verteidigenden Arms befindet), klemmst du die Waffe zwischen Unterarm, Oberarm, Hand und Brust (Rippen) ein. Um die Kontrolle zu verbessern, packst du die Waffe zusätzlich mit deiner anderen Hand.

4 Führ so früh wie möglich einen Gegenangriff mit einem (oder mehreren) Kniestößen aus. Diese erfolgen in der Regel mit dem vorderen Bein, nachdem du zuvor dein hinteres Bein herangezogen hast.

Zu Beginn ist diese Technik grundsätzlich identisch mit der, die bei der Neutralisierung einer Handfeuerwaffe zum Einsatz kommt: **Bedrohung von hinten in der Nahdistanz**.

5 Beginn die Waffe mit der Kraft deiner Schulter und deines Oberkörpers zu drehen. Bring den Lauf dabei zum Kopf des Angreifers, um ihm damit einen Schlag zu versetzen.

6 Verfügt die Waffe über einen Tragegurt (was häufig der Fall ist), ergreif ihn und zieh ihn über den Kopf des Angreifers. Pack die Waffe dann wieder mit beiden Händen.

7 Fahr mit der Entwaffnung des Angreifers fort.

Wirst du mit einem langen Gewehr von hinten bedroht, kannst du dich in der ersten Phase der Technik in beide Richtungen drehen: nach links oder rechts, wie es gerade erforderlich ist und je nachdem was dir natürlicher erscheint. Je nach Länge der Waffe und der Position des Angreifers ist es möglich, dass du nach Ausführung der Körperdrehung und nach dem Vorstürmen in Richtung des Gegners in eine Reichweite gelangst, die sich für einen Ellenbogenschlag eignet. Bei größerem Abstand könnte sich ein Faustschlag (als erster Gegenangriff) anbieten.

Wenn der Gegner **eine kurze Maschinenpistole** nah am Körper, z. B. im Hüftbereich hält, wirst du, wie hier gezeigt, bemerken, dass dich ein Parieren der Waffe, eine Körperdrehung und ein Vorrücken aufgrund der anfänglich kürzeren Entfernung eher **auf die Seite** des Angreifers (und seltener vor ihn) bringt. In diesem Fall könnte es schwierig werden, die Waffe wirkungsvoll und sicher zwischen Arm, Unterarm und Brust einzuklemmen. In einer solchen Situation kannst du eine der folgenden Alternativen anwenden:

A. Diese Technik beschreibt eine Situation, in der du die (parierte) Waffe mit beiden Händen greifen kannst,sofern sich deine Körperdrehung zur „live"-Seite (auf dem Foto seine rechte Seite) richtete. Dabei liegt die eine Hand (die parierende, wie hier gezeigt) unter dem Gewehr, die andere darüber. Greif dann den Unterleib des Gegners mit Kniestößen an und entwaffne den Angreifer.

Auf diese Weise gehen wir auch gegen einen Angreifer vor, der einen Tragegurt um seinen Körper trägt.

Beachte: Ergeben sich Probleme, die größere Verzögerungen verursachen, dem Angreifer die geschulterte Waffe und den Gurt abzunehmen, dann schlag solange auf ihn ein, bis er keine ernste Gefahr mehr darstellt. Denk daran, dass der Gegner **mit einer Ersatzwaffe** (wie z. B. einer versteckten Handfeuerwaffe) **ausgestattet** sein könnte. Handle deshalb schnell und entschlossen, um den Zwischenfall so schnell wie möglich zu beenden.

B. Dreh dich zur „dead"-Seite des Angreifers (auf dem Foto seine linke Seite) Einzelheiten hierzu entnimmst du der folgenden Technik.

UZI SMG

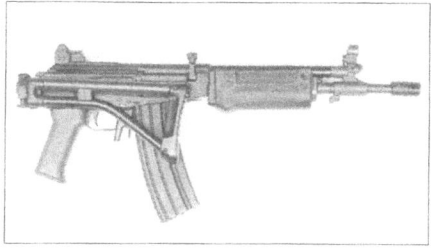

GALIL SAR

Eine Maschinenpistole Uzi SMG und **ein Halbautomatik-Schnellfeuergewehr GALIL SAR.** Die Abbildung der Fotos von Uzi und Galil erfolgte mit freundlicher Genehmigung **der Israel Military Industries (I.M.I.)**

Bedrohung von hinten in der Nahdistanz - Verteidigung von außen nach innen zur „dead"-Seite

1 Bedrohung mit der Waffe in deinem Rücken. Je nach Situation musst du dich (was manchmal von Vorteil sein kann) nach links zur „dead"-Seite des Angreifers drehen.

2 Deflektier die Waffe, während du dich gleichzeitig drehst und auf den Angreifer zu bewegst. Geh mit deinem Körper nach unten, um nicht vom (linken) Unterarm oder Ellenbogen des Angreifers gestoßen zu werden.

3 Komm auf die „dead"-Seite des Angreifers.

4 Vollende die Drehung, indem du den Angreifer packst und hochhebst. (Eine andere Möglichkeit besteht darin, die Waffe zu ergreifen.)

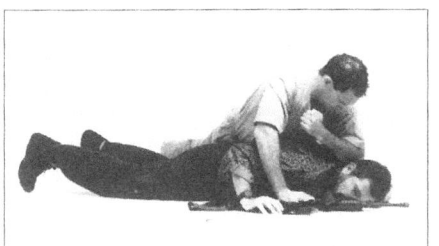

5 Wirf den Angreifer zu Boden, wirf dich auf ihn und führe einen Gegenangriff aus wie in **Bedrohung von vorn - Deflektieren von außen nach innen von der entgegengesetzten Seite** beschrieben.

Diese Technik ist praktisch identisch mit der, die bei der Bedrohung mit einer Handfeuerwaffe (Kapitel 4) beschrieben wird: **Stoß und Bedrohung von hinten in der Langdistanz**.

Gegen eine lange Waffe kannst du sogar die „normale Technik" anwenden, d. h. die Technik, die gegen eine Bedrohung mit einer Waffe von hinten beschrieben wird. Parier das Gewehr, ergreif es mit einer oder mit beiden Händen und führ einen Gegenangriff mit einem Faust- oder Ellenbogenschlag oder einem Kniestoß in den Unterleib aus

Geiselnahmen

Kapitel 6

Geiselnahmen

Abwendung einer Bedrohung durch eine Handgranate

Die in diesem Kapitel beschriebenen Situationen, denen man bei terroristischen Aktionen oder Gewaltverbrechen begegnen kann, sind höchst gefährlich. In der Regel bedeuten sie ein hohes Risiko für unschuldige Geiseln und auch für Rettungskräfte. Deshalb ist der in diesem Kapitel behandelte Stoff hauptsächlich für **fortgeschrittene Krav Maga- Schüler oder professionelle Instruktoren** bestimmt und besonders für diejenigen, **deren Aufgaben die Kenntnis des hier erörterten Spezialwissens mit entsprechenden Fertigkeiten erforderlich macht.**

Um die folgenden Taktiken und Techniken verstehen zu können, ist es wichtig sich mit den Komponenten einer Handgranate vertraut zu machen: **(1) der Sicherungsbolzen, (2) der Sperrbügel, (3) der eigentliche Sprengsatz mit federbetriebenem Schlagbolzen, Zünder, Sprengstoff** und der Ummantelung aus Metall oder Plastik (siehe Zeichnung).

Das Gefährliche an einer Handgranate

Wird der den Sperrbügel haltende Sicherungsbolzen entfernt, wird die Handgranate **äußerst gefährlich**. In dem Moment, in dem der Sperrbügel entfernt wird, wird er davongeschleudert. Wurde der Sperrbügel erst einmal entfernt, gibt es nichts mehr, was den Schlagbolzen daran hindern könnte, auf dem Zünder aufzutreffen. Wenn dies geschieht, ist die Situation unabwendbar: **die Explosion erfolgt** je nach Bautyp **innerhalb von zwei bis vier Sekunden**. Solange der Sperrbügel nicht losgelassen wurde, wird auch der Zünder nicht aktiviert. Der Original Siche - rungsbolzen (oder auch ein anderer provisorischer) kann wieder eingesetzt werden, und die Granate wird nicht explodieren.

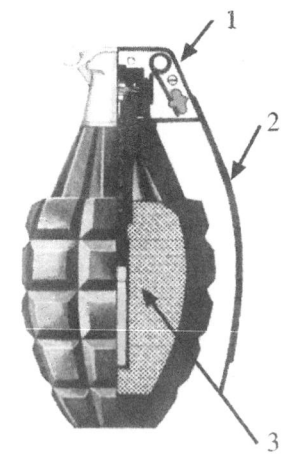

Explodiert eine Handgranate in der Luft, streut sie ihre Splitter in alle Richtungen. Explodiert sie am Boden, erfolgt die Streuung der Splitter halbkugelförmig. Im unteren Bereich fliegen die Splitter tief über dem Boden und steigen in einem flachen Winkel hoch (siehe Zeich- nung).

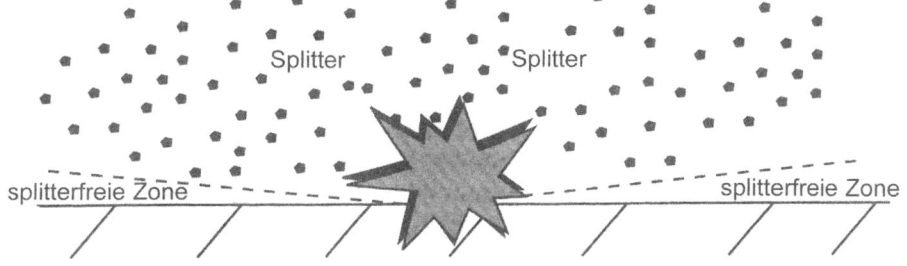

Zeichnung: Typischer Explosionsverlauf einer sich am Boden befindenden Handgranate

Mögliche Situationen für die Abwendung der von einer Handgranate ausgehenden Gefahr

Bei einer typischen Bedrohung mit einer Handgranate hält der Angreifer die Granate - oft mit entferntem Sicherungsbolzen - in einer Hand. Wie er die Granate präsentiert, hängt davon ab, inwieweit er den Umstehenden imponieren und Angst einflössen will. Manchmal wird er die Granate an seiner Seite halten, in anderen Fällen wird er sie auf oder über Schulterhöhe halten.

Eine Bedrohung kann von einer der bedrohten Personen, die zur Gruppe der Geiseln gehört, oder von einem Mitglied eines Rettungsteams neutralisiert werden, das die Gefahrenzone zu diesem Zweck betritt.

Bei jedem Zwischenfall, bei dem eine Person mit einer Granate die Kontrolle an sich gerissen hat, müssen deine Maßnahmen, wenn du dich zum Handeln entschlossen hast, **mit höchster Geschwindigkeit und maximalem Überraschungseffekt ausgeführt werden**. Man sollte bedenken, dass die Geiseln über das hinausgehend, was man vom Angreifer oder seinen Komplizen erwartet, zu Beginn der Rettungsaktion (sofern sie diese bemerken) auf eine Weise handeln oder reagieren könnten, die den „Bösewichten" den Befreiungsversuch - wenn auch unbeabsichtigt - verraten kann.

Bei der Abwendung der Gefahr sollte derjenige, der handelt, auch gewisse Faktoren in seiner näheren Umgebung berücksichtigen. Hierzu gehören z. B. das Vorhandensein von **Spiegeln** oder der **Schatten**, den er aufgrund des Lichteinfalls wirft und der den Angreifer vor seinen Aktionen oder Plänen warnen könnte.

Aufgrund dieser Erläuterungen gilt, dass **die Bedrohung so schnell wie möglich abgewendet werden muss, ohne dabei irgendwelche Bewegungen oder Absichten im Voraus zu verraten**. Die Maßnahmen müssen vom Moment der Entscheidung an entschlossen und ohne zu zögern in die Tat umgesetzt werden.

Hast du die folgenden Techniken und deren zugrundeliegende Prinzipien erst einmal verstanden, solltest du die Abwendung der Gefahr durch eine Handgranate üben, wobei dir der Angreifer in den verschiedensten Positionen und Winkeln gegenübersteht.

Retter kommt von hinten - Bewegung nach vorn

1 Der Angreifer steht mit der Granate in der Hand da, während du dich ihm mit Schwung von hinten näherst. Geh davon aus, dass der Sicherungsbolzen bereits entfernt wurde.

2 Stürm auf den Angreifer zu. Sei bereit, gleichzeitig mit beiden Händen die die Granate haltende Hand zu packen und Handgelenk sowie Hand des Gegners unter deine Kontrolle zu bringen. Dein vorderes (linkes) Bein sollte das dem Gegner nähere sein.

3 In dem Moment, in dem dein Körper auf die Seite des Angreifers gelangt, hast du sein Handgelenk und die die Granate haltende Hand ergriffen. Sorge dafür, dass du seine die Granate haltende Hand vollständig „einwickelst", so dass die Granate einschließlich Sperrbügel komplett abgesichert ist.

4 Geh mit einer schnellen, fließenden Bewegung (mit dem rechten Bein) nach vorn und wende dich deinem Gegner zu. Zieh zur Vorbereitung eines Tritts in einer durchgängigen Bewegung das vordere, linke Bein etwas zurück und beginn mit der Ausführung eines Hebels (Handgelenk - Außen - drehwurf) am Handgelenk des Gegners.

5 Tritt dem Angreifer in den Unterleib, um seinen Widerstand zu brechen.
Beachte: Der Tritt sollte in jedem Fall ausgeführt werden, egal ob du auf Widerstand triffst oder nicht.

6 Geh etwas nach hinten und wende einen sehr starken Hebel (denselben Handgelenk-Außendrehwurf) am Handgelenk des Gegners an. Bieg und dreh es dabei nach außen und drück die Hand nach unten. Dadurch verliert der Gegner das Gleichgewicht und fällt zu Boden.

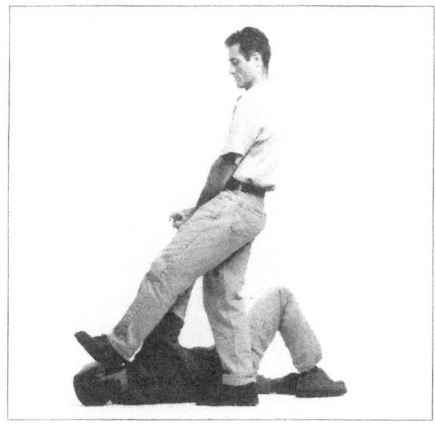

7 Der Angreifer liegt am Boden während du noch stehst und die Kontrolle über die Handgranate aufrecht erhältst.

8 Greif erneut ohne zu zögern mit einem Tritt oder Stampfen eine empfindliche Stelle am Körper des Gegners an. (Es empfiehlt sich ein Tritt zum Kopf.) Lös im Verlauf dieser Aktion nicht deinen Griff am Handgelenk und an der Hand, die die Granate hält. Fahr anschließend damit fort, dem nun ausgeschalteten Gegner die Granate aus der Hand zu nehmen.

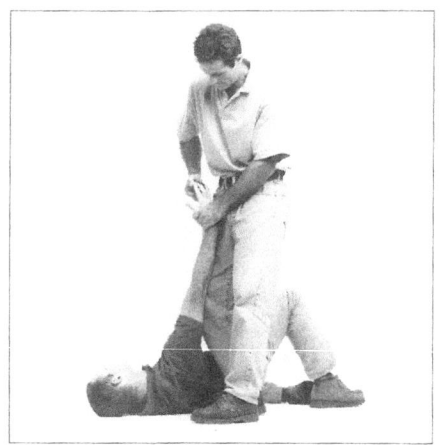

9 Entwaffne den Angreifer wie anschließend näher beschrieben.

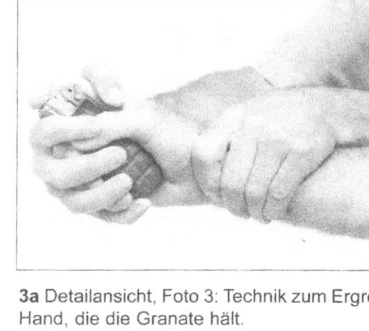

3a Detailansicht, Foto 3: Technik zum Ergreifen der Hand, die die Granate hält.

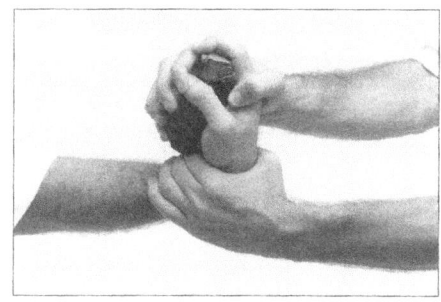

6a Detailansicht, Foto 6a: Hebel am Handgelenk: Halten der Hand des Gegners, Umklammern des Handgelenks, biegen und nach außen drehen sowie Ausübung eines Drucks zum Boden.

Um die Gefahr abzuwenden und den Gegner auszuschalten, musst du den Angreifer **überraschen**, indem du seine Hand mit der Granate packst und die Technik schnell und wirkungsvoll anwendest. Im Idealfall kannst du dich dem Angreifer entweder direkt von hinten, schräg von hinten oder von der Seite her aus der Richtung der Hand nähern, in der sich die Granate befindet (im Beispiel von der rechten Seite des Angreifers).

Ein Vorgehen **aus einer anderen Richtung** ist natürlich schwierig und aufgrund des Winkels, des Abstands zu der Granate und der Möglichkeit des Angreifers, dein Handeln zu durchschauen auch gefährlicher. In bestimmten Notfällen (und auf diese solltest du dich im Training auch vorbereiten) kann es erforderlich sein, die Bedrohung auch aus anderen als den hier empfohlenen Richtungen (**einschließlich von vorn**) abzuwenden.

Im Verlauf der ersten Verteidigungsschritte und bis zur Entwaffnung des Angreifers ist es äußerst wichtig, einen festen Griff an Handgelenk, Handfläche und Fingern der die Granate haltenden Hand aufrecht zu erhalten. Dies dient dazu, sicherzustellen, dass der Angreifer am Fallenlassen oder Werfen der Granate gehindert wird!

Beachte: Obwohl die auf den Fotos dargestellte Technik zeigt, dass der Retter dem Angreifer **vor Anwendung des Handgelenk-Außendrehwurfs** einen Tritt in den Unterleib versetzt, kann ein gut ausgebildeter Kämpfer diese Technik auch **ohne diesen ersten Gegenangriff (Tritt)** wirksam und schnell anwenden.

Diese Technik sollte **durchgängig ohne Unterbrechungen oder Pausen** ausgeführt werden. Deine einleitende Bewegung und dein Anfangsschwung sorgen gemeinsam mit dem Handgelenk-Außendrehwurf dafür, dass der Angreifer sofort zu Fall gebracht wird. Die Gegenangriffe, die zur Überwältigung des Angreifers angewandt werden, müssen kraftvoll und ohne Zögern ausgeführt werden. Der Angreifer sollte wirkungsvoll ausgeschaltet werden. Danach muss noch die Handgranate gesichert werden.

Variante: Abwendung der Gefahr durch Anwendung der Technik in der Nahdistanz. Bei dieser Technik führst du die selben Schritte aus, befindest dich jedoch näher beim Angreifer. Anstelle eines Tritts, versetzt du ihm einen Kniestoß in den Unterleib. Diese Technik findet dann Anwendung, wenn der Angreifer die Granate nah an seinem Körper hält, wenn du zu wenig Platz hast und die übliche Technik nicht ausgeführt werden kann, oder falls der Angreifer seine Hand in dem Moment in dem du sie ergreifst, energisch zurückzieht.

Entfernen der Granate aus der Hand des Angreifers

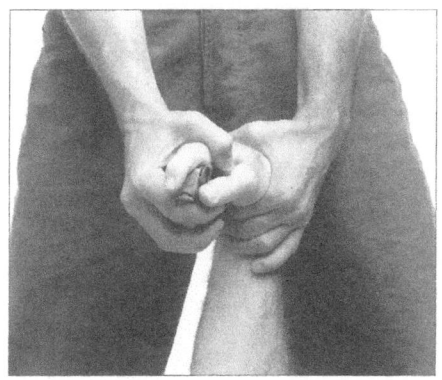

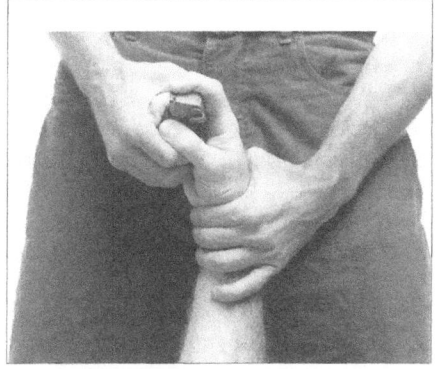

1 Bieg die Hand, die die Granate hält, um den Griff zu lösen (Handbeugehebel).

2 Bohr deine Finger zwischen die Granate und die Handfläche des Gegners.

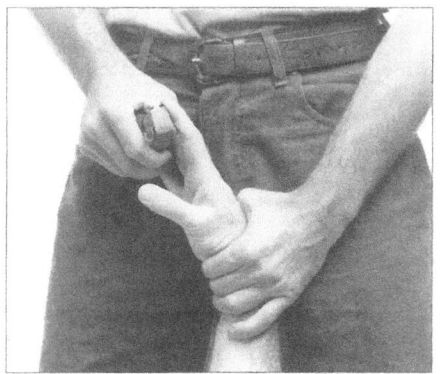

3„Bohr" deine Finger in die Handfläche des Gegners, bis du an den Sperrbügel der Granate herankommst und pack ihn. **Sorge dafür, dass der Gegner während dieser Aktion nicht die Hand öffnen kann und der Sperrbügel nicht von der Granate getrennt werden kann oder die Granate auf den Boden fällt.** „Schäl" die Granate aus der Hand des Angreifers und übe dabei dauerhaften Druck auf den Sperrbügel aus.

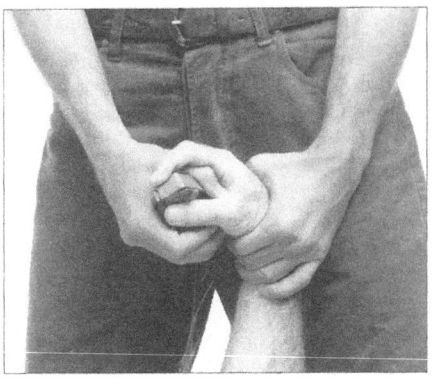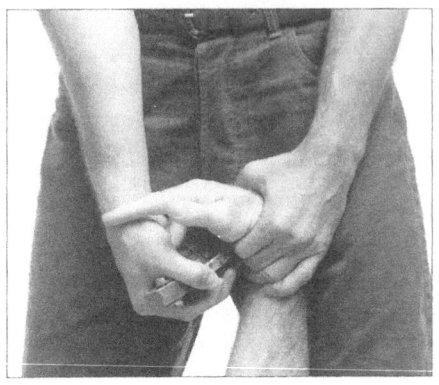

V1 Alternative Technik, um dem Angreifer die Granate aus der Hand zu nehmen: Bohr deinen Daumen tief zwischen die Handfläche des Gegners und den Sperrbügel.

V2 Drück auf den Sperrbügel, dreh die Granate nach unten und nimm sie dem Angreifer aus der Hand.

Nachdem du den Angreifer erfolgreich überwältigt und entwaffnet hast, solltest du deine Aufmerksamkeit voll auf die in deiner Hand liegende „Bombe" richten. Du hast folgende Möglichkeiten: (1) Wirf sie dorthin, wo sie keinen Schaden anrichten kann. (2) Binde den Sperrbügel vorsichtig an den Granatenkörper, oder steck einen Sicherungsbolzen (das Original oder einen provisorischen) an die entsprechende Stelle, um eine Explosion der Granate zu verhindern.

Retter kommt von hinten - Zurückreißen

1 Ähnlich wie bei der vorangegangenen Technik stürzt du dich von hinten auf den Angreifer mit der Absicht, sein Handgelenk und den Handrücken seiner die Granate haltenden Hand zu packen. Um das Zurückreißen effektiver zu machen, muss sich dein rechter Fuß vorn befinden.

2 Pack das Handgelenk des Angreifers kraftvoll mit der linken Hand und „wickle" gleichzeitig deine Handfläche um die Hand des Gegners sowie die Granate. Beginn **so früh wie möglich** damit, nach hinten zu ziehen.

3 Zieh die Hand des Angreifers (und die Granate) kräftig zurück, während du Druck nach unten ausübst, also einen Hebel am Handgelenk des Gegners ansetzt. Dabei drehst du dich nach hinten und gehst eventuell sogar mit dem hinteren Bein (in diesem Fall dem linken) zurück, um die Kraft deiner Aktion zu verstärken.

4 Übe eine starke Hebelwirkung auf das Handgelenk des Gegners aus. Durch die Kraft des Ziehens und des Hebels fällt der Angreifer nach hinten; die Granate bewegt sich nah an seiner Schulter vorbei.

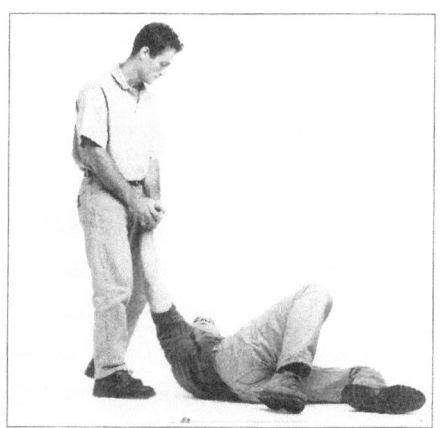

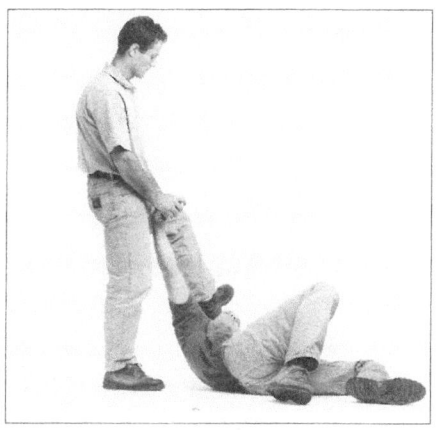

5 Der Angreifer schlägt auf dem Boden auf. Vergiss nicht, dass er bis zu diesem Moment noch nicht angegriffen wurde.

6 Attackier ihn sofort mit einem Tritt, z. B. einem Stampftritt zum Kopf und fahr damit fort, ihn wie zuvor beschrieben zu entwaffnen.

Diese Technik wird normalerweise an Orten und in Situationen angewandt (z. B. in einem überfüllten Bus oder im Gang eines Flugzeugs, in der Nähe einer Wand oder an anderen Orten mit eingeschränktem Platzangebot), wenn du nicht mit einem oder zwei Schritten vor den Angreifer gelangen kannst, um die vorherige Technik auszuführen.

Du solltest den Handrücken des Angreifers umfassen, um auf diese Weise einen Hebel an seinem Handgelenk ansetzen zu können. Übe diesen Griff in unterschiedlichen Situationen, z. B. bei hoch oder niedrig gehaltener Granate.

Durch das Zurückreißen verliert der Angreifer das Gleichgewicht. Du musst diese Aktion **schnell** ausführen, damit dein Gegner sich dir nicht zuwenden und auch seinen Ellenbogen nicht ausstrecken kann, weil das die Hebelwirkung aufheben und ihn vor dem Sturz nach hinten bewahren würde. Zieh ihn so, dass die Granate nah an der Seite der Schulter deines Gegners vorbeigeführt wird.

Wenn der Gegner fällt und seine Hand dabei kräftig in Richtung seines Körpers zieht, musst du ihm Kniestöße zum Kopf oder gegen die Rippen versetzen oder ihm mit der gesicherten Granate ins Gesicht schlagen, um seinem Ziehen entgegenzuwirken und um selbst stehen bleiben zu können. Stehst du erst einmal über dem Angreifer kannst du ihm mit dem Fuß oder dem Absatz gegen seinen Kopf treten. Entwaffne ihn anschließend.

Beachte: Diese Hebeltechnik am Handgelenk des Angreifers, mit der du seinen Sturz nach hinten bewirkst, kann auch zusammen mit der ersten Technik in diesem Kapitel angewandt werden. Wenn du sie anzuwenden versuchst, der Angreifer den Griff spürt und seine Hand (zusammen mit deinen Händen) kräftig an sich heranzieht, **musst du seinem Zug nachgeben** und den Hebel gleichzeitig nach hinten, zum Rücken des Angreifers sowie nach unten ausführen. Deine Hände werden seitlich an seiner Schulter vorbei geführt und befördern ihn flach auf den Rücken.

Der Umgang mit einer Granate, die gezündet wurde oder dem Angreifer aus der Hand gefallen ist

Wurde der Sperrbügel während des Versuchs, die Gefahr abzuwenden einmal losgelassen, ist die Granate aktiviert und die Explosion nicht mehr zu verhindern. In einem solchen Fall **musst du die Granate schnell nehmen und dorthin rollen, werfen oder legen, wo sie keinen Schaden anrichten kann.** Entfern dich danach schnell, indem du in Deckung läufst oder rollst. Sofern dies möglich ist, solltest du dich mit überkreuzten Beinen flach auf den Bauch legen, wobei deine Absätze der Granate zugewandt sind. **Du solltest auch andere,** die der Gefahr der Explosion ausgesetzt sind durch lautes Rufen **warnen:** „Alle auf den Boden!", „Handgranate!" oder „Bombe!".

Beachte: Manchmal ist es ratsam, die zu Boden gefallene, kurz vor der Explosion stehende Granate unter dem Körper des Angreifers zu sichern. Dies sollte aber nur geschehen, wenn dieser zuvor durch deinen Gegenangriff **vollständig ausgeschaltet wurde,** d. h. sich nicht mehr bewegen kann und keine Gefahr mehr darstellt.

Neutralisierung der Bedrohung mit einer Handfeuerwaffe

Bedrohung von vorn

1 Das Leben einer Geisel wird bedroht. Deine Position zum Angreifer ermöglicht es dir, dich schräg von hinten auf den Bewaffneten zu stürzen.

2 Stürm nach vorn und streck beide Hände nach der Pistole und der Hand des Angreifers aus. Dein Körper bleibt hinten.

3 Parier die Waffe, lenk ihre Schusslinie in eine andere Richtung und ergreif sie mit deiner vorderen (rechten) Hand. Pack zu und zieh leicht am Unterarm (nahe am Handgelenk) der die Pistole haltenden Hand. Setz unter Einsatz beider Hände einen kräftigen Hebel an der Pistole und der sie haltenden Hand an.

4 Dreh die Pistole sofort in Richtung des Angreifers und nutze den Schwung deiner Drehung sowie die Kraft deines gesamten Körpers dazu. Dabei setzt du dein hinteres (rechtes) Bein nach vorn und drehst dich auf den Angreifer zu. Den Lauf der Waffe drehst du unter den Unterarm des Angreifers, was eine wirkungsvolle Entwaffnung ermöglicht.

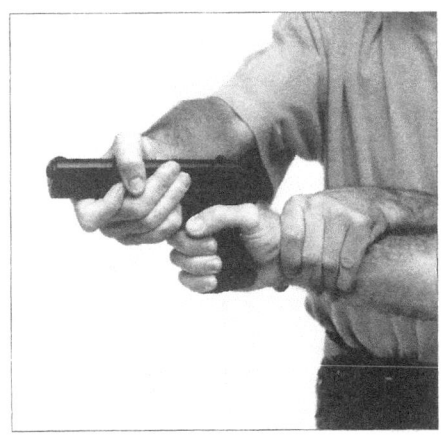

5 Beende die Entwaffnung des Gegners und führ gleichzeitig einen Gegenangriff mit Fußtritten oder Kniestößen in seinen Unterleib aus. Nach der Entwaffnung kannst du, während du etwas auf Distanz gehst, weitere Gegenangriffe ausführen. Da das Verhalten der Geisel nicht vorhersehbar ist, solltest du dich nicht auf irgendeine Bewegung von ihr verlassen. Im vorliegenden Fall beginnt die Geisel mit dem Rückzug.

3.1 Detailaufnahme, Foto 3: Ablenken und Ergreifen der Pistole.

Das Ergreifen und Deflektieren der Pistole in dieser Technik ähnelt der, die bei der Verteidigung gegen eine Handfeuerwaffe eingesetzt wurde: **Bedrohung von der Seite, vor deinem Arm**, obwohl das Ergreifen des Handgelenks deines Gegners hier anders ausgeführt wird. Die Körperdrehung ermöglicht einen kräftigen Hebel an der Hand und dem Handgelenk des Gegners.

Die Annäherung an den Gegner und das Greifen seiner Waffe sind den Aktionen bei der Abwendung einer Gefahr durch eine Handgranate ähnlich. Beachte, **dass das Ergreifen der Pistole in diesem Fall auf das Ablenken der Schusslinie** (des Laufs) **folgt**. Auch hier kann das Verhalten der Geisel nicht vorausgesagt werden. Deshalb muss der Retter schnell handeln und die Geisel - je nach Situation und seiner eigenen Position - an einen sicheren Ort bringen.

Eine Maschinenpistole: Mini Uzi SMG

eine Halbautomatik-Pistole: Uzi Pistol

Für den Abdruck der Mini Uzi und der Uzi Pistol liegt die freundliche Genehmigung **der Israel Military Industries (I.M.I.)** vor.

Bedrohung zum Kopf - Angreifer hält die Geisel fest

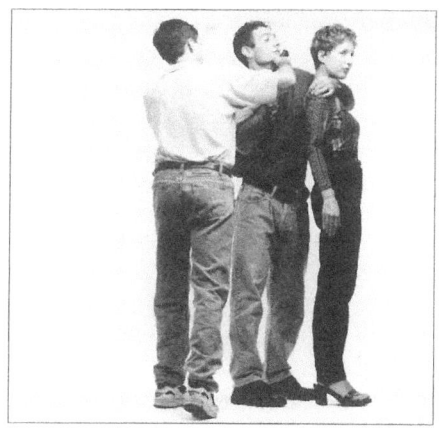

1 Der Bewaffnete hält die Geisel fest und richtet seine Waffe gegen den Kopf des Opfers. Der Retter nähert sich dem Angreifer schräg von hinten.

2 Lenk die Waffe ab und ergreif sie mit deiner (rechten) Hand, während du mit deiner hinteren (linken) Hand das Handgelenk des Gegners zurückziehst und festhältst. Geh wie in der vorangegangenen Technik zur Seite oder vor den Angreifer.

3 Führ einen weiteren Schritt aus, während du die Pistole in Richtung des Gesichts deines Gegners stößt. Ein Schlag mit dem Lauf der Pistole ist ein Nebeneffekt dieser Aktion und sollte ohne größere Auswirkung auf die für die Entwaffnung benötigte Zeit bleiben.

4 Führ einen Gegenangriff mit dem hinteren (rechten) Knie aus, während du die Waffe in der Hand des Angreifers drehst und sie dabei zurück und nach unten drückst.

Beachte: Die Fotos 3 bis 5 wurden aus einer Position schräg hinter dem Angreifer aufgenommen.

5 Fahr mit Gegenangriffen fort und schlag den Attentäter wenn möglich mit der Pistole.

Diese Technik ist grundsätzlich mit der zuvor beschriebenen identisch, obwohl hier der geringere Abstand zwischen Attentäter und Geisel dem Retter das Parieren der Waffe sowie die Entwaffnung des Gegners erschwert.

Bring die Geisel nach den Gegenangriffen aus der Reichweite des Attentäters und verlass den Ort des Geschehens wenn möglich mit der Geisel (sofern sie nicht schon weggelaufen ist).

Die Verwendung von alltäglichen Gegenständen zur Verteidigung

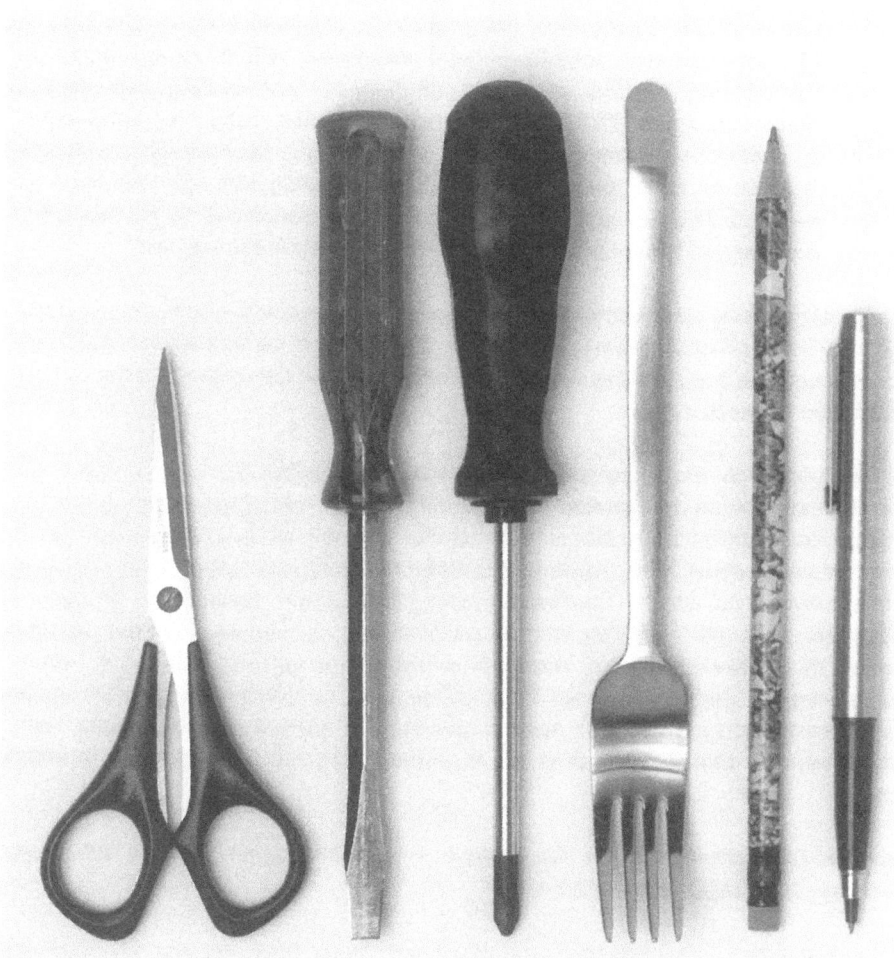

Kapitel 7

Die Verwendung von alltäglichen Gegenständen zur Verteidigung

Bei der Selbstverteidigung solltest du der Verwendung von hilfreichen Gegenständen, die du vielleicht am Körper trägst oder die sich in der Nähe der Stelle finden, an der sich der Überfall abspielt, große Bedeutung beimessen. Wähle Gegenstände aus, die deiner Verteidigung und/oder deinem Angriff dienlich sind und dabei die Wirkung deiner Aktionen verstärken. Der Gebrauch solcher Waffen kann dir gegen einen Angreifer zu zusätzlichen Handlungsmöglichkeiten verhelfen. Mit Hilfe einer provisorischen Waffe ist es leichter, gefährliche Handlungen des Angreifers zu vereiteln und mehrere Gegner zu überwältigen. Darüber hinaus kann manchmal die Konfrontation durch ein aggressives Präsentieren der Waffe gänzlich vermieden werden!

Du solltest die Waffe als **zu deinem Körper gehörig** betrachten - nicht als separates Hilfsmittel. Bei der Auswahl eines geeigneten Objekts musst du schnell und entschlossen vorgehen. Das ausgewählte Objekt sollte effektiv gegen die Gefahr, mit der du konfrontiert bist, einsetzbar sein.

Je größer der durch den Angreifer erzielte Überraschungseffekt ist, desto geringer sind deine Chancen, einen geeigneten Gegenstand zu finden und einzusetzen. Je vorhersehbarer der Angriff ist und je länger der Angreifer braucht, um dich zu erreichen, desto besser ist die Aussicht, eine provisorische Waffe ausfindig zu machen und an dich zu nehmen. Wenn du einen Überraschungsangriff in einer bestimmten Umgebung befürchtest, z. B. auf dem Weg von deiner Wohnung zur Garage, **solltest du dich bereits im Voraus mit der entsprechenden Ausrüstung** wie z. B. einem Tränengasspray, einem schweren Schlüsselbund o. Ä. **ausstatten.** Obwohl solche Gegenstände leicht greifbar sein sollten, besteht der beste Schachzug häufig darin, **einige Meter zu dem Gegenstand hin zu laufen, den man sich zunutze machen kann.**

Bedenke: Du solltest dich mit Gegenständen vertraut machen, die dir auf häufig zurückgelegten Wegen aufgefallen sind.

Ist eine Konfrontation zu erwarten und besonders dann, wenn der oder die Angreifer sehr stark sind, empfiehlt es sich, bereits **im Voraus** eine provisorische Waffe parat zu haben, die größtmöglichen Schutz bietet (wie z. B. ein Stock oder ein Stein). **Du solltest den Gegenstand** einsatzbereit **in der Hand halten.** Befindet sich der Gegenstand jedoch in deiner Tasche, deinem Portemonnaie oder deiner Brieftasche, hast du schlechte Aussichten rechtzeitig an ihn heranzukommen.

Beachte: Als eiserne Regel gilt, dass du deine Waffe so benutzt, dass sie dem Gegner, der sie dann gegen dich einsetzen könnte, nicht in die Hände fällt!

Achtung: In manchen Ländern ist es **illegal, sich im Voraus mit bestimmten Waffen auszurüsten.**

Beachte: Der Einsatz von waffenähnlichen Gegenständen zu Verteidigungszwecken ist mit Sicherheit angebracht, wenn dein Leben und deine körperliche Unversehrtheit in unmittelbare Gefahr geraten. Auf der anderen Seite kann unnötig eingesetzte Gewalt zivil- oder strafrechtliche Sanktionen zur Folge haben!

Darüber hinaus sind deine Aussichten gegenüber einem Angreifer (z. B. einem großen Hund) auch dann besser, wenn du einen Stein oder Stock, einen Stuhl oder einen anderen langen Gegenstand zur Waffe hast, der dir als Schutzschild dienen kann.

Alltagsgegenstände werden entsprechend ihrer Form und Eigenschaften verwendet; für unsere Zwecke unterteilen wir sie in folgende Kategorien:

StockähnlicheGegenstände:
Knüppel, Schirm, schwere Statue

Stockähnliche Gegenstände:

Beim Gebrauch solcher Gegenstände kannst du mit Schlägen oder Stichen angreifen (siehe am Anfang von Kapitel 3: **Verteidigung gegen einen Angreifer mit Stock**). Ziel auf eine verwundbare Stelle am Körper des Angreifers und greif entsprechend den jeweiligen Umständen an. Verwendest du einen schweren Stock, empfiehlt es sich, mit Schlägen und Schwüngen anzugreifen. Hast du jedoch einen dünnen Stock, der leicht zerbricht, erweisen sich Stiche als wirkungsvoller.

Wenn du den Stock so hältst, dass ein kurzes Stück (ungefähr 5 cm) unter deiner Hand herausragt, kann dieser Teil für Nahangriffe (z. B. **hammerartige Schläge**) benutzt werden. Der Stock ist ein hervorragendes Mittel, um sich gegen einen Aggressor zu verteidigen. (Dies wird später im Abschnitt über schildartige Gegenstände erörtert).

Stockähnliche Gegenstände: Regenschirm, große Vase, Feuerhaken, PR-24 (Tonfa/Stock mit rechtwinkligem Griff) und andere keulenartige Objekte wie Baseballschläger, Nudelholz, Ast, Besenstiel, Rohrzange u. a.

Steinähnliche Gegenstände:

Ein Stein kann aus der Entfernung geworfen werden und ebenso als Waffe zum Schlagen in der Hand gehalten werden. **Jeder schwere, relativ kleine Gegenstand in deiner Hand kann dir helfen, die Kraft des Schlags zu verstärken und seine Reichweite und Wucht zu vergrößern.**

Als Angriffsmethode mit einem in der Hand gehaltenen Stein verwendet man im Allgemeinen einen **Hammerschlag von oben**. Jedoch kannst du den Stein auch für Aktionen nutzen, die einer **Geraden**, einem **Haken** oder einem **seitlich geführten Schlag** ähneln. Wirft man den Stein auf ein Ziel, macht man sich den Schwung der Ausholbewegung von hinten nach vorn - ver-

Steinartige Objekte: schweres Plastikspielzeug, Insektenspray (kann entweder als Wurfgeschoss oder als gegen Gesicht oder Augen des Angreifers einsetzbares Gift verwendet werden), Dose und Handy.

gleichbar mit dem Wurf eines Baseballs - zunutze. Beende den Wurf mit einer nach vorn zeigenden Bewegung und wende deine Schulter dem Ziel zu.

Bedenke: Bleibt dein Angriff oder Wurf ohne Wirkung, kann der Gegner den Stein gegen dich einsetzen! Das bedeutet, dass du es **nicht** zulassen darfst, dass der Stein oder irgend ein anderer Gegenstand gegen dich verwendet werden kann. Deshalb muss dein Wurf, was die Entfernung, Reichweite, Höhe und Geschwindigkeit anbelangt, so wirkungsvoll ausgeführt werden, dass er sein Ziel erreicht.

Unterschiedliche **steinähnliche Gegenstände** wie z. B. ein Aschenbecher, ein schwerer Krug, eine kleine Statue, eine Flasche (besonders eine mit Flüssigkeit gefüllte Glasflasche), ein Teller (der wie eine Frisbeescheibe geworfen werden kann) o. Ä., sind ohne Probleme an verschiedensten Orten zu finden.

Kleine Gegenstände

Kleine, relativ leichte Gegenstände können dazu dienen, die Aufmerksamkeit des Aggressors abzulenken, ohne ihm damit größeren Schaden zuzufügen. Dem Angreifer eine Handvoll Münzen, deine Armbanduhr, einen kleinen Schlüsselbund o. Ä. ins Gesicht zu werfen, überrascht ihn und blockiert sein Handeln und trifft vielleicht seine Augen. Derart abgelenkt, ist er einen Moment lang angreifbar.

Kleine Gegenstände: Armbanduhr, eine Handvoll Münzen, Schlüsselbund

Eine wahre Geschichte

Ruth, eine junge israelische Soldatin, hatte an einem Krav Maga-Schnellkursus teilgenommen. Eines Abends, als sie auf ihrem Weg von der Militärbasis nach Hause war, sprang ein Mann aus dem Gebüsch am Straßenrand. Er packte sie an Armen und Kleidung und versuchte, sie ins Gebüsch zu zerren. Als Ruth sich von ihrem ersten Schrecken erholt hatte, ging sie auf den Angreifer los und trat ihm in den Unterleib. Als sich der Mann vor Schmerzen krümmte, hob sie einen Stein auf, schlug ihm damit auf den Kopf und floh.

Das Werfen eines kleinen Gegenstands bei einem Angriff oder einer Bedrohung mit einem Messer

1 Der Angreifer will zustechen oder bedroht dich mit einem Messer. Wirf ihm etwas in Augenhöhe entgegen, während du soweit wie nötig auf ihn zugehst.

2 Der überraschte Angreifer wird auf den auf seine Augen zufliegenden Gegenstand reagieren. Diese natürliche Reaktion - ein Schließen der Augen oder eine Gewichtsverlagerung nach hinten - gibt dir Gelegenheit zu einem Tritt in seinen Unterleib.

Diese Technik ist äußerst wichtig bei einer Bedrohung oder in der Vorkampfphase, um Hieben und Stichen des Angreifers vorzubeugen. Du kannst die Aufmerksamkeit des Angreifers ablenken, indem du irgend einen kleinen Gegenstand in sein Gesicht, am besten in seine Augen wirfst. Hierbei kann es sich um einen Schlüsselbund, ein Papierknäuel, ein Taschentuch, eine Handvoll Münzen, eine Armbanduhr o. Ä. handeln. Geh gleichzeitig mit dem Wurf in entsprechender Geschwindigkeit nach vorn und greif mit einem Tritt in den Unterleib des Gegners bei größtmöglichem Abstand und mit maximaler Kraft an. Lehn deinen Oberkörper dabei nach hinten. Lass weitere Angriffe entsprechend Winkel und Umständen folgen (siehe Kapitel 1: **Verteidigung gegen Angriffe mit einem Messer**).

Bedenke: Normalerweise bringt es nichts, einen Gegenstand nach einem Angreifer zu werfen, der sich mitten in einer kraftvollen Attacke befindet, es sei denn, der Gegenstand ist schwer genug, um ihn zu bremsen oder die Entwicklung seiner Aktion zu behindern.

Schildartige Gegenstände

Der Zweck eines Schilds besteht darin, den Angriff zu stoppen oder zu parieren. Der "Schild' kann **hart** sein wie beispielsweise ein Stock, ein Holzbrett, ein Stuhl, der Deckel eines Mülleimers oder eine große Bratpfanne. Er kann auch **weich** sein wie z. B. eine Umhängetasche, eine Aktentasche, ein großes Paket o. Ä.

Schildartige Gegenstände: Reisetasche, Aktenkoffer, Stuhl

Mit einem schildartigen Gegenstand ist es sogar möglich das Vorankommen des Angreifers zu unterbinden oder ihn aufzuhalten. So kann z. B. ein großer, dem Angreifer vor die Füße geworfener Gegenstand als Hindernis dienen; das Schließen oder das "vor-den-Kopf-Knallen" einer Tür kann ihn vollends stoppen und ihm sogar Verletzungen zufügen; auch eine im rechten Augenblick kraftvoll geöffnete Autotür kann den Angreifer ins Stolpern bringen oder ihn kurzerhand stoppen.

Dieses Prinzip wird auch bei der Verteidigung gegen **zwei Angreifer** angewendet. In diesem Fall musst du dich so geschickt "in Stellung bringen", dass der eine Angreifer die Aktionen des anderen behindert. Manchmal kannst du einen Angreifer gegen den anderen stoßen oder den Körper des ersten Angreifers als "Schild" benutzen, um das Vorankommen des anderen zu behindern (siehe Kapitel 10: **Verteidigung gegen zwei bewaffnete Angreifer**).

Die Verwendung eines schildartigen Gegenstandes: Stuhl

1 Pack den Stuhl schnell an Lehne und Sitz.

2 Verwende den Stuhl als Schild und stoße ihn in Richtung des Angriffs. Attackier den Angreifer unter dem Stuhl mit einem Tritt in den Unterleib.

Die oben (auf Foto 1) abgebildete Situation sollte durch eine schnelle und ökonomische Bewegung zustande kommen. Ergreif und heb den Stuhl je nach Distanz und Timing, z. B. während du auf die Entfernung zurückgehst, die dir ein effektives Handeln gestattet.

Die bequemste und natürlichste Haltung des Stuhls ist im Allgemeinen die auf dem Foto gezeigte. Unter anderen Voraussetzungen, beispielsweise um den Gegner auf Distanz zu halten, kannst du den Stuhl auch nur an der Lehne festhalten. Einen Hocker hält man an der Sitzfläche. Manchmal kann es auch besser sein, den Stuhl an seinen Beinen oder auf andere Art zu halten, die deiner Position entspricht.

Der Stuhl (oder ein anderer schildartiger Gegenstand) wird gegen den Angreifer eingesetzt, um ihn zu stoppen oder abzuwehren. Der Stuhl bringt dem Verteidiger den Vorteil einer überaus großen Reichweite. Er kann dabei helfen, einen Angriff mit einem Messer oder einem Stock zu stoppen, sich gegen einen Tritt zu verteidigen, o. Ä.

Der Gegenangriff muss zu dem jeweiligen Winkel und der Situation passen. Er kann mit dem Stuhl, einem Tritt unter dem Stuhl oder - falls erforderlich - sogar mit einem Faustschlag (nach Loslassen des Stuhls) erfolgen.

Der Stuhl kann auch zum **Angriff** eingesetzt werden. Dabei wird er zum Austeilen von Schlägen wie ein Stock benutzt. Man kann ihn drohend schwingen oder vor den Angreifer (auch vor einen bösartigen Hund) halten, oder gerade mit ihm zustoßen, wobei die Stuhlbeine auf den Gegner zielen.

Du kannst verschiedenste Gegenstände benutzen, um den Angreifer einen Moment lang aufzuhalten, um Zeit zur Flucht zu gewinnen und einem unerwünschten Aufeinandertreffen aus dem Weg zu gehen. So kannst du beispielsweise einen Tisch umstürzen oder einem Angreifer in den Weg werfen.

Messerartige Gegenstände

Ein Messer oder ein ähnlicher Gegenstand kann **sowohl zu Verteidigungszwecken als auch für Gegenangriffe** in Form von Stichen oder Hieben verwendet werden. Die grundlegende Handhabung des Messers wurde im ersten Kapitel beschrieben.

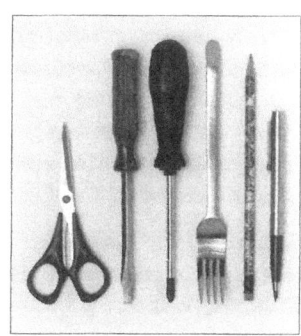

Messerartige Gegenstände:
Schere, Schraubenzieher, Gabel, Bleistift, Kugelschreiber

Messerartige Gegenstände: Eine zerbrochene Flasche, ein Bleistift, ein Kugelschreiber, ein Schraubenzieher, eine Schere, ein spitzes Metallstück, ein kurzer Holzstock, eine Stricknadel u. a. Stumpfere, weniger widerstandsfähige Gegenstände sollten nur benutzt werden, um auf besonders verletzliche Stellen am Körper des Gegners einzustechen.

Seilartige Gegenstände

Solche Waffen (Gürtel, Seil, Peitsche, zusammengerolltes Handtuch) können dazu dienen, den Angreifer zu peitschen, zu umschlingen, zu schlagen oder zu fesseln. Mögliche Angriffsformen bestehen darin, den Gegenstand zu schwingen, ihn kreisen zu lassen und peitschenartige Hiebe damit auszuteilen. Solche Gegenstände können auch dazu benutzt werden, den Angreifer nach dessen Überwältigung zu fesseln. Manchen Streitkräften wird gelehrt, wie man einen feindlichen Soldaten mit einem Seil, einem Schnürsenkel oder einem Gürtel fesselt.

Seilartige Gegenstände:
Fahrradschloss, Gürtel, Kette, Seil

Flüssigkeiten und Sprays

Flüssigkeiten, insbesondere ätzende oder gifti-
ge Chemikalien können, auch aufgrund ihres
Überraschungseffekts, wirksam gegen einen
Angreifer eingesetzt werden. Schüttet man dem
Gegner ein alkoholhaltiges Getränk, eine Tasse
heißen Kaffee oder einen Topf mit kochender
Suppe ins Gesicht, erzielt man sofort Wirkung:
der Gegner ist in diesem Moment angreifbar.

Ins Gesicht des Angreifers gesprühte **Sprays**
haben zur Folge, dass er die Augen schließt und
können ihm - je nach verwendeter Substanz -
ernsten Schaden zufügen. Selbst eine Handvoll

Wirkungsvolle Flüssigkeiten:
Spirituosen, Chemikalien, heiße
Flüssigkeiten.

Sand, die man dem Aggressor in die Augen schleudert, verblüfft ihn, behindert
seine Aktion einen Moment lang und macht ihn angreifbar.

"Ersatzwaffen" mit mehreren Eigenschaften

Wie bereits erwähnt können verschiedene Gegenstände in unterschiedlichen
Situationen als provisorische Waffen verwendet werden: nur zum Angriff, nur zur
Verteidigung, in Kombination von Angriff und Verteidigung oder als Mittel dazu,
die Aufmerksamkeit des Angreifers abzulenken, um dir Gelegenheit zur Flucht
oder zum Gegenangriff zu verschaffen. Beachte bei den folgenden
Gegenständen auch, dass häufig verschiedene Eigenschaften in einer einzigen
"Waffe" kombiniert vorhanden sind.

Gewehr mit Bajonett: Eine Kombination aus einer scharfkantigen Waffe
(Messer) und einem Stock. Eine Axt und ein Speer sind vergleichbare
Kombinationen.

Werfen einer scharfen Glasscherbe oder eines Messers: Dies ist eine
Kombination von Stein und Messer.

Stuhl: Er ist eine Kombination von Schild und Stock, und kann wie zuvor in diesem Kapitel beschrieben, für unterschiedliche Angriffsarten verwendet werden.

Werfen eines Speers, eines spitzen Stocks oder einer Heugabel: Dies ist
eine Kombination von Stein, Messer und Stock.

Andere Waffengattungen (und weitere) sind brennende oder heiße
Gegenstände, starkstromführende Objekte oder sogar Kraftfahrzeuge (die als
tödliche Waffe eingesetzt werden können, um Angreifer schwer zu verletzen oder
sogar zu töten).

Einschüchtern deines Gegners

Einer der größten Vorteile beim Einsatz einer provisorischen Waffe zur
Selbstverteidigung ist die Tatsache, dass sie dazu verwendet werden kann, vehe-
ment zu drohen oder Kraft und Gefahr auszustrahlen, **damit der Angreifer ein-
geschüchtert wird und seine Angriffspläne fallen lässt.**

Drohst du beispielsweise dem Angreifer mit einem Spazierstock, stehen die Chancen gut, dass er sich zurückzieht und einer Konfrontation mit dir aus dem Weg geht.

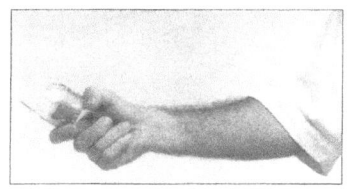

Einschüchterung: Das Halten einer zerbrochenen Flasche

Zusammenfassung

Als Krav Maga-Schüler musst du dir angewöhnen, deine unmittelbare Umgebung schnell nach Gegenständen abzusuchen, die du, sofern es erforderlich wird, als Ersatzwaffen verwenden kannst. Kommst du an einen neuen Ort, so verschaff dir einen gründlichen Überblick über die Gegend und merk dir jeden Gegenstand, der sich als nützlich erweisen könnte.

Ähnlich wie ein Meisterkoch, der in der Lage ist, eine kulinarische Köstlichkeit aus den verschiedenen Zutaten zuzubereiten, die er in seinem Kühlschrank findet, solltest du darauf vorbereitet sein, für einen eventuellen Angreifer aus deiner eigenen ideenreichen und wirkungsvollen „Speisekarte" zu „kochen", wobei du einfache Alltagsgegenstände verwendest, die sich in deiner Reichweite befinden.

Übe die richtige Verwendung verschiedener Gegenstände. Dies sollte die folgenden Fertigkeiten beinhalten: Genauigkeit beim Werfen von leichten und schweren Objekten auf ein kleines Ziel, das Austeilen von Hieben und Stichen mit einem Stock, die Verteidigung mit schildartigen Gegenständen usw.

Eine wahre Geschichte
Diane, eine Frau in den Fünfzigern, nahm an einem Workshop teil, durch den das öffentliche Bewusstsein für die Selbstverteidigung sensibilisiert werden sollte. Nach dem Unterricht stellte sie dem Dozenten folgende Frage: „Ich bin nicht in Krav Maga ausgebildet und ich habe wirklich Angst, besonders wenn ich spät abends das Büro verlasse und zu meinem Auto in der Tiefgarage gehe. Was sollte ich tun, wenn ich auf dem Weg zum Büro oder Auto angegriffen würde?" Da es zu dieser Zeit noch unmöglich war, an Tränengas und Pfefferspray heranzukommen, riet ihr der Dozent, einen kleinen tragbaren Feuerlöscher (die Sorte, die ins Handschuhfach des Autos passt) mitzunehmen und diesen von dem Moment an, in dem sie das Büro verließ bis zum Einsteigen in ihr Auto (oder umgekehrt) in der Hand zu halten. „Der Feuerlöscher muss einsatzbereit und nicht einfach nur in der Tasche sein," betonte der Ausbilder. Diane beherzigte seinen Rat und wenige Wochen später erwies er sich tatsächlich als nützlich: Es gelang ihr, einen Angriff zu vereiteln, als sie dem Angreifer den Inhalt des Feuerlöschers ins Gesicht sprühte.

Kurzer Stock gegen Messerangriffe

Kapitel 8

Kurzer Stock gegen Messerangriffe

Im vorangegangenen Kapitel wurde die Verwendung von Alltagsgegenständen zum Zweck der Selbstverteidigung vorgestellt. In diesem Kapitel folgen spezielle Techniken zum Einsatz eines kurzen Stocks zur Abwehr eines Messerangriffs. Anstatt eines kurzen Stocks kann man auch ein Messer, eine Flasche, eine Vase oder eine ähnliche Waffe verwenden.

Der Gegenstand muss ein entsprechendes Gewicht haben und so beschaffen sein, dass er einen kräftigen Schlag auf die Hand (das Handgelenk) des Angreifers aushält. **Der Verteidiger sollte versuchen, die provisorische Waffe zu verbergen.** Wenn dies gelingt, wird der Angreifer mit größerer Wahrscheinlichkeit mit dem direktesten und einfachsten Stich angreifen. Hältst du den Stock jedoch offen vor dir, könnte es sein, dass du den Angreifer zum Kämpfen animierst, und er wird sehr wahrscheinlich verschiedene Taktiken und Täuschungen anwenden, um deine Verteidigung zu erschweren (s. die Anmerkung am Ende dieses Kapitels). Andererseits signalisierst du mit einem aggressiven Schwingen deiner Waffe Bereitschaft zur Gegenwehr, was den Angreifer einschüchtern könnte und ihn vielleicht entmutigt, dich überhaupt anzugreifen.

Bei diesen Verteidigungstechniken schlägst du auf die zustechende Hand des Angreifers, um sie abzustoppen oder zu deflektieren. Du richtest diesen Schlag gegen den Bereich seines Handgelenks, da dieser (wegen der Entfernung und der Hebelwirkung) leicht zu stoppen oder abzuwehren ist, und weil das Handgelenk zudem aufgrund seiner geringen Fett- und Muskelmasse und der Tatsache, dass es im Allgemeinen unbekleidet ist, schmerzempfindlicher ist. Die gesamte Technik besteht aus einer Körperverteidigung, meist einer diagonal zur Seite hin verlaufenden Bewegung und einer Handabwehr, bei der die Waffe eingesetzt wird. Beide ergänzen sich, um den Angriff zum frühest möglichen Zeitpunkt zu stoppen oder abzulenken.

Es ist äußerst wichtig, den Gegenangriff **sofort** nach der Abwehr auszuführen! Deshalb musst du beide Aktionen mit höchster Geschwindigkeit ausführen und miteinander verbinden: die Verteidigung und den Gegenangriff. Im Ernstfall wirst du nach dem Schlag auf das Handgelenk des Angreifers schnell zu einem Schlag gegen andere empfindliche Stellen seines Körpers überleiten, das sind in der Regel sein Hals oder der Kopf.

Falls erforderlich, und besonders dann, wenn dich der Angriff überrascht und aus einer „problematischen" Richtung erfolgt, kannst du dich **mit dem Unterarm deiner freien Hand verteidigen**, d. h. mit der Hand, die nicht die provisorische Waffe hält. Verwende eine der im ersten Kapitel dargestellten Techniken: **Verteidigung gegen Messerangriffe**. Führ gleichzeitig oder unmittelbar nach der Abwehr einen Gegenangriff aus, d. h. einen Tritt, Faustschlag, u. A.

Verteidigung gegen einen Stich in orientalischer Haltung

1 Beginn aus einer neutralen Stellung. Verbirg die provisorische Waffe, wenn möglich, vor dem Angreifer.

2 Der Gegner setzt zum Angriff an. Beginn mit einem nach unten verlaufenden Schlag mit deinem Stock und ziel dabei auf das Handgelenk des Angreifers. Führ gleichzeitig eine Körperverteidigung aus, indem du dich drehst und diagonal seitwärts nach vorn gehst.

3 Stopp die Hand des Angreifers an seinem Handgelenk. Unmittelbar bevor du die Hand des Angreifers triffst, musst du den Griff an deinem Stock verstärken und dich auf den Schlag nach unten vorbereiten.

4 Lass sofort einen weiteren Schlag zum Kopf des Angreifers folgen.

Während du dem Angriff ausweichst, stoppst du ihn in sicherer Entfernung mit dem Stock. Die selbe Technik verwendest du gegen einen Angriff, bei dem der Gegner das Messer in der linken Hand hält. Der Block erfolgt gerade nach unten, wobei du den Stock fest in deiner Hand hältst. Der Stock muss ausreichend stabil sein, um dem Angriff standzuhalten.

Der Gegenangriff mit dem Stock kann aus einem horizontalen, zur Seite hin ausgeführten Schlag bestehen, der den Kopf des Gegners trifft. Dies kann eine Schneidattacke oder eine zustechende Bewegung sein, die auf den unteren Halsbereich des Angreifers, genau in die Vertiefung zwischen dem Schlüsselbein zielt.

Trifft der Stock einen schmalen Punkt wie den oberen Bereich der Kehle, kann er leicht abrutschen, was dazu führt, dass der Angriff wirkungslos bleibt.

Falls nötig (und möglich) blockst du die angreifende Hand des Gegners mit deiner freien Hand und führst einen ersten Gegenangriff mit dem kurzen Stock aus.

5 Triff den Schläfenbereich deines Gegners mit einem hiebartigen Angriff oder führ einen Stoß gegen den unteren Bereich seines Halses oder eine andere empfindliche Stelle seines Körpers aus, die sich für einen Angriff anbietet. Du kannst einen weiteren Gegenangriff, z. B. einen normalen Tritt mit dem linken Bein in den Unterleib des Gegners oder eine linke Gerade folgen lassen - **abhängig von Winkel und Distanz zwischen dir und dem Angreifer.** Entfern dich danach schnell.

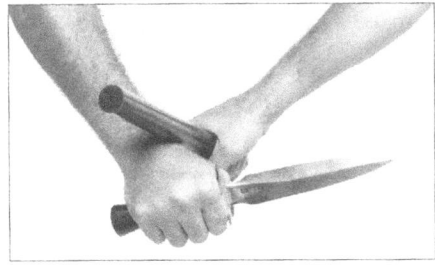

3a Detailaufnahme Foto 3: Das Stoppen der Messerattacke am Handgelenk des Gegners.

Großmeister Imi demonstriert eine Verteidigung gegen einen Stich von unten, wobei er einen kurzen, schweren Stock einsetzt, um den angreifenden Unterarm zu stoppen.

Verteidigung gegen einen Messerstich von oben

1 Beginn aus einer neutralen, passiven Stellung heraus. Wie abgebildet, wird der Stock weder versteckt, noch mit ihm gedroht (siehe Anmerkung am Ende des Kapitels).

2 Der Gegner greift an. Starte sofort einen Gegenangriff in Form einer Stichattacke. Mach dir dabei die Reichweite des Stocks zunutze. Beweg dich diagonal nach vorn und zur Seite, um dich selbst aus der Angriffslinie herauszubringen.

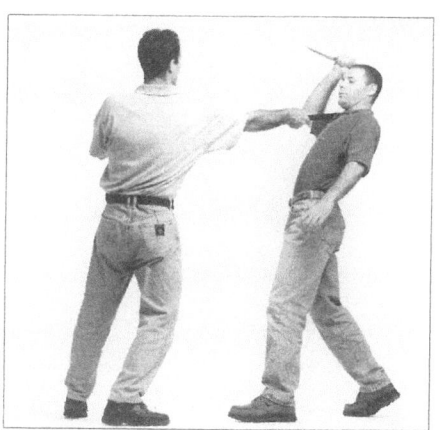

3 Du stoppst den Angreifer auf einige Entfernung, indem du einen Stich in den unteren Teil seines Halses ausführst, während du eine Körperdrehung machst und mit einem kleinen Schritt diagonal seitlich vorgehst. Deine nächste Bewegung kann z. B. ein Angriff mit einem Tritt in seinen Unterleib sein.

Unter Verwendung eines kurzen Stocks stoppt Großmeister Imi einen auf ihn zustürmenden Gegner, der ihn mit einem nach unten gerichteten Stich angreifen will.

Bei dieser Technik ist **das richtige Timing** ein wichtiger Faktor, um den Angreifer auf sicherem Abstand zu halten. Ein Stechen mit dem Stock stoppt den Angreifer unverzüglich. Die Körperdrehung sowie die diagonale Vorwärtsbewegung sorgen für einen besseren Aktionsradius und eine gute Körperverteidigung.

Beachte: Wie hier gezeigt, ist es möglich, deinen Angriff auf die Schlüsselbeinvertiefung zwischen den Schulterknochen zu richten, da es sich dabei um den breiten Teil des Halses handelt; trifft der Stock auf eine schmale Stelle, **rutscht** sein Ende möglicherweise ab, **ohne den Angreifer zu stoppen oder zu verletzen.** Deshalb ist es manchmal besser, dem Gegner mit dem ersten Gegenangriff direkt einen Stockschlag an den Kopf zu versetzen, wobei man schräg von oben nach unten trifft.

Wurdest du von dem Angriff überrascht, oder erfolgte er von rechts (wo sich deine Waffe befindet), kannst du den Stock oder (je nach Winkel) einen deiner Unterarme einsetzen, um dich gegen die angreifende Hand zu verteidigen. Du solltest dann mit Gegenangriffen fortfahren, die sich mit den für die **Verteidigung gegen einen Stich in orientalischer Haltung** dargestellten Prinzipien vereinbaren lassen.

Je nach Art des Angriffs und abhängig davon, ob er von vorn oder von deiner linken Seite (deiner unbewaffneten Hand) her erfolgt, besteht eine andere Möglichkeit darin, dich mit dem Unterarm deiner freien Hand zu verteidigen und so früh wie möglich Gegenangriffe folgen zu lassen, bei denen der Stock als Schlagwaffe benutzt wird (siehe letzter Abschnitt dieses Kapitels).

Verteidigung gegen einen geraden Stich

1 Beginn aus einem neutralen Stand heraus und verbirg deine provisorische Waffe vor deinem Gegner.

2 Parier die zustechende Hand im Bereich des Handgelenkes mit einem schnellen starken Schlag. Die deflektierende Hand leitet deine Körperverteidigung ein und zieht deinen Körper in eine Drehung und einen kleinen seitlichen Diagonalschritt und somit aus der Angriffslinie.

Beachte: Es ist extrem wichtig **beim Deflektieren der Hand des Angreifers ein genaues Timing einzuhalten.** Die Gründe für den Schlag gegen das Handgelenk des Angreifers wurden kurz zuvor erläutert.

3 Die gesamte Abwehraktion

4 Mach sofort weiter mit einem schnellen Gegenangriff, z. B. einem horizontalen Schlag.

5 Triff den Kopf des Gegners im Bereich der Schläfe und lass dann einen weiteren Gegenangriff folgen oder begib dich aus der Gefahrenzone.

Eine weitere Technik: Wirst du von der Seite oder diagonal von der Seite (an der sich deine provisorische Waffe befindet) angegriffen, wendest du eine nach außen gerichtete Verteidigung an. Sticht der Angreifer aus dieser Richtung auf dich ein, solltest du einen Außenblock ausführen und gleichzeitig mit dem linken Bein diagonal nach vorn gehen. Dies geschieht, um deinen Körper aus der Angriffslinie heraus und in eine sichere Entfernung zu bringen, aus der du besser handeln kannst. (Vergleiche auch: **Gerader Stich - Parade durch Außenblock** im nächsten Kapitel: **Stock gegen Stock**).

Verteidigung gegen eine Schneidattacke mit einem Messer - Rückzug und Tritt

1 Der Angreifer führt eine Schneidattacke gegen deinen Hals aus.

2 Lehn deinen Oberkörper zurück. Falls erforderlich kannst du mit dem Fuß leicht nach hinten gehen (auf der Seite ohne Messer; in diesem Fall dem linken Fuß), während du die Hand des Angreifers durch einen Schlag mit deinem Stock stoppst. Nun bist du zu einem Tritt bereit.

3 Versetz dem Gegner als ersten Gegenangriff einen Tritt in den Unterleib und fahre - wenn nötig - mit zusätzlichen Tritten oder Stockattacken fort.

Diese einfache Technik basiert auf der instinktiven Reaktion des Rückzugs mit dem Ziel, sich aus der Gefahrenzone zu begeben. Diese Reaktion wird mit der Aktion verbunden, den Angriff mit Hilfe des Stocks zu stoppen. Deine Reaktion des Rückzugs soll zur Verteidigung genügen, d. h., das Messer wird dich - auch ohne die Abwehr mit dem Stock - verfehlen und nicht verletzen. Der Rückzug kann in einem kleinen Schritt nach hinten in Verbindung mit einem Zurückbeugen des Rumpfes bestehen, während dein Tritt so schnell und so früh wie möglich gegen eine empfindliche Stelle am Körper des Angreifers erfolgt.

Verteidigung gegen eine Schneidattacke - nachdem dich das Messer verfehlt hat

1 Der Angreifer führt eine Schneidattacke z. B. gegen deinen Hals oder dein Gesicht aus. Du beginnst aus einem passiven Stand heraus und verbirgst, wenn möglich, deine Waffe.

2 Geh einen Schritt zurück und lehn deinen Oberkörper nach hinten, um aus der Reichweite des Messers zu kommen. Heb deine Hände gleichzeitig zur Deckung hoch. Das Messer hat dich verfehlt. Die Ferse deines hinteren Fußes ist angehoben.

3 Der Angreifer führt eine weitere Schneidattacke aus, doch dieses Mal bist du bereit. Mit dem Stock (und falls nötig auch deiner anderen Hand) stoppst du die angreifende Hand, die sich von links nach rechts bewegt. Dieser Abwehr geht ein Zurückpendeln deines Körpers voraus, bevor du wieder einen Schritt nach vorn machst.

4 Geh **so schnell wie möglich** nach vorn, pack den Unterarm des Angreifers mit deiner freien Hand und beginn mit dem Gegenangriff.

5 Führ einen kraftvollen Angriff gegen eine empfindliche Stelle am Körper des Gegners aus, während du ihn am weiteren Gebrauch des Messers hinderst.

Bei dieser Technik kommt zunächst die natürliche Reaktion des Rückzugs zur Geltung, in einer Situation, in der der Verteidiger **nicht genügend Zeit hat**, angemessen auf den ersten Hieb des Angreifers zu reagieren. Er lehnt sich zurück und hebt seine Hände schützend zur Deckung (jedoch nicht, um dadurch den Angriff aufzuhalten). Während der Verteidiger zurückgeht, bleibt die Ferse seines hinteren Fußes oben, was ihm einen schnellen Wechsel zum Gegenangriff ermöglicht.

Wenn ein größeres Zurückweichen notwendig ist, sollte der Verteidiger sein Gewicht mehr und mehr nach hinten verlagern, um die vorangegangene Technik (**Verteidigung gegen eine Schneidattacke mit einem Messer - Rückzug und Tritt**) zu nutzen, wenngleich sie sich dieses Mal gegen den zweiten Hieb richtet.

Nachdem dich das Messer verfehlt hat und während es nun aus der entgegengesetzten Richtung kommt, bist du bereit den Angriff entweder mit Hilfe des kurzen Stocks oder deiner Hand zu stoppen, die du am Unterarm des Gegners oder dem Handgelenk der Messerhand einsetzt.

Detaildarstellungen zu den vorangegangenen Techniken

Wenn Soldaten oder Angehörige von **Spezialeinheiten** diese Techniken vermitteln, heben sie im Allgemeinen die Techniken hervor, die für den Angreifer tödlich sind. Deshalb beinhaltet das Training solcher Techniken sowohl den Gebrauch eines Messers als auch den eines kurzen Stocks. Das Messer ist eine wirkungsvolle, tödliche Waffe und nutzt deshalb denjenigen, die nach dem biblischen Grundsatz handeln, demzufolge das Töten zur Selbstverteidigung in Situationen auf Leben und Tod moralisch vertretbar ist (wörtlich: Kommt jemand, um dich zu töten, so töte du ihn zuerst).

Setzt du ein Messer gegen einen orientalischen (aufwärts geführten) oder einen geraden Stich ein, kannst du für deinen Gegenangriff eine der beiden folgenden Möglichkeiten wählen: entweder einen Stich oder einen Schneidangriff in das Gesicht oder den Hals des Angreifers.

Bedenke: Nach deinem Gegenangriff könnte es dem Angreifer immer noch möglich sein, dich weiter anzugreifen. Halte deshalb eine gute Verteidigungsstellung aufrecht.

A Ausgangsstellung: Diese Aufnahme wurde aus einer Position hinter dem Verteidiger gemacht. Es wird empfohlen, die Waffe vor den Blicken des Angreifers zu verbergen, um ihm keinen Anlass für Täuschungsmanöver zu geben.

B Eine bereits vorgestellte Möglichkeit: Du kannst deine freie Hand zur Verteidigung nutzen und so schnell wie möglich mit dem Stock einen Gegenangriff ausführen.

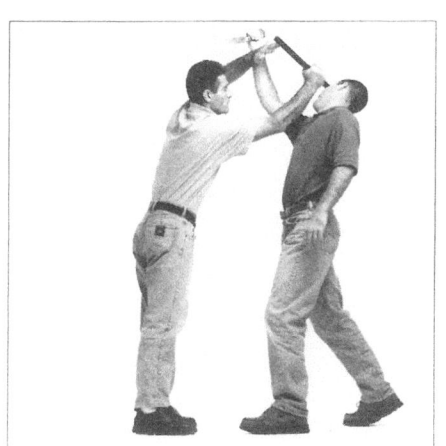

C Das Schlagen des Gegners mit dem hinteren (herausragenden) Ende eines kurzen Stocks.

D Die Verwendung eines Messers zu **Verteidigungszwecken** gegen einen mit einem Messer angreifenden Gegner. Alle Techniken sind den hier vorgestellten ähnlich.

Beachte: Dadurch, dass du **deine provisorische Waffe vor den Blicken des Angreifers verbirgst**, bist du auf den Gegner vorbereitet, ohne ihm deine Verteidigungsbereitschaft zu offenbaren. Andererseits könnte es dir gelingen, den Angreifer einzuschüchtern und die Konfrontation gänzlich zu vermeiden, wenn du **deine Waffe zeigst** und gleichzeitig Selbstvertrauen und Aggressivität demonstrierst. Die Wahl deiner Taktik hängt von der Situation und deiner persönlichen Einstellung ab.

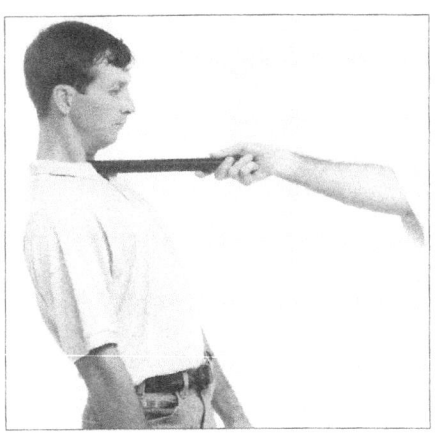

E Ein Stich mit dem Stock.

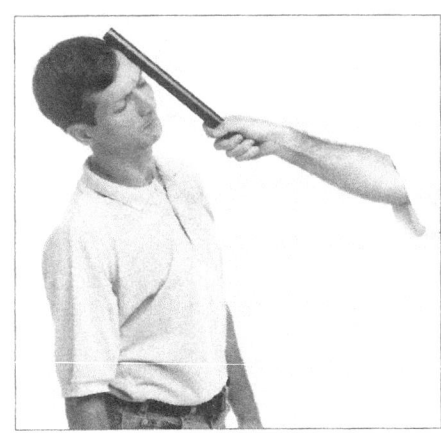

F Eine Hiebattacke zum Kopf des Angreifers.

D' Detailaufnahme, Foto D: Das Messer des Verteidigers trifft das Handgelenk des Angreifers, um den Stich wirkungsvoller zu stoppen.

Stock gegen Stock

Kapitel 9

Stock gegen Stock

Einige Kampfsportarten sind auf den Gebrauch eines geraden oder schwertförmig ge-
krümmten Stocks als Hauptwaffe für Verteidigung und Angriff spezialisiert. Bei diesen
handelt es sich um die japanischen Disziplinen **Kendo** und **Kenjitsu**, den englischen
Langstockkampf, das Philippinische **Escrima** (oder **Arnis**), Ableger des **Kung-Fu**, die
chinesische Kampfkunst **Wu-Shu**, die sich einer Vielzahl verschiedener Speere und
Stöcke bedient, sowie gewisse indische Disziplinen u. a. m.

Bereits im frühen Stadium des Selbstverteidigungstrainings solltest du die
Handhabung des Stocks für Verteidigung und Angriff erlernen, um dich vor
Verletzungen zu schützen. Stöcke und stockähnliche Gegenstände lassen sich fast
immer dort finden, wo es zu einem Kampf kommen kann. Jeder Angriff und jede
Verteidigung mit einem Stock aus verschiedenen Winkeln und bei unterschiedlichen
Bedingungen birgt Vor- und Nachteile. Für unsere Zwecke stehen die in diesem Kapitel
beschriebenen Angriffsformen nicht nur für Stockattacken, sondern stellvertretend
auch für Angriffe mit **Äxten, Speeren, bajonettbestückten Gewehren**, u. ä.

In der Selbstverteidigung ist das Erlernen, den Stock gegen einen Messerangriff oder
einen unbewaffneten Angreifer einzusetzten, ebenso wichtig wie die Fähigkeit, ihn
gegen einen mit einem Stock bewaffneten Gegner zu benutzen. Bist du mit einem
Stock ausgestattet, kannst du gegen einen Messerangriff verschiedene Techniken und
Prinzipien anwenden, die du auch bei der Verteidigung mit einem Stock gegen einen
Stock und mit einem kurzen Stock gegen ein Messer (siehe vorangegangenes Kapitel)
erlernt hast. Dies gilt natürlich auch für die Handabwehrtechniken gegen einen
Angreifer.

Ein bewaffneter Kämpfer neigt dazu, seine Aufmerksamkeit auf seine eigene Waffe und
die seines Gegners zu konzentrieren. Wir hoffen, dass es dir gelingt, **dich von dieser
Einschränkung deiner Aufmerksamkeit zu befreien!** Du solltest in der Lage sein,
deine Aufmerksamkeit einzuteilen und für alle Reize aufnahmebereit sein, die einen
Beitrag zur Steigerung deiner Reaktions- und Handlungsfähigkeit leisten könnten. Man
soll nicht nur auf die Handlungen seines Gegners mit seiner Waffe achten, sondern
auch auf das, was seine übrigen Körperteile tun. Noch mehr solltest du dir der Aktionen
bewusst sein, die du bei Verteidigung oder Angriff mit deiner eigenen Waffe und den zu
deinem Körper gehörenden „Werkzeugen", z. B. deinen Händen und Beinen, ausführen musst. Außerdem solltest du, wenn du deinen Stock nicht benutzen kannst oder
dieser deine Leistungsfähigkeit behindert, wissen, wann der Moment gekommen ist,
lieber deine Hände und Beine zur wirksameren Gegenwehr zu gebrauchen.

Wie schon bei den vorangegangenen Themenbereichen gelten die den Verteidigungs-techniken zugrundeliegenden Prinzipien von Aktion und Reaktion auch hier (siehe auch Kapitel 11: **Grundlagen der Verteidigungstechniken**). Es gibt aktive Verteidigungsmaßnahmen, bei denen die Waffe als Hilfsmittel dient sowie Ausweichmanöver und Körperverteidigungen, mit deren Hilfe du dich aus dem Gefahrenbereich entfernst.

Mögliche Ausweichtechniken

Sich aus der Reichweite des Gegners bewegen; in den Angriff "hineingehen", bevor dieser Geschwindigkeit und Kraft erreicht hat; Ausweichen aus der Angriffslinie (unab-hängig davon, ob der Angriff senkrecht, waagerecht oder anders verläuft); Bewegen des Körpers in Richtung des Angriffs (besonders gegen einen waagerecht ausgeführ-ten Schlag von der Seite), was den Aufprall des Schlags abschwächt und sein Auftreffen auf den Verteidiger verzögert oder verhindert. Du solltest eine Kombination dieser Bewegungsabläufe mit den Stock-Verteidigungstechniken anwenden.

Aktive Verteidigung mit dem Stock

- **Blocken**: Der Stock des Angreifers trifft im rechten Winkel auf den Stock des Vertei-digers und wird gestoppt.

- **Abgleiten**: Der verteidigende Stock trifft im spitzen Winkel auf den angreifenden Gegenstand (Stock), um ihn abgleiten zu lassen und ihm eine andere Richtung zu geben, die den Verteidiger nicht gefährdet.

- **Deflektieren**: Wird normalerweise gegen Stichattacken angewandt; pariere den zustechenden Stock mit einer Bewegung, die derjenigen ähnelt, die beim Innen- oder Außenblock mit dem Unterarm gegen einen geraden Faustschlag oder Messerstich benutzt wird.

Verwendest du den Stock hauptsächlich zur Verteidigung, kannst du ihn in einer Hand oder (wenn dir dies lieber ist) auch mit beiden Händen halten.

Schützt du einen bestimmten Körperbereich, kannst du den Stock normalerweise auf zwei Arten halten: (1) Durch Drehen des Unterarms in die **gleiche** Richtung, wobei der Daumen oder die Fläche deiner Hand nach oben weist wie bei der Technik **Grundlegende Außenblocks mit einem Stock**, Fotos 2 bis 4 und 8 (siehe nächste Seiten). (2) Durch Drehen deines Unterarms in die **entgegengesetzte** Richtung wie unter **Grundlegende Außenblocks mit einem Stock**, Fotos 5 bis 6 und 9 u.10.

Grundlegende Außenblocks mit einem Stock
(gegen kreisförmige Angriffe)

1 Ausgangsposition für die **erste Lernphase:** Steh mit leicht gespreizten Beinen (passive Stellung) und halt den Stock in einer oder in beiden Händen. Beginn alle folgenden Verteidigungen aus dieser Ausgangsposition heraus.

2 Verteidigung gegen einen **senkrechten Schlag von oben.** Einer der Grundblocks, bei dem du den Stock in Richtung des Angriffs stößt, um mit dem angreifenden Stock zusammenzutreffen (gewöhnlich in einem rechten Winkel).

3 Führ den Stock diagonal nach oben, um einen **schräg nach unten** (gegen deinen Kopf- oder Schulterbereich) gerichteten Schlag abzufangen

4 Halte deinen Stock zur Seite als Abwehr gegen einen **waagerecht** in Kopfhöhe oder in mittlerer Höhe **ausgerichteten Schlag.**

5 Verteidigung gegen einen Schlag in **niedriger oder mittlerer Höhe.**

6 Verteidigung gegen einen **schräg nach oben** (zu deinem Körper) gerichteten Schlag.

7 Verteidigung gegen einen **senkrecht von unten** geführten Schlag. Beug deinen Oberkörper nach vorn.

8 Verteidigung gegen einen **diagonalen Aufwärtsschlag**. Halt den Stock schräg vor deine andere Körperseite. Dreh deinen Körper bei all diesen Techniken, um eine stabile Verteidigung mit dem Stock möglich zu machen. Den Stock höher zu halten (mit dem Daumen nach oben) und den Körper aufzurichten, ergibt eine angemessene Verteidigung gegen einen waagerechten Schlag.

9 Verteidigung gegen einen **waagerecht** ausgeführten Angriff auf mittlerer Höhe. Der Daumen zeigt hier nach unten.

10 Verteidigung gegen einen **diagonal nach unten** geführten Schlag (in Richtung deines Kopfs oder deiner Schultern).

11 Eine weitere Möglichkeit dich gegen einen **senkrechten Schlag von oben** zu verteidigen: Diesmal hältst du den Stock mit beiden Händen. Musst du dich gegen einen plötzlichen Schlag verteidigen, solltest du die Knie beugen und deinen Kopf nach unten sowie leicht nach vorn einziehen.

12 Ein weiteres Beispiel der Verteidigung gegen einen **horizontalen von der Seite** kommenden Schlag: Halt den Stock mit beiden Händen. Bei dieser Verteidigung kann die rechte Hand höher und die linke tiefer - oder umgekehrt - gehalten werden.

Diese Verteidigungen basieren auf einer Reihe von Handabwehrtechniken die als **360°- Außenblocks** bezeichnet werden. Es handelt sich dabei um natürliche und re-flexartige Techniken, die als Basis des Außenblocks innerhalb des Krav Maga-Systems dienen. Diese Außenblocks sind in der Regel gegen Angriffe gedacht, die kreisförmig gegen den Verteidiger gerichtet sind. Du kannst den Stock entweder mit einer oder mit beiden Händen halten und ihn für die Verteidigung gegen verschiedene Angriffe, ins-besondere Stockangriffe, einsetzen. Bei allen zuvor gezeigten Grundverteidigungs-arten trifft der verteidigende Stock ungefähr im rechten Winkel (90°) auf den angrei-fenden Stock und stoppt ihn. Bei späteren Techniken zeigen wir den Gebrauch dieser Grundverteidigungsarten in Kombination mit Körperverteidigungen und Gegen-angriffen.

Besonders gegen **plötzliche Angriffe** erfolgt diese Verteidigung reflexartig. Während der anfänglichen Lernphase trainierst du die Verteidigungsbewegung für dich allein. Später greift ein Schüler an, und der andere verteidigt. Dies hilft dir, die Bewegung zu identifizieren und die Aktionen des Angreifers zu verstehen sowie Gefühl und Geschick beim Gebrauch des Stocks zu entwickeln (der letztendlich als „Verlängerung" deines Arms dient).

Vorsicht: Aus Sicherheitsgründen solltest du während des Trainings und beim Üben immer Schutzpolster auf deinen Handrücken tragen und unzerbrechliche, nicht bieg-same Stöcke ohne Risse und Beschädigungen verwenden.

Schlag von oben - einhändige Stockhaltung

1 Beginn in einer angemessenen Stellung, z. B. der passiven Stellung oder mit einem leicht vorgesetz-ten (rechten) Fuß. **Foto 2:** Bring den Stock kraftvoll in eine waagerechte (oder diagonale) Position, um den Angriff des Gegners abzublocken.

2 Halt den Stock in einer Hand. Der angreifende Stock gleitet ein kurzes Stück an deinem Stock ent-lang. Die verteidigende Handbewegung mit dem Stock „zieht" dich in eine Körperdrehung und ein diagonales Vorrücken.

3 Fahr nach Ausführung der Abwehr mit einer Drehbewegung deines Handgelenks fort, um den Stock in eine für einen frühen und kraftvollen Gegenangriff günstige Position zu bringen.

4 Führ die Bewegung mit einem Schlag zum Kopf des Angreifers fort. Du kannst ihn in jedem beliebigen Winkel zwischen horizontal und vertikal treffen. Wenn es dir lieber ist, kannst du zuerst mit einem Schlag angreifen, der sich gegen ein weniger verletzliches Ziel am Körper des Gegners richtet.

Der verteidigende Stock sollte den angreifenden Stock **wenigstens** in dessen Mitte und möglichst sogar noch näher am Griff treffen, damit er nicht abrutschen und dich verletzen kann.

Dein Stock wird kraftvoll gegen den angreifenden Stock geführt und sollte entweder waagerecht oder in einem leicht nach unten geneigten Winkel gehalten werden. Während der Abwehr gleitet der angreifende Stock ein kurzes Stück (weg von deiner Hand) an dem verteidigenden Stock entlang. Wenn der Stock vorher in horizontaler Position war, sollte der Schlag des angreifenden Stocks dazu führen, dass sich dein Stock nach unten neigt.

5 Führ die Aktion - sofern erforderlich - fort, indem du einen zweiten Angriff (wie z. B. einen Tritt in den Unterleib des Gegners) ausführst oder verlass den Gefahrenbereich.

Der Gegenangriff mit dem Stock kann ein **peitschenartiger** Schlag sein, der den Angreifer im Bereich von Stirn und Augenbrauen verletzen soll, oder auch ein **schneidender Hieb**, bei dem der Stock das Ziel mit Wucht trifft und dann an ihm vorbei geht. Ebenso ist es möglich, mit dem Stock andere, weniger empfindliche Stellen am Körper des Angreifers zu treffen (z. B. Gliedmaßen, Schlüsselbein, Schultern, u. a.), die ihm keinen ernsthaften Schaden zufügen.

Das Ausweichen erfolgt durch einen Schritt schräg nach vorn sowie mit einer Körperdrehung, mit der du dich aus der auf deinen Kopf gezielten Angriffslinie begibst.

Schlag nach unten - beidhändige Haltung des abblockenden Stocks, Gegenangriff mit einem Tritt

1 Halt den Stock mit beiden Händen. Ein Fuß (der rechte) wird leicht nach vorn gesetzt.

2 Block den Angriff ab, wobei du den Stock in beiden Händen hältst und deinen Kopf zwischen den Schultern einziehst. Zusätzlich zum Abblocken des Angriffs und abhängig vom Abstand zu deinem Gegenüber, gehst du voran und verlagerst dein Gewicht nach vorn. Dies ist die Vorbereitung für wirkungsvolle Gegenangriffe.

3 Führ deinen ersten Gegenangriff aus: hier ein Tritt in den Unterleib. Du kannst auch mit dem Stock angreifen, wobei du ihn - wie bei der vorangegangenen Technik gezeigt - in einer Hand hältst und drehst.

Im Allgemeinen kannst du hier auch zu einem beliebigen Zeitpunkt der Verteidigungsaktion die vorangegangene Technik anwenden - auf jeden Fall aber hältst du den Stock mit beiden Händen und führst eine Körperverteidigung aus. Bei dieser Technik gehst du **nach vorn anstatt zur Seite**. Führ eine kräftige Abwehr gegen den von oben kommenden Angriff aus und geh vor, wobei du dein Gewicht nach vorn verlagerst.

Um die durch das Abblocken des Angriffs entstehende Erschütterung zu verringern, solltest du den angreifenden Stock relativ nah an der ihn haltenden Hand treffen. Wurdest du von dem Angriff überrascht, wird es schwierig sein, zum richtigen Zeitpunkt nach vorn zu gehen. Bei größerem Abstand kann es dir schwer fallen, mit einem Tritt zu kontern. Geh in jedem Fall so früh wie möglich nach vorn oder greif zuerst mit deinem Stock an.

In der Lernphase mag es dir sicherer und angenehmer vorkommen, bei der Verteidigung gegen einen Stockangriff den eigenen Stock an beiden Enden festzuhalten. Bei richtiger Ausführung sollte deine Verteidigung einen kraftvoll ausgeführten Angriff abblocken können. In jedem Fall muss dein Stock stabil genug sein, um dem Aufprall ohne zu zerbrechen standzuhalten.

Beachte: Grundsätzlich gilt: Je kraftvoller der Angriff ist, umso wichtiger ist es, den Stock bei der Abwehr mit beiden Händen zu halten und eine Körperverteidigung auszuführen.

Befürchtest du eine Situation, bei der die **angreifende Waffe** brechen könnte, musst du (insbesondere wenn es sich dabei um eine Axt handelt) deinen Kopf zwischen den Schultern nach vorn strecken. Fällt der Angriff weniger überraschend aus, solltest du eine größere Körperverteidigung ausführen, bei der du mit einer leichten Körperdrehung wie bei der einhändigen Verteidigung schräg nach vorn gehst (siehe die zweite in diesem Kapitel beschriebene Technik).

Waagerechter Schlag von der Seite - einhändige Stockhaltung

1 Beginn aus einer geeigneten Stellung, z. B. mit einem vorangestellten (dem rechten) Fuß.
Foto 2: Führ einen kurzen, harten Verteidigungsschlag aus, um den horizontal verlaufenden

2 Schlag des angreifenden Stocks abzublocken. Führ eine leichte Körperdrehung sowie einen Schritt schräg nach vorn aus. Dies hilft dir, einen günstigeren Winkel für die Verteidigung einzunehmen und bringt dich aus dem Zentrum des Angriffs heraus.

Lass den verteidigenden Stock kurz und hart von dem angreifenden Stock zurückprallen. Dies gestattet es dir, deinen Stock so schnell wie möglich wieder einzusetzen, um eine verwundbare Stelle am Körper deines Gegners anzugreifen.

Hier zeigen wir die Methode, **den Angreifer durch das Ergreifen seiner Waffe an deren erneuter Verwendung zu hindern.** Trotzdem kann diese Technik auch ausgeführt werden, ohne den angreifenden Stock oder die ihn haltende Hand zu packen. Fahr in diesem Fall,

3 Mit einer schwungvollen Bewegung geht dein Stock zum Gegenangriff über. Pack den Stock (oder die Hand) des Angreifers so früh wie möglich, so dass er ihn nicht noch einmal einsetzen kann.

4 Führ einen sofortigen Angriff zum Kopf des Gegners aus. **Variante:** Wenn du schnell genug reagierst, kannst du den Gegenangriff schon in einem früheren Stadium, gleichzeitig mit der Stockabwehr starten.

falls erforderlich, mit Gegenangriffen fort. Benutz dazu deinen Stock, deine freie Hand (Faustschläge) und deine Beine (Tritte) oder eine beliebige Kombination hieraus.

Alternative: Führ die Verteidigung mit dem nach unten weisenden Stock oder deiner Hand aus.

Waagerechter Schlag - beidhändige Haltung des abblockenden Stocks

Dies ist ein weiteres Beispiel für eine Verteidigung mit einem Stock, bei der du den Angriff abblockst, während du den Stock mit beiden Händen hältst. Dein Stock sollte stabil genug sein, um der Wucht des gegnerischen Stocks standzuhalten.

1 Halt den Stock mit beiden Händen, während du mit leicht gespreizten Beinen oder einem leicht vorgestellten Bein dastehst. Der Angriff kommt von deiner linken Seite.

2 Verteidige dich mit einer schnellen Aktion. Blocke den Angriff ab, indem du deinen Stock diagonal zur Seite hälst, während du gleichzeitig eine Körperdrehung und einen diagonal verlaufenden Vorwärtsschritt (mit dem rechten Fuß) ausführst. Deine Ellenbogen sind nahezu gestreckt.

3 Lass den Stock von der Abblockaktion zurückprallen, um einen Gegenangriff auszuführen. Lös dabei den Griff deiner unteren Hand. Greif (sofern erforderlich), den Kopf oder eine andere verletzliche Stelle an. Falls nötig, fahr mit weiteren Stockangriffen fort oder setz Tritte oder Faustschläge ein.

Bei allen beschriebenen Techniken ermöglicht es die Abwehraktion mit dem Stock in Verbindung mit der Körperdrehung und dem diagonalen Voranschreiten, den Stock des Angreifers ungefähr in seiner Mitte bzw. näher an der ihn haltenden Hand zu stoppen. Vermeide in jedem Fall eine Abwehr gegen die den Stock haltende Hand, **da der Schlag mit dem Stock trotzdem trifft**. Achte ebenso darauf, den Stock nicht an seinem äußeren Ende zu blocken, da er an deinem Stock entlang gleiten und dich treffen könnte.

Beachte: Alle bisher vorgestellten Techniken sind weitestgehend gleich, da sie einen Block gegen verschiedene von außen nach innen gerichtete Schlagattacken anwenden.

Gerader Stich - Parade durch Innenblock

Dein Winkel zum Angreifer sowie die Position deines Stocks bestimmen, welche Verteidigung und welchen Gegenangriff du anwenden kannst. Beim Innenblock versetzt dein Stock dem des Angreifers einen schnellen, festen Schlag, lenkt ihn ab und wird dann von diesem auf direktem Weg „katapultartig" zu einem Gegenangriff geführt. Um eine wirksame Parade zu ermöglichen, muss der untere Teil deines Stocks unter der Spitze des Stocks deines Gegners liegen, während sich der obere Teil deines Stocks darüber befinden sollte.

1 In diesem Fall befindest du dich in einer Ausgangsposition, die einen Innenblock gegen den zu erwartenden gerade verlaufenden Angriff erforderlich macht.

2 Wende einen Innenblock an, wobei du den Stich mit einer kurzen explosiven Bewegung parierst. Führ gleichzeitig eine Körperverteidigung aus, bei der du dich leicht drehst und diagonal nach vorn gehst. Da es schwer ist die Höhe des Stichs einzuschätzen, verteidige dich mit deinem eher senkrecht gehaltenen Stock, um so eine größere Fläche deines Körpers zu schützen.

3 Um dich auf einen sofortigen Gegenangriff vorzubereiten, streckst du deine Hand aus, um die angreifende Waffe festzuhalten.

4 Führ sofort einen Gegenangriff gegen deinen Gegner aus. Du kannst weitere Angriffe mit dem Stock ausführen oder entsprechend den Umständen mit Faustschlägen oder Tritten attackieren.

Mögliche erste Gegenangriffe: Steche mit deinem Stock zu, führ einen kreisenden Schlag (mit deinem Stock) aus, tritt oder schlag mit deiner freien Hand oder schlag mit dem unteren Teil des Stockes - dem Stück, das unter deiner Hand herausragt - wenn der Angreifer sehr nah ist. Um zu verhindern, dass der Angreifer seine Waffe erneut einsetzt, kannst du den angreifenden Stock oder die ihn haltende Hand festhalten.

Gerader Stich - Parade durch Außenblock

1 In diesem Beispiel beginnst du aus einer Stellung heraus, die einen Außenblock gegen den Angriff erfordert.

2 Wende den Außenblock an, um den Angriff mit einer schnellen, kurzen Bewegung zu deflektieren. Führ gleichzeitig eine Körperverteidigung aus, bei der du deinen Körper leicht drehst und mit einem Diagonalschritt (mit dem hinteren Bein) nach vorn gehst.

3 Führ deinen ersten Gegenangriff aus. Danach kannst du weitere Angriffe folgen lassen, indem du, den Umständen entsprechend, deinen Stock einsetzt oder Faustschläge oder Tritte austeilst.

Um diese spezielle Verteidigungsform zu üben, bleib stehen und halte den Stock vor deinen Körper, in einem Winkel, der für einen Außenblock nötig ist. Die Art, in der der Stock gehalten wird, macht deutlich, dass ein Außenblock am schnellsten und wirkungsvollsten ist.

Der erste Gegenangriff kann ein Schlag mit dem Stock zum Kopf des Angreifers (von außen nach innen) sein, ein Stich in eine verwundbare Stelle seines Kopfs oder ein Kniestoß in den Unterleib.

Auch bei einem **überraschenden** Angriff, wirst du einen Außenblock anwenden. Allerdings werden deine übrigen Aktionen (wie Körperverteidigungen und Gegenangriffe) wahrscheinlich zu einem vergleichsweise späten Zeitpunkt erfolgen. Übe nun, diese Verzögerung zu minimieren!

Gerader, tiefer Stich - nach außen und nach unten gerichtete Verteidigung

1 Dein Stock ist von oben nach unten gerichtet. Diese Ausgangsstellung erfordert eine nach außen sowie nach unten gerichtete Verteidigungstechnik gegen alle tieferen Stichattacken.

2 Der Gegner greift mit einem tiefen Stich an. Aus deiner Ausgangsstellung heraus führst du mit einer kurzen und schnellen Bewegung eine nach außen sowie nach unten gerichtete Verteidigung aus, mit der du den Angriff zur Seite hin parierst. Die Parade zieht dich in eine Körperdrehung und ein diagonales Vorgehen, was deine „Körperverteidigung" ausmacht. Diese Bewegungen verschaffen dir sowohl eine Körperverteidigung als auch eine bessere Position, aus der heraus du die Gegenangriffe führen kannst.

3 Lass den Stock aus der Verteidigung heraus zur Ausführung deines Gegenangriffs zurückprallen.

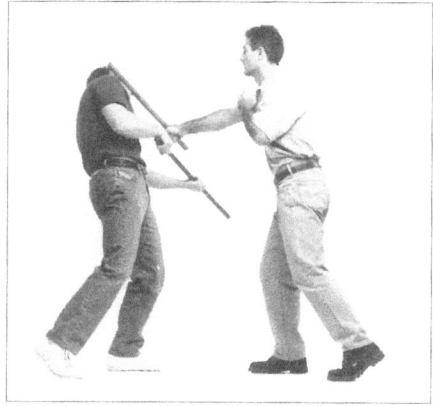

4 Beispiel eines geeigneten ersten Gegenangriffs: Geh, falls nötig, mit dem rechten Fuß vor, um den richtigen Abstand für einen Schlag gegen den Gegner einzunehmen.

Führ mit deinem Stock eine nach unten und außen gerichtete Parade aus. Um dieser Aktion Schnelligkeit und Kraft zu verleihen, heb deinen Ellenbogen und dreh deine Hand zur Seite, wodurch dein Stock nach unten gedreht wird und den Angriff seitlich abwehrt.

Gegen einen tiefen Stich kannst du wie beschrieben einen Innen- oder Außenblock anwenden. Dies ist jedoch nur möglich, wenn dein Stock schon auf Höhe des Stichs ist, bevor dieser ausgeführt wird. Zu diesem Zweck musst du eine tiefe Stellung einnehmen und deine Hand tief halten, wie bei der Anwendung dieses Prinzips in der Technik **Gerader Stich - Block von der Außenseite** (siehe 1. Kapitel: Verteidigung gegen Messerangriffe).

Grundangriff gegen einen bewaffneten Angreifer - Schlag mit dem Stock und Tritt

1 Greif kraftvoll mit deinem Stock an. Geh, falls nötig, vor und verlagere dein Gewicht nach vorn. Wie erwartet führt dein Gegner eine Abwehr gegen diesen Angriff aus.

2 Fahr mit deinem Angriff fort und trete dem Gegner in den Unterleib. Diesen Tritt führst du dann aus, wenn er darauf konzentriert ist, sich vor dem Stockangriff zu schützen.

Hier zeigen wir eine schnelle, einfache und höchst wirksame Technik als Beispiel für einen taktischen Angriff gegen einen mit einem Stock bewaffneten Gegner. Bei einer Konfrontation, bei der sowohl du als auch dein Gegner mit Stöcken bewaffnet sind, kannst du eine solche Technik anwenden, um ihn zu überwältigen, selbst wenn du kein Experte im Umgang mit einem Stock bist.

Die Technik baut auf zwei Angriffen auf, die in einem **gebrochenen oder versetzten Rhythmus** ausgeführt werden, d. h., der zweite Angriff beginnt, bevor der erste abgeschlossen ist. Der zweite Angriff trifft den Gegner, wenn der erste seine Aufmerksamkeit ablenkt. Zu diesem Zweck kannst du folgende Kombinationen anwenden: (1) Angriff mit einem Tritt als Täuschungsmanöver und anschließender Angriff mit dem Stock. (2) Ausführung mehrerer Stockangriffe in Kombination mit Tritten. (3) Werfen eines Gegenstands auf den Angreifer gefolgt von einem Stockangriff o. Ä.

Großmeister Imi demonstriert den Einsatz des Stocks gegen einen Stockangriff.

Eine wahre Geschichte

Unterschätze niemals deinen Gegner: Ein ehemaliger Schachweltmeister fährt mit dem Zug durch Mitteleuropa. Ein Mann, der neben ihm sitzt, schlägt vor, eine Partie Schach mit ihm zu spielen. Da er keinen Sinn darin sieht, lehnt er natürlich ab. Er kennt alle Spitzenspieler der internationalen Schachszene persönlich, und deshalb ist es ganz klar, dass der Leistungsunterschied viel zu groß sein würde. Der Andere bedrängt ihn weiter, und schließlich willigt er doch ein, wenigstens eine einzige Partie mit ihm zu spielen. Der Champion spielt sorglos drauflos und verliert. Der Mitreisende bittet um eine weitere Partie. Da sich der Meister sicher ist, dass er das Spiel gewinnt, wenn er diesmal konzentrierter zu Werke geht, lehnt er ab. Der Andere insistiert so hartnäckig, dass er schließlich nachgibt. Doch obwohl er diesmal mit vollem Einsatz spielt, verliert er erneut. Nun ist es der Meister, der um eine weitere Partie bittet, doch trotz aller Bemühungen und zu seiner großen Überraschung verliert er zum dritten Mal. Er fragt den Passagier: „Wer bist du, und wo hast du gelernt, so zu spielen?" Der Mann entgegnet, dass er in einem kleinen Dorf in der Umgebung wohnt, niemals das Land verlassen und immer nur mit seinen Freunden gespielt habe. Zu seinem großen Bedauern habe der Zug nun sein Ziel erreicht und er müsse aussteigen und im Übrigen „Vielen Dank" für den unterhaltsamen Wettkampf. Dann verschwindet er und hinterlässt einen Weltmeister, der sich für den Rest seines Lebens über diese seltsame Begegnung wundert.

Verteidigung gegen
zwei bewaffnete Angreifer

Kapitel 10

Verteidigung gegen zwei bewaffnete Angreifer

Stehst du einem Gegner gegenüber, solltest du so schnell wie möglich herausfinden, ob es noch einen **weiteren Angreifer** gibt, der dich gefährden könnte, da dies die Situation völlig verändern würde.

Eine Konfrontation mit zwei oder mehr Angreifern kann die Gestalt eines **Kampfes**, einer **Selbstverteidigungssituation** oder einer **Kombination** aus beidem annehmen. Unter diesen Umständen können sich einige der von dir gewählten Taktiken von denen unterscheiden, die du gegen einen einzelnen Angreifer anwenden würdest.

Sobald du bemerkst, dass dir mehr als ein Angreifer gegenübersteht, musst du unbedingt deine Aufmerksamkeit erhöhen, um sicherzustellen, dass dir keine entscheidende Bewegung von **einem der Angreifer** entgeht. Du selbst musst die bestmögliche Position zu allen Angreifern einnehmen.

Beachte: Wenn du einem der Angreifer zu viel Aufmerksamkeit schenkst, können **die anderen (bzw. kann der andere) ungestört handeln**. Dies ähnelt der Konfrontation mit einem einzelnen Angreifer, bei der man sich nur auf die Hände des Angreifers konzentriert und sich dadurch z. B. den Tritten des Gegners schutzlos ausliefert. Das sollte in jedem Fall vermieden werden!

In diesem Kapitel betrachten wir die Konfrontation als Selbstverteidigungssituation, in der du auf zwei bewaffnete Angreifer triffst. Wir präsentieren und analysieren ein typisches Beispiel, bei dem ein Angreifer ein Messer und der andere einen Stock als Waffe einsetzt. Um die Darstellung und das Verständnis der Thematik zu vereinfachen, gehen wir in dem gesamten Kapitel davon aus, dass jeder Angreifer in einer bestimmten festgelegten Weise angreift. Anhand dieses ausgewählten Beispiels kannst du zahlreiche wertvolle Grundsätze lernen und ableiten:

● Die Situation ist extrem gefährlich. **Verlass den Bereich** deshalb (falls möglich) so **schnell du kannst**.

● Wann immer es möglich ist, solltest **du die Initiative ergreifen und den ersten Schritt tun**. Warte nicht darauf, dass die Initiative von dem/den Angreifer(n) ausgeht.

●**Vermeide es, zu viel Aufmerksamkeit auf einen der Angreifer zu** richten. Du solltest zuerst einen Gegner so schnell und wirkungsvoll wie möglich ausschalten, und dich dann mit dem/den anderen beschäftigen.

- **Verringere deinen Abstand zu einem Angreifer**, um wirkungsvoll zu verteidigen und anzugreifen. Vergrößere zur Erhöhung deiner Sicherheit den Abstand zu dem/den anderen Angreifer(n).

- **Vermeide es, zwischen zwei Angreifern zu stehen oder zwischen diesen hindurchzugehen.** Lässt sich ein Hindurchgehen nicht vermeiden, dann tu es so schnell wie möglich. Beweg dich, falls möglich oder wenn nötig, während du gleichzeitig etwas gegen den gefährlicheren Angreifer oder aber gegen beide unternimmst.

- Unternimm etwas sowohl zu deiner Verteidigung als auch um die Angreifer zu attackieren. Positioniere dich dabei so, **dass ein Gegner als Schild oder Hindernis zwischen dir und dem/den anderen** dient. Dies erreichst du, wenn du dich in die richtige Richtung begibst oder aber indem du dich drehst und einen Angreifer zwischen dich und die/den anderen Angreifer bringst.

- **Das Stoßen eines Angreifers gegen den anderen** verschafft dir (besonders nach einem kraftvollen Gegenangriff gegen den ersten) einen momentanen Vorteil, da du auf diese Weise die Aktionen des zweiten Angreifers erheblich störst. Nutze dies, um einen oder beide Gegner auszuschalten oder ergreif sofort die Gelegenheit zu einem kontrollierten Rückzug vom Ort des Geschehens.

- In einer Situation, in der die Angreifer verschiedene Waffen tragen, **solltest du zuerst die Angriffsmöglichkeit des gefährlicheren Gegners einschränken**, während du gleichzeitig weitere Aktionen der übrigen Angreifer in Betracht ziehen solltest.

Zum Beispiel: Solange du weit von den Angreifern entfernt bist, **ist der Stock aufgrund seiner vergleichsweise größeren Reichweite im Allgemeinen gefährlicher als das Messer.** Deshalb sollte sich die erste Aktion gegen den Angreifer mit dem Stock richten, auch dann, wenn dieser nicht zuerst angreift! Darüber hinaus kann dem Angreifer der Stock abgenommen und gegen den anderen (den, mit dem Messer) eingesetzt werden.

- Ergreif in unsymmetrischen Situationen, d. h. wenn der eine Angreifer mit einem Messer und der andere mit einem Stock bewaffnet ist, **nur dann Verteidigungsmaßnahmen gegen den Messerträger, wenn dieser im Moment der gefährlichere Angreifer ist**, weil er dir zu nahe gekommen ist und dich überraschend angreift. In den meisten Fällen, (selbst wenn dir der messerschwingende Angreifer näher steht) ist es möglich (und sogar empfehlenswert) in Richtung des Angreifers mit dem Stock zu „entfliehen" und diesen anzugreifen.

- Wann immer es möglich ist, **solltest du einen Angreifer entwaffnen und seine Waffe zu Verteidigung und Gegenangriff einsetzen.** Der Stock wird sich fast immer als wirkungsvolle Waffe gegen das Messer erweisen, während dies umgekehrt nicht unbedingt der Fall ist.

Pass auf: Beide Waffen dürfen auf keinen Fall in die Hände eines Angreifers fallen.

Beim Einstudieren der folgenden Verteidigungstechniken gegen zwei oder mehrere Angreifer solltest du die zuvor erläuterten Prinzipien zunächst nach den vorgegebenen Bedingungen anwenden. Trainier dann **Varianten**, bei denen die Angreifer mit den selben oder unterschiedlichen Waffen ausgerüstet sind oder bei denen sie verschiedene Angriffstechniken gegen dich einsetzen und sich dir aus entgegengesetzten Richtungen nähern. Du kannst auch andere wirklichkeitsnahe Situationen nachstellen, z. B. im Treppenhaus, in sitzender Haltung, in räumlich beengter Umgebung, bei schlechten Lichtverhältnissen, usw.

Dies wird dich in die Lage versetzen, Anormales als Normal und Fremdes und Ungewohntes als vertraut zu empfinden. Auf diese Weise übst du dich im Improvisieren und wirst im Bedarfsfall die passende Lösung für ein neues Problem finden. **Das ist der Schlüssel dazu, deine Fähigkeit auszubauen, effektiv mit realen Situationen des Lebens fertig zu werden.**

Zwei Angreifer - Einer von rechts mit einem Stock, der andere von links mit einem Messer

1 Ausgangsposition. Der Angreifer mit dem Stock steht diagonal versetzt rechts von dir, der andere mit dem Messer schräg links. Beide greifen dich an. Falls möglich, **ergreif die Initiative** und warte nicht auf deine Gegner. Greif einen von beiden (vorzugsweise den mit dem Stock) mit einer geeigneten Technik an.

2 Wende Verteidigung und Gegenangriff gegen den mit dem Stock bewaffneten Angreifer an, der hier mit einem Schlag von oben angreift. Der zweite Angreifer mit dem Messer muss nun seine Angriffsrichtung ändern - der Sicherheitsabstand zwischen dir und ihm hat sich vergrößert.

Nimm an, dass beide Angreifer annähernd gleich weit von dir entfernt sind. Der Angreifer mit dem Stock stellt wegen der größeren Reichweite seiner Waffe die größere Gefahr dar: Aufgrund dieses Vorteils kann er dich schneller erreichen.

Gemäß der Grundregel, Abwehr- und Angriffsaktionen entsprechend der Größe des von jedem Angreifer ausgehenden Risikos auszuführen, **richtet sich die erste Aktion in der Regel gegen den Gegner mit dem Stock**. Eine Ausnahme dieser Regel ist, wenn der Angreifer mit dem Messer überraschend auf dich eingestochen hat oder wenn er dir sehr nahe kommt.

3 Da der zweite Gegner von deiner Aktion überrascht wurde, kannst du nun fortfahren, indem du den ersten Angreifer packst (geh mit dem linken Fuß voran) und mit einem Kniestoß in seinen Unterleib einen Gegenangriff ausführst.

5 Sobald die Distanz stimmt, stopp den Messerstecher mit einem Tritt in den Unterleib.

7 Verwende die Waffe, die du an dich genommen hast (wenn nötig) um deinen Gegenangriff durchzuführen.

4 Mach einen Schritt mit deinem rechten Fuß, um den Angreifer mit dem Stock zu drehen. Er dient als "Schild" zwischen dir und dem zweiten Gegner (dem mit dem Messer). **Pass auf:** Der das Messer führende Gegner wird unbeirrt versuchen, am Hindernis vorbei zu gehen, um dich anzugreifen.

6 Ist der Stock noch in den Händen des ersten Angreifers, wende eine Hebeltechnik an, um ihm den Stock zu entwinden (tu dies falls erforderlich mit Hilfe deines Knies oder Oberschenkels).

In diesem Fall hast du keine andere Wahl als die, den ersten Schritt zu tun. (Siehe im späteren Verlauf dieses Kapitels: **Zwei Angreifer - Erste Aktion gegen den Angreifer mit dem Messer**).

Im oben abgebildeten Beispiel wird die erste Verteidigungstechnik gegen den Angreifer mit dem Stock ausgeführt.

Das Zugehen auf den ersten Angreifer (um ihn so zu drehen, dass er den zweiten behindert) wird **mit höchster Geschwindigkeit und ohne dem zweiten Angreifer deinen Rücken vollständig zuzuwenden**, ausgeführt.

In diesem Beispiel hattest du genügend Zeit, den ersten Angreifer zu entwaffnen. Das geschieht, indem du den Stock in der Hand des Gegners drehst, um ihn nah an seinen Unterarm zu bringen. In anderen Fällen fällt die Waffe als Folge deiner Gegenangriffe vielleicht zu Boden. Eventuell fehlt dir die Zeit, um die Waffe an dich zu nehmen und dir bleibt (stattdessen) nur der Bruchteil einer Sekunde, um zurückzuspringen. Möglicherweise musst du aber auch sofortige Maßnahmen gegen den zweiten Gegner ergreifen, wobei du „nur" deine Hände und Beine einsetzen kannst.

Zwei Angreifer - Einer von rechts mit einem Messer, der andere von links mit einem Stock

1 Ausgangssituation: Du wirst von zwei Männern attackiert; rechts von dir befindet sich ein mit einem Messer bewaffneter Angreifer und links steht ein Angreifer mit einem Stock.

2 Wende gegen den von oben kommenden Stockangriff eine Stockabwehr zurAußenseite des angreifenden Unterarms an. Stürm dabei vorzugsweise mit dem Fuß voran, der sich auf der selben Seite befindet wie deine verteidigende Hand. Das versetzt dich auch in die Lage, den nächsten Schritt leicht ausführen zu können und vergrößert deinen Abstand zum zweiten Angreifer.

Auch hier sehen wir, wie die Grundprinzipien angewendet werden. Bei der Verteidigungstechnik handelt es sich um eine Stechabwehr zur Außenseite des Angriffs. Sie ermöglicht es dir, hinter den Gegner zu gelangen, ohne zwischen beiden Angreifern hindurch laufen zu müssen und **ohne dem Messerstecher den Rücken zuzuwenden**. In diesem, wie auch im ersten Beispiel gelingt es dir, den ersten Angreifer zu entwaffnen, wenn auch in einer späteren Phase (verglichen mit dem ersten Beispiel). **Andere mögliche Szenarien**: Der Stock könnte als Folge deiner Gegenangriffe aus den Händen des Gegners fallen, oder du hast nicht genügend Zeit, ihn zu entwaffnen, und musst zuvor weitere Aktionen des zweiten Angreifers vereiteln.

3 Mach einen weiteren Schritt, um hinter den ersten Angreifer zu gelangen.

4 Führ gleichzeitig einen Gegenangriff aus und begib dich hinter den Angreifer. Das zwingt den Angreifer mit dem Messer, seine Angriffsrichtung zu ändern.

5 Versetz dem zweiten Angreifer einen Tritt, um ihn in der Langdistanz zu stoppen.

6 Wenn es die Situation gestattet, entwaffne den ersten Angreifer und benutze seine Waffe, falls erforderlich.

Beachte: Die ersten beiden Techniken zeigen nur zum Teil, wie man den ersten Angreifer vor den anderen positioniert.

Achtung: Falls einer der Angreifer seine Waffe fallen lässt, **solltest du den anderen daran hindern, die Waffe aufzuheben,** damit er nicht zwei Waffen zur Verfügung hat!

Zwei Angreifer - Bewegungsablauf
um die Distanz zum zweiten Angreifer zu vergrößern

Erste Möglichkeit:

1.1 Der Angreifer mit dem Stock befindet sich auf deiner linken Seite. Du hast (während du vorgestürmt bist) gegen den Stockschlag von oben die Stechabwehr zur Innenseite des Angriffs angewandt. Dies bringt dich nicht weit genug vom zweiten Angreifer weg. Die Technik beinhaltet einen Gegenangriff. Da du mit der linken Hand abwehrst und dein rechtes Bein vorn steht, fährst du folgendermaßen fort:

1.2 Dreh den ersten Angreifer nach außen, wobei du mit deinem hinteren (linken) Bein einen Schritt schräg nach vorn machst.

Die folgenden drei Fotoreihen veranschaulichen die verschiedenen Möglichkeiten des Verteidigers, um den ersten Angreifer in Richtung des zweiten zu drehen. Dies ist nötig, wenn dein erster Versuch scheiterte, dich weit genug von der Bedrohung durch den zweiten Angreifer zu entfernen. Mit der vorangegangenen Technik gelang es dir mit deiner ersten Abwehrmaßnahme, dich hinter den ersten Angreifer (den mit dem Stock) zu bringen. Im nun gezeigten Fall gelang dir dies nicht.

1.3 Mach einen Schritt zurück und vollende die Drehung. Auf diese Weise vergrößerst du deinen Abstand zum zweiten Angreifer und platzierst den ersten als Hindernis zwischen euch beiden. Führ nun einen weiteren Gegenangriff gegen den ersten Angreifer aus.

Die Richtung, in die der Angreifer manövriert werden kann, ist abhängig von dessen Angriffsart, von der Position deiner Beine während der ersten Abwehr sowie vom Winkel und dem Abstand zum zweiten Angreifer.

Zweite Möglichkeit:

2.1 Der Angreifer mit dem Stock befindet sich auf deiner linken Seite. Du hast gegen den Stockangriff von oben mit deiner linken Hand die Stechverteidigung gegen die Innenseite des Angriffs angewandt, die dich sogar noch weiter von dem anderen Angreifer entfernt hat. Die Technik umfasst auch einen Gegenangriff. Du bist mit dem vorderen (linken) Bein auf der selben Seite wie deine verteidigende Hand vorgegangen.

2.3 Der erste Angreifer wird nun zum Hindernis für den zweiten. Fahr mit Gegenangriffen fort oder verlasse schnell den Gefahrenbereich.

Dreh den Angreifer mit dem Stock bei deinem zweiten Schritt auf **deine lin- ke Seite** nachdem du die Verteidi- gung mit deinem nach vorn gesetz- ten linken Fuß (Fotos 2.1 bis 2.3) ab- schlossen hast.

2.2 Fahr mit der ununterbrochenen Bewegung fort. Da du das linke Bein nach vorn gesetzt hast, mach einen Schritt mit dem hinteren (rechten) Fuß und dreh dich dann. Dies ist **nur möglich, wenn der zweite Angreifer relativ weit weg ist**, da du ihm während der Drehung den Rücken zuwenden musst, was du nicht willst. Geh so schnell wie mög- lich zwischen den beiden Angreifern hindurch, führ die Drehung aus und bring den ersten Angreifer als Schild zwischen dich und den anderen.

Dritte Möglichkeit:

3.1 Wie bei der vorangegangenen Fotoserie hast du die Technik mit deinem vorgesetzten linken Bein ausgeführt, kannst dich aber wegen Zeit- und Platzmangel nicht zwischen den beiden Angreifern hindurch bewegen.

3.2 Fahr mit einem kleinen Schritt mit dem linken Fuß fort, dreh dich und mach mit dem rechten Fuß einen Schritt zurück und dreh dabei den Angreifer mit dem Stock kraftvoll.

3.3 Mit deiner Aktion hast du den ersten Angreifer vor dich gebracht, wodurch dem Angreifer mit dem Messer der Weg versperrt wird. Mach so weiter, wie du es für erforderlich hälst.

Dreh ihn nach rechts, wenn du deine Verteidigung mit vorgesetztem rechten Fuß (Fotos 1.1 bis 1.3) ausgeführt hast oder sie mit dem **vorgesetzten linken Fuß** ausführen musstest, weil dir Zeit und Platz fehlten, dich zwischen beiden Angreifern hindurchzubewegen (Fotos 3.1 bis 3.3).

Beachte: Wenn sich dir der zweite Angreifer von hinten nähert und zur unmittelbaren Gefahr wird, während du die Verteidigungstechnik gegen den ersten anwendest, kannst du ihn z. B. mit einem **Rückwärtstritt** (gerader Tritt nach hinten) treffen und sein Vorrücken stoppen. Danach setzt du deine Maßnahmen gegen den ersten Gegner fort.

Zwei Angreifer - Erste Maßnahme gegen den Angreifer mit dem Messer

1 Der Mann mit dem Messer befindet sich auf deiner linken Seite, der Angreifer mit dem Stock auf der rechten. Wende eine Verteidigung nach innen (von der Außenseite) gegen den Messerangreifer an, der dich aus relativ geringer Entfernung (und vielleicht auch überraschend) mit einem geraden Stich attackiert.

2 Wende einen Block nach innen gegen den geraden Messerstich an und führ einen Gegenangriff aus, während du schräg nach vorn gehst.

3 Achte auf die Aktionen des anderen Angreifers, während du den Gegner mit dem Messer unter Kontrolle hältst und noch weiter hinter ihn gehst.

4 Begib dich hinter den Angreifer, versetz ihm einen Stampftritt (Zehen nach rechts) in die Kniekehle und stoße ihn nach vorn. Nun ist der Weg des zweiten Angreifers versperrt.

5 Wenn du den ersten Angreifer dem zweiten entgegenstößt, wird er zu einem Hindernis. Er wird dem zweiten Angreifer den Weg versperren oder ihn zumindest daran hindern, dich auf kürzestem und direktestem Weg zu erreichen.

6 Dieses taktische Manöver verschafft dir Zeit, um deinen Gegenangriff fortzusetzen, dich zu verteidigen oder zu fliehen.

Du wurdest in der Nahdistanz durch den Versuch einer Stichattacke überrascht und musst sowohl gegen den Stich als auch gegen den Angreifer Maßnahmen ergreifen. Ist der Angreifer mit dem Stock - wie auf dem Foto - relativ weit entfernt, hast du vielleicht genügend Zeit um Gegenangriffe auszuführen und andere Maßnahmen gegen den ersten Gegner mit dem Messer zu treffen. Befindest du dich unter Zeitdruck, (z. B. weil der zweite Gegner zu nahe ist) kannst du immer noch eine Verteidigung ausführen und möglicherweise sogar einen Gegenangriff gegen den Mann mit dem Messer richten.

Bedenke: Du musst dich **danach sofort um den Angreifer mit dem Stock kümmern** oder zurückspringen, um Abstand von beiden Gegnern zu gewinnen.

Hast du den Mann mit dem Messer entwaffnet, kannst du das Messer für deine Gegenangriffe nutzen und es vielleicht sogar auf den zweiten Angreifer werfen (wenn du darin geübt bist), um seinen Angriff zu stoppen und dann vorzustürmen, um ihn selbst anzugreifen.

Zwei Angreifer - Erste kurze Maßnahme gegen den Angreifer mit dem Messer

1 Block den Messerstich von unten, der überraschend vom ersten Angreifer ausgeführt wird. Der Gegner mit dem Stock ist zu nah. Du hast die Möglichkeiten, zurückzuspringen oder (seitlich) auf ihn zuzustürmen.

2 Entscheidest du dich dazu, dem zweiten Angreifer entgegenzutreten, so stürm auf ihn zu und wende die entsprechende Technik an: **Verteidigung gegen einen waagerechten Schlag von der Seite (Schlag wie mit einem Baseballschläger).**

3 Ende der Verteidigungsphase (bei der Technik gegen einen horizontal verlaufenden Stockschlag).

4 Der Gegenangriff gegen den zweiten Angreifer wird ausgeführt, während du ihn zwischen dich und den anderen Gegner stellst, um dem Angreifer mit dem Messer den Weg zu versperren. Du musst zu jeder Zeit auf die Aktionen des anderen Angreifers achten.

2a Foto 2 von vorn aufgenommen: Das Zustürmen auf den zweiten Angreifer.

Hast du nicht genügend Zeit, dich um den Angreifer zu kümmern, der dich in der Nahdistanz überraschend mit dem Messer attackiert, musst du eine passende Verteidigung und eine sinnvolle Konterattacke ausführen. Du solltest dann sofort auf den zweiten Angreifer zuspringen und den Abstand zwischen dir und ihm auf diese Weise verringern, damit sein Stockangriff wirkungslos bleibt.

Kapitel 11

Prinzipien der Verteidigungstechniken

In diesem Kapitel behandeln wir verschiedene Prinzipien, die als Grundlagen der Verteidigungsaktionen dienen. Diese Prinzipien gelten für die Verteidigung gegen Handangriffe (alle Arten von Schlägen oder stechenden Bewegungen), Bein- und Fußattacken oder Angriffe mit Waffen. Der hauptsächliche Zweck einer Verteidigungsaktion besteht darin, **den Angriff aufzuhalten** und den Angreifer daran zu hindern, sein Ziel zu treffen. Darüber hinaus sollte eine richtig ausgeführte Technik den Verteidiger in die Lage versetzen, einen sofortigen und wirkungsvollen Gegenangriff durchzuführen oder so schnell wie möglich die Flucht zu ergreifen.

Die Selbstverteidigungstechniken stehen im Mittelpunkt des Krav Maga-Systems. Sie stellen weit mehr dar als nur eine Sammlung nützlicher Techniken. Jede von ihnen kann zerlegt und methodisch analysiert werden. Dies hilft, jede Technik in ihre elementaren Bestandteile zu zerlegen und die ihr zugrunde liegenden Prinzipien zu verstehen. Die Prinzipien, denen wir uns in diesem Kapitel widmen, sind in ihre allgemeinen Bestandteile unterteilt, die dazu dienen, die schnellst mögliche, kürzeste und wirkungsvollste Verteidigung auf einen Angriff zu finden. Durch das Kennen, Verstehen und Verinnerlichen dieser Prinzipien wirst du in die Lage versetzt, **mit der richtigen Antwort auf eine Konfrontation zu reagieren und effizienter mit realen Situationen umzugehen**, denen du vielleicht niemals zuvor im Training begegnet bist. Das an diesen Prinzipien orientierte Training, das Üben von Angriffsvarianten und das Lernen, Gefahr und Problemlösung kritisch zu hinterfragen, wird dich auf jeden Fall besser darauf vorbereiten, „echte" gewaltsame Konfrontationen zu bewältigen.

Körperverteidigung (Ausweichen)

Der Begriff **Ausweichen** oder **Körperverteidigung** bezieht sich auf das Bewegen des Ziels in einer Weise, dass der Angriff, egal ob es sich dabei um einen Schlag, einen Tritt oder einen Angriff mit einer Waffe handelt, nicht „ins Schwarze" trifft.

Die grundlegenden Ausweichtechniken sind:

Horizontale Körperbewegungen

1. Weggehen, Rückzug: Bei dieser Verteidigung gehst du aus der Reichweite des Angriffs. Deine Bewegung verläuft entlang einer imaginären Linie zwischen dir und dem Angreifer.

Du kannst dich entweder vollständig entfernen, d. h., dich mit einem oder mehreren
Schritten zurückziehen, oder du kannst den
angegriffenen Körperteil zurückziehen,
z.B.deinen Oberkörper zurücklehnen,
wodurch dein Kopf sowie dein Hals aus
der Reichweite eines Faust- oder Messer-
hiebs gelangen.

**2. Verkürzung der Distanz durch
eine Vorwärtsbewegung:** Bei dieser
Aktion schließt du die Lücke zwischen dir
und dem Angreifer. Damit bewirkst du,
dass Waffen oder Körperteile, die dich von
der Außenseite angreifen, z. B. ein
Fuß bei einem Halbkreis -Fußtritt (Round-

house-Kick) oder das Ende eines Stocks bei einem waagerechten Schlag von der
Seite, ihr Ziel nicht mit ihren sich schnell bewegenden, gefährlicheren Teilen treffen. Das
sind die am weitesten von ihrer jeweiligen Bewegungsachse entfernten Bereiche. Der
Teil, der dich trifft, ist schlimmstenfalls der, welcher dem Ausgangspunkt der
Bewegung am nächsten ist und somit der wenig wirksame Bereich der angreifenden
Waffe, bzw. des angreifenden Körperteils.

Bedenke: Diese Verteidigung **reicht** allein normalerweise **nicht gegen gerade verlau-
fende Angriffe aus**. Trotzdem hat bei korrekter Ausführung und richtigem Timing der
Körperverteidigung auch der gerade verlaufende Angriff des Gegners nicht genügend
Zeit, einen größeren Weg zurückzulegen und eine hohe Geschwindigkeit zu erreichen.
Folglich wird ihm der Schwung fehlen, und er wird weniger effektiv ausfallen. Im
Rahmen des Krav Maga verwenden die meisten Techniken, die sich dieses Prinzips
bedienen, auch eine passende Handtechnik als Bestandteil der gesamten Verteidigung.
3. Seitwärtsbewegung: Hier bewegst du dich entlang einer imaginären Linie, die

rechtwinklig zu der Linie zwischen dir und dem Gegner verläuft. Diese Verteidigung
wird normalerweise von einer **Körperdrehung** begleitet (wie später erläutert). Als
Folge dieser Bewegung wird dich ein gradliniger Angriff **verfehlen** anstatt **dich zu
treffen**. Selbst wenn der Angriff in Form einer runden oder halbkreisförmigen
Bewegung verläuft, wird dich das richtige Ausweichmanöver aus der Reichwei-

te des Angriffs bringen und dessen Aufprall abschwächen, auch wenn du in diesem Fall einen weiteren Weg zurücklegen musst.

Die folgenden Skizzen veranschaulichen Verteidigungen unter Ausführung einer Seitwärtsbewegung (Ansicht von oben). Die nachfolgenden Erläuterungen der Zeichen gelten für alle in diesem Kapitel verwendeten Skizzen.

Zeichenerklärung

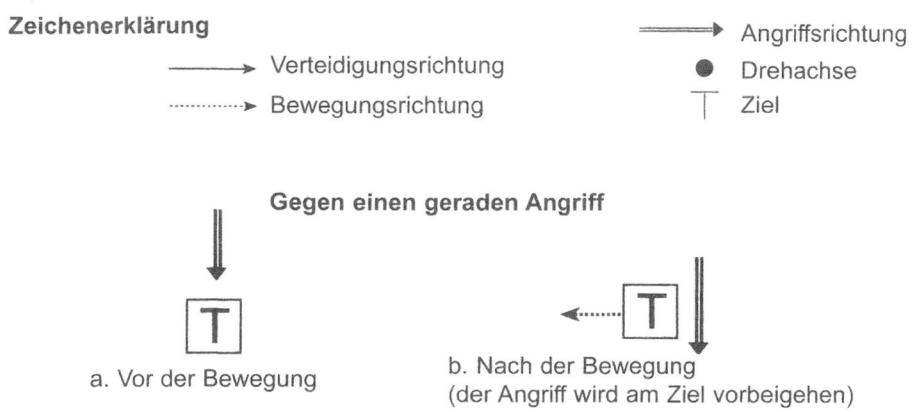

Gegen einen geraden Angriff

a. Vor der Bewegung

b. Nach der Bewegung
(der Angriff wird am Ziel vorbeigehen)

Gegen einen halbkreisförmigen Angriff

a. Vor der Bewegung

b. Seitwärtsbewegung
(bewirkt einen abgeschwächten Aufprall)

Körperdrehung

Bei dieser Aktion bewegst du dich um eine senkrechte Achse, ähnlich wie sich eine Tür in ihren Scharnieren bewegt. Verlaufen die Angriffe in einer geraden Bewegung, ist die richtige Stellung zur Achse Garant für eine wirksame Körperverteidigung, die dich aus der Angriffslinie heraus bringt. Obwohl diese Verteidigung allein nicht vollständig gegen Angriffe ausreicht, die von außen kommen (halbkreisförmige Angriffe) und einen langen Weg zurücklegen, bremst sie aber deren Wucht.

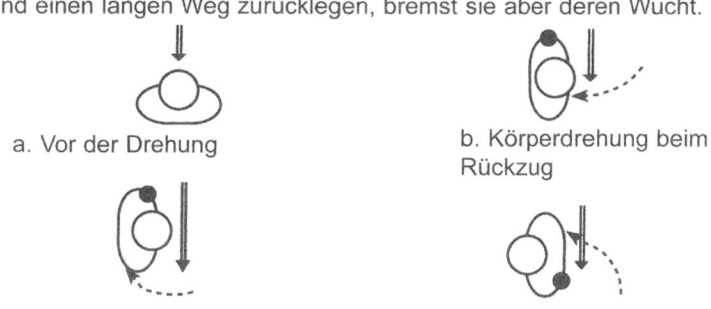

a. Vor der Drehung

b. Körperdrehung beim Rückzug

c. Körperdrehung bei der Vorwärtsbewegung

d. Diese Aktion wird als **falsch** eingestuft

Die Verteidigungstechniken des Krav Maga beinhalten meistens eine Körperdrehung in Kombination mit einem diagonalen Vorwärts- und Seitwärtsgehen des Verteidigers. Dies gilt z. B. für: **Bedrohung von vorn aus der Langdistanz** (in Kapitel 4: **Neutralisierung einer Bedrohung mit einer Handfeuerwaffe aus unmittelbarer Nähe**); **Stich, Gerade Haltung - Block nach innen von der Außenseite; Stich, Orientalische Haltung - Diagonale Unterarmabwehr** (in Kapitel 1: **Verteidigung gegen Messerangriffe**); **Handverteidigung gegen einen Tritt**, und andere.

Verteidigung durch Höhenveränderung

Bei dieser Aktion „veränderst du deine Größe, was dazu führt, das der Angriff über deinen oder unter deinem Körper hinweggeht. Im Krav Maga umfassen solche Verteidigungen das **Absenken deines Körpers** durch Beugen von Oberkörper und Knien oder das **Anheben des anvisierten Ziels**, z. B. durch das Heben deines Beins bei einem gegen dein Schienbein oder Knie gerichteten tiefen Tritt, wodurch die unmittelbare Gefahr für dein Bein gebannt wird.

Die Kombination mehrerer Prinzipien innerhalb einer Technik

Um die Körperverteidigungen wirkungsvoll zu gestalten, werden verschiedene Ausweichmanöver verwendet und kombiniert. Hier einige Beispiele:

1. Bewegung in „alle" Richtungen, z. B. Ausweichen durch eine diagonale Vor- oder Rückwärts-Bewegung. Diese entsteht durch die Kombination von seitlicher Bewegung mit Vor- oder Rückwärts- Bewegung. Insgesamt unterscheiden wir acht Hauptrichtungen für horizontale Bewegungen (vergleichbar mit der Kompassrose), nicht nur die vier bisher beschriebenen seitlichen Richtungen. (Das komplette Spektrum der Möglichkeiten beinhaltet natürlich eine unendliche Anzahl diagonaler Richtungsverläufe).

2. Kombination der Bewegung mit einer Körperdrehung. Bei vielen Krav Maga-Techniken wird die Effektivität deiner Ausweichmanöver durch die Kombination einer geeigneten Körperdrehung mit einem diagonalen Vorrücken verbessert. Diese Techniken beinhalten z. B.: **Bedrohung von vorn, aus der Langdistanz (Neutralisierung einer Bedrohung mit einer Handfeuerwaffe aus unmittelbarer Nähe); Stich mit einem Stock - Block nach innen von der Außenseite/Innenseite** (Kapitel 3: **Verteidigung gegen einen Angreifer mit einem Stock**); **Stich, Orientalische Haltung - Diagonale Unterarmverteidigung** (Kapitel 1: **Verteidigung gegen Messerangriffe**) und andere.

3. Kombination einer Bewegung in die geeignete Richtung mit einer Höhenveränderung der Körpergröße, z. B. wie unter **Stich, Gerade Haltung - Seitliche Körperverteidigung und Tritt** (Kapitel 1: **Verteidigung gegen Messerangriffe**) erläutert. Du bewegst dich zur Seite und neigst den Körper nach unten, als wolltest du ausweichen und unter die Angriffslinie abtauchen.

Hand- oder Fußverteidigungen

Wir beschäftigen uns nun mit den Prinzipien der Arm- und Beinbewegungen bei der Ausführung von Verteidigungstechniken. Wie zuvor erläutert, kombiniert Krav Maga systematisch die von den verschiedenen Gliedmaßen ausgeführten Abwehrmaßnahmen mit einer passenden Ausweichbewegung des Körpers. Zu den Ausnahmen von dieser Regel gehören plötzliche reflexartige Verteidigungen, wie **360°-Außenblocks**, bei denen die knappe Zeit lediglich den Einsatz eines Körperteils zum Abblocken oder Ablenken des Angriffs zulässt. In solchen Situationen ist es für den Verteidiger manchmal schwierig, ein effektives Ausweichmanöver auszuführen und nahezu unmöglich, den gesamten Körper, d. h. dessen Schwerpunkt zu bewegen.

Bewegungsrichtung der Gliedmaßen während der Verteidigung

1. Block nach innen: Bei diesen Aktionen bewegt sich das verteidigende Körperteil von der Außenseite zur Innenseite, wobei dein Körper den Bezugspunkt bildet. Siehe z. B.: **Block von der „live"-Seite und Block nach innen von der Außenseite** (Kapitel 1: **Verteidigung gegen Messerangriffe / Messer in gerader Haltung**).

2. Block nach außen: Bei diesen Aktionen bewegt sich das verteidigende Körperteil von innen nach außen; Bezugspunkt ist dein Körper. Diese Techniken beinhalten auch Abwehrtechniken, bei denen der verteidigende Teil des Körpers von der Mitte aus gesehen nach oben oder unten bewegt wird. (Siehe Techniken mit Unterarmverteidigungen gegen einen Messerstich bei orientalischer oder normaler Haltung im Kapitel 1: **Verteidigung gegen Messerangriffe**).

Beispiel des Deflektieren nach innen

Beispiel eines Außenblocks

Richtung des Aufpralls auf das angreifende Körperteil

An dieser Stelle widmen wir uns der Richtung und dem Winkel, aus der bzw. in dem das angreifende Körperteil auf das verteidigende Körperteil trifft und umgekehrt. Für das Auftreffen gibt es vier verschiedene Richtungen.

1. Senkrechtes Auftreffen: Die erste Möglichkeit ist ein senkrechtes Auftreffen des verteidigenden Arms oder des verteidigenden Beins auf das angreifende Körperteil, z. B. gegen einen gerade verlaufenden Messerstich oder einen Faustschlag. **Im Ergebnis** wird der Angriff von seinem ursprünglichen Richtungsverlauf abgelenkt (siehe Foto a). **Beispiele: Stich mit einem Stock - Block von der Außenseite/Innenseite** (Kapitel 3: **Verteidigung gegen einen mit einem Stock bewaffneten Angreifer**), wobei sich die Handfläche im Moment des Kontakts nur nach innen bewegt - im Gegensatz zur gleitenden Abwehr. **Gerader Stich - Parade durch Innen-/Außenblock** (Kapitel 9: **Stock gegen Stock**).

Die zweite Möglichkeit besteht in einem senkrechten Auftreffen auf den sich kreisförmig oder halbkreisförmig bewegenden angreifenden Körperteil mit dem Ziel, **den Angriff** wie auf Foto b gezeigt, **zu stoppen und abzublocken**. Siehe folgende Unterarm-Abwehrtechniken: **Plötzlicher Stich von vorn - Orientalische oder normale Haltung** (Kapitel 1: **Verteidigung gegen Messerangriffe**); **Stockschlag von oben - Handspeer-Verteidigung gegen die Innenseite des Angriffs** (Kapitel 3: **Verteidigung gegen einen Angreifer mit einem Stock**).

 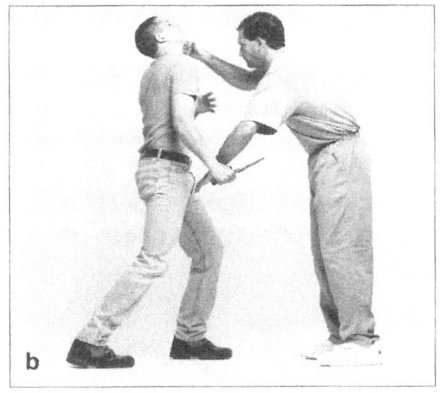

Wenn der Verteidiger keine Waffe zu Verteidigungszwecken hat, kann eine mögliche Aktion zur Verringerung der Wucht des Aufpralls auf den verteidigenden Körperteil darin bestehen, **den Angriff über einen längeren Weg abzubremsen** und nicht nur an einem einzelnen bestimmten Punkt. Diese Aktion entspricht der Funktionsweise eines Stoßdämpfers. Der Verteidiger kann auch eine Schräge herstellen, um so für einen spitzeren Aufprallwinkel und ein Abgleiten der angreifenden Körperteile an den verteidigenden Körperteilen zu sorgen.

Eine bessere Abwehrmaßnahme gegen solch einen kraftvollen Angriff bei nicht-senkrechtem Auftreffen, besteht darin, eine Schräge zu bilden, um ein Abgleiten zu ermöglichen.

a. Verteidigung, deren Wucht den Angriff ablenkt und dessen Richtungsverlauf verändert.

b. Abblockende Verteidigung; stoppt den Angriff im 90°-Winkel.

c. Im Fall eines äußerst kraftvollen Angriffs ist ein Abblocken im 90°-Winkel nicht immer empfehlenswert.

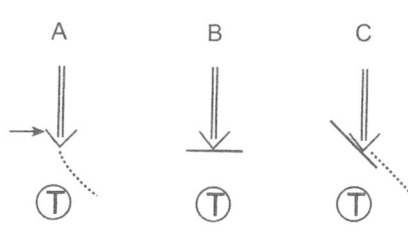

2. Gleiten: Dies geschieht, wenn der verteidigende Körperteil eingesetzt wird, um den Angriff abzuleiten und dabei in einem spitzen Winkel auf den angreifenden Körperteil trifft.

Beispiele: Stockschlag von oben - Handspeer-Verteidigung gegen die Innen-/Außenseite des Angriffs (Kapitel 3: **Verteidigung gegen einen Angreifer mit einem Stock**), wobei die Handabwehr als „Handspeer-Verteidigung" bezeichnet wird.

Bei den Techniken **Stich - Gerade Haltung - Block von außen** (Kapitel 1: **Verteidigung gegen Messerangriffe**) und **Gleitender Innenblock gegen eine Gerade mit der Faust**, wird deine Hand (Unterarm) diagonal nach vorn gestoßen, um am Unterarm des Gegners entlang zu gleiten und diesen sowie den Schlag selbst von dessen anvisiertem Ziel weg zu lenken. In der zweiten Technik wird daraus die gleitende Abwehr entlang der selben Bewegungslinie (wie die Abwehr) zu einem gegen den Angreifer gerichteten Faustschlag.

Die Richtung, aus der heraus der angreifende Körperteil (oder Gegenstand) auf den verteidigenden Körperteil trifft.

a Nach außen verlaufende Stechabwehr gegen einen Stockschlag von oben.

b Gleitender Block nach innen gegen eine Gerade mit einem Angriff am Ende der Verteidigung.

3. Begleitende oder fegende Abwehraktionen: Bei diesen Aktionen verleiht der verteidigende Körperteil dem angreifenden eine neue Richtung, indem er Kontakt zu ihm aufnimmt, sich mit ihm bewegt und ihn von seiner ursprünglichen Richtung ablenkt. Obwohl man dies im Krav Maga nicht häufig sieht, ist es anhand der folgenden Technik nachzuvollziehen: **Bedrohung von vorn aus der Entfernung** (Kapitel 4: **Neutralisierung einer Bedrohung mit einer Handfeuerwaffe aus unmittelbarer Nähe;** oder **Stich, gerade Haltung - Innenblock zur live-Seite.**

4. Stoppen eines Angriffs mit einem Gegenangriff: Führ einen Angriff gegen den vorschnellenden Körperteil oder den Körper des Gegners aus, während dieser in Bewegung ist, z. B: **Verteidigung gegen einen normalen Stich** (Kapitel 8: **Kurzer Stock gegen Angriff mit dem Messer**). Du kannst einen Gegenangriff gegen den Körper des Angreifers, während er sich in der Vorwärtsbewegung befindet, ausführen sobald er in der richtigen Distanz ist. **Beispiel:** Ein gegen den Körper des Angreifers gerichteter Tritt bei dessen Versuch, mit dem Messer nach dir zu stechen, kann bei allen Arten von Messerangriffen angewandt werden.

Begleitende   Abbremsende
Abwehr   Abwehr

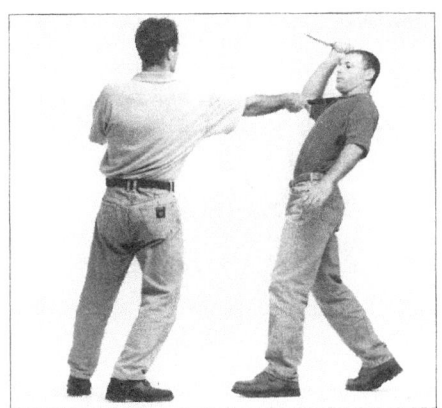

Zusammenspiel von Körper und Gliedmaßen - Analyse verschiedener Techniken

Die meisten Krav Maga-Defensivtechniken bedienen sich einer Kombination aus bestimmten Prinzipien der Körperverteidigung mit solchen, die der Verteidigung mit den einzelnen Körperteilen zugrunde liegen. Einige Techniken werden nachfolgend analysiert. **Unterschiedliche Verteidigungsprinzipien sollten sich innerhalb einer festgelegten Technik nicht gegenseitig widersprechen.** Dies ist eine Grundregel, auf der die Theorie des Krav Maga-Systems basiert.

1. Block nach innen gegen einen Tritt:
Während du den Oberkörper leicht nach vorn beugst, streckst du deine Hand aus, um an das tretende Bein (Schienbein) heranzukommen und es mit Hilfe einer nach innen gerichteten Verteidigung bei **senkrechtem Auftreffen abzuwehren**. Deine Körperverteidigung (Ausweichen) ist mit der Bewegung deiner Hand verknüpft und besteht aus zwei Handlungen: einer **Körperdrehung** und einem **diagonalen Vorrücken**, um aus der Angriffslinie herauszukommen. Obwohl hier nicht die vollständige Technik gezeigt wird, veranschaulicht die Darstellung eine Verteidigung, die auf dem selben Prinzip beruht, das für eine Stichattacke mit einem Stock (oder einem Bajonett) gilt.

2. Stich, Orientalische Haltung - Diagonale Unterarmabwehr (Kapitel 1: **Verteidigung gegen Messerangriffe**): Geh mit einer schnellen, nach innen gewandten Drehung, die deine Körperverteidigung verstärkt, diagonal voran. Mit der Unterarmabwehr **stoppst** du den angreifenden Unterarm und **blockst** ihn ab. Dein Ellenbogen befindet sich unter dem des Angreifers, um einen leichten Abgleiteffekt nach außen zu bewirken, bzw. um den angreifenden Unterarm daran zu hindern in Richtung deines Körpers nach innen abzurutschen.

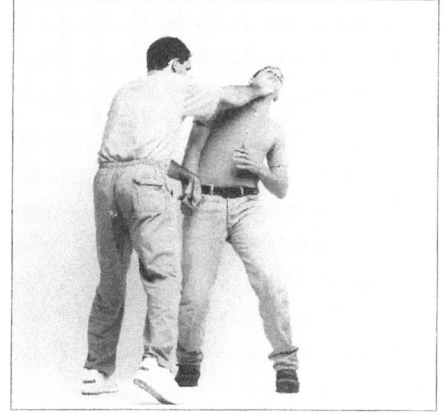

3. Stockschlag von oben - Handspeer-Verteidigung zur Innenseite des Angriffs (Kapitel 3: **Verteidigung gegen einen mit einem Stock bewaffneten-Angreifer**): Stürm nach vorn und verringere den Abstand zwischen dir und dem Angreifer, so dass der Stockschlag an Wirkung verliert und keine Gefahr mehr darstellt. Der Unterarm des Angreifers oder der Stock selbst **gleitet** in seiner ursprünglichen Bewegung am Unterarm des

Verteidigers entlang (bei minimaler Richtungsänderung). Trotzdem muss der Angriff anschließend vom Verteidiger abgelenkt werden, um die Verteidigung zu vervollständigen. Als Ergebnis dieser gleitenden Abwehr ist der Aufprall auf den verteidigenden Unterarm minimal. Bei der Ausführung dieser Verteidigung solltest du den Kopf senken und zwischen deinen Schultern schützen, damit er nicht in den Gefahrenbereich gerät.

4. Bedrohung von hinten in der Nahdistanz (Kapitel 4: **Neutralisierung einer Bedrohung mit einer Handfeuerwaffe aus unmittelbarer Nähe**): Unter Verwendung eines Arms **lenkst** du mit einer zur Seite hin gerichteten Bewegung die Pistole oder die sie haltende Hand ab. Diese Aktion wird gleichzeitig mit einer **Körperdrehung** ausgeführt, mit der du dich aus der Schusslinie begibst und dich dem Angreifer schnell **näherst**. Ein Grund für die Vorwärtsbewegung liegt in der Absicht, hinter die Waffe zu gelangen und dich möglichst weit aus der Schusslinie zu entfernen. Das Ergreifen des Unterarms der die Waffe haltenden Hand dient dazu, den Arm zu fixieren und den weiteren Gebrauch der Pistole zu verhindern.

Kapitel 12

Der Umgang mit gewaltsamen Konfrontationen:

Einschätzung, Reaktion und Trainingskonzepte

Der Umgang mit dem Zwischenfall

Im ersten Teil dieses Kapitels zeigen wir auf, welche Prozesse vom Registrieren einer Bedrohung (deiner Wahrnehmung) bis zum Ergreifen aktiver Maßnahmen zur Situationsbewältigung (deiner Reaktion) in Körper und Geist ablaufen.

Von dem Augenblick an, in dem du mit einem deiner Sinne wahrnimmst, dass etwas vorgefallen ist, was dich oder andere Menschen in deiner näheren Umgebung gefährden könnte, entsteht in deinem Unterbewusstsein eine vollständige Kette unterschiedlicher Zustände und Reaktionen. Zunächst musst du dir der Art der Gefahr, der du ausgesetzt bist, bewusst werden. Dann kannst du die Gefahr richtig beurteilen, einen (von verschiedenen möglichen) Handlungsverläufen auswählen, ihn in die Tat umsetzen und schließlich entsprechend der neu entstandenen Situation handeln.

Auf der nächsten Seite findest du ein Basisdiagramm, das den Ablauf mit den verschiedenen Stationen der menschlichen Reaktionen auf einen bedrohlichen Zwischenfall, zum Beispiel einen Angriff, veranschaulicht:

Erklärung der im Diagramm dargestellten Phasen:

1. Wahrnehmung des Vorfalls durch die Sinne: Manchmal siehst du wie eine Gefahr auf dich zukommt, z. B. ein Schlag oder ein Tritt; manchmal hörst du vielleicht ein verdächtiges Geräusch oder einen Warnruf oder aber du spürst, wie dich eine fremde Person am Körper oder an der Kleidung anfasst.

2. Datenübertragung zum Gehirn über das periphere Nervensystem: Dein Auge beobachtet etwas und sendet die Information ans Gehirn, deine Haut verspürt einen Kontakt und leitet das Erfühlte weiter an die Wahrnehmungszentren usw.

3a. Ein Prozess wird in Gang gesetzt, der **die übertragenen Informationen** deiner Sinnesorgane **identifiziert und überprüft.** Auf der Basis früherer Erfahrungen und aufgrund natürlicher Intelligenz „begreift" dein Gehirn die Signale, deutet sie als Gefahr und "formuliert" eine entsprechende Warnung.
3 b. Als Ergebnis dieses Prozesses wird nun **eine Entscheidung** als Antwort auf dein Erkennen des Reizes **getroffen.** Sowohl in Phase 3a als auch in Phase 3b sind zahlreiche Schaltstellen des Gehirns am Entscheidungsprozess beteiligt.

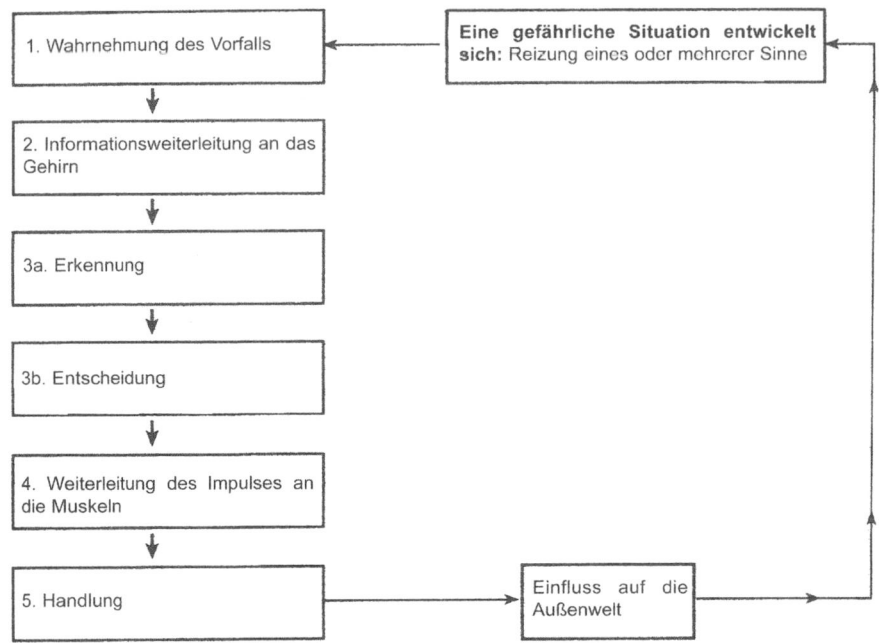

4. Zur **Koordinierung der Reaktion** wird eine entsprechende Botschaft mit Hilfe eines elektrochemischen Signals vom Gehirn über das Nervensystem an die verschiedenen Muskelgruppen weitergeleitet.

5. **Deine Muskeln kontrahieren** mit dem richtigen Timing und korrekter Synchronisation, um die beschlossene und vom Gehirn befohlene Handlung auszuführen.

Die dritte Phase (3. a und 3. b), die sich unbewusst im Gehirn abspielt, ist der komplexeste und "problematischste" Teil des Prozesses. Im Diagramm wird diese Phase lediglich in zwei Teile untergliedert, tatsächlich jedoch umfasst der Hirnprozess eine gewaltige Anzahl verschiedener Schritte, von denen manche nacheinander und andere wiederum gleichzeitig ablaufen. Von allen Phasen ist dies diejenige, die am ehesten positiv beeinflusst und verändert werden kann, während sich die anderen - meist aufgrund persönlicher Verhaltensmuster und vererbter Merkmale - nur äußerst schwer verändern lassen!

Durch Lernprozesse und sorgfältig ausgewählte Trainingsmethoden in Verbindung mit entsprechendem Üben können wir unsere praktischen und geistigen Fähigkeiten verbessern. Dadurch gelingt es uns, Zwischenfälle von gewaltsamer und gefährlicher Natur zu erkennen und durch Verkürzung unserer Reaktionszeit erfolgreich zu handeln. Tatsächlich besteht unser vorrangiges Ziel darin, durch spezielle Trainingsmethoden nicht nur die Reaktionszeit zu verkürzen, sondern unsere Fähigkeit auszubauen, **die richtigen Entscheidungen zu treffen und die richtigen Techniken zur richtigen Zeit anzuwenden.**

Als Reaktionszeit bezeichnet man die Dauer zwischen der Wahrnehmung eines Reizes (wie etwa einem Schlag oder einem Tritt) und dem Auslösen einer entsprechenden Reaktion. Die Reaktionszeit spiegelt die Geschwindigkeit der Informationsverarbeitung des Gehirns wieder und die Schnelligkeit, mit der Signale durch den menschlichen Körper wandern, um Reaktionen auszulösen. Wir können Trainingsmethoden einsetzen, um unsere Fähigkeit zu verbessern, **den Reiz** (Angriff) **zu erkennen, eine Entscheidung zu treffen** und lernen, ohne zu zögern die richtige physische Antwort in Form einer Aktion einzuleiten.

Situationsbewertung

Solltest du von einem Angriff **völlig überrascht** werden, wirst du reflexartig und intuitiv reagieren. Du wirst schnell auf Reaktionen und Verhaltensmuster zurückgreifen, die du dir während deines Krav Maga-Trainings und aufgrund deine Lebenserfahrung angeeignet hast. Da Entscheidungen dieser Art in der Regel **im Unterbewusstsein** getroffen werden, wird es dir sonst schwerfallen, deine Aktionen in Echtzeit zu steuern und (bewusst) zu kontrollieren. Deshalb sollte ein beträchtlicher Teil deines Trainings der **Verinnerlichung von Bewegungs- und Verhaltensmustern** gewidmet sein, die dich in die Lage versetzt, reflexartig, intuitiv und ohne zu zögern mit Überraschungsangriffen fertig zu werden.

In Situationen, wo du nicht überrascht wirst und genügend Zeit hast, deine Aktionen abzuwägen und dich bewusst zwischen zwei Handlungsverläufen entscheiden kannst, empfiehlt es sich, eine der folgenden Maßnahmen zu ergreifen, die hier in absteigender Rangfolge vorgestellt werden:

- **Versuch das Betreten des Gefahrenbereichs zu vermeiden.** Falls möglich, ist es in den meisten Fällen am besten, sich erst gar nicht auf eine Konfrontation einzulassen und einen Gefahrenbereich, in dem sich eine gewalttätige Konfrontation entwickeln könnte, zu meiden.

- **Flieh vom Ort des Geschehens:** Solltest du bereits in eine gewaltsame Konfrontation verwickelt sein, such nach einem Weg für einen planmäßigen, kontrollierten Rückzug vom Ort des Geschehens, **bevor du wirklichen Schaden erleidest.** Schon im Alten Testament (Buch der Sprüche) wird weise empfohlen: „... und bevor der Streit entflammt, gib ihn auf." Führ deine Bewegungen beim Rückzug mit Bedacht aus, um Verletzungen zu vermeiden.

Bist du ernsthaft in Gefahr, ist es sogar mitten im Kampfgeschehen ratsam, die Flucht zu ergreifen, **wenn dies auf sichere Weise möglich ist.** Das eigene Ego oder der Wunsch, eine Heldenrolle zu spielen, darf nicht die Oberhand über den eigenen Selbsterhaltungstrieb und die natürliche Intelligenz gewinnen. Der Rückzug ist nach Abwägung aller Umstände keine Schande, sondern taktisch die beste Wahl.

Beachte: Du musst auch die Tatsache berücksichtigen, dass der Schaden, der dir während deines Rückzugs (oder kurz danach) zugefügt wird, **folgenschwerer** sein kann **als der eigentliche Kampf** (z. B. der Sturz von einer hochgelegenen Stelle, Verletzung durch ein vorbeifahrendes Auto, das Zurücklassen Dritter, die aufgrund deiner Abwesenheit noch heftiger angegriffen werden, u. v. m.).

- **Die Verwendung in der Nähe gefundener Alltagsgegenstände**: Kannst oder willst du dich nicht aus der Konfrontation heraushalten, so versuch, in der Nähe einen Gegenstand zu finden, der dir als provisorische Waffe nützlich sein kann (s. Kapitel 7: **Die Verwendung von Alltagsgegenständen als Abwehrwaffen**).

- **Der Einsatz deines Körpers als Waffe**: Kannst du keinen Gegenstand finden, der deine Chancen verbessern könnte, oder hast du keine Zeit, um einen solchen zu finden, musst du „nur" deinen Körper (und natürlich deinen Kopf!) einsetzen, um dich zu verteidigen und anzugreifen. Hierin besteht der eigentliche Sinn des Krav Maga: die meisten der dabei erlernten Techniken gehören zu dieser Kategorie.

Körperliche und geistige Reaktionen unter Stress

Im Zustand **hoher situationsbedingter Anspannung**, wirst du leicht von Furcht, Wut und einer Menge anderer destruktiver Gefühle überwältigt, die auf direkte Weise auf dich einwirken und die Vorgänge, die sich während der Phasen 3a und 3b (wie zuvor beschrieben) in deinem Gehirn abspielen, massiv behindern könnten.

In einem Zustand hoher innerer Anspannung wird deine Aufmerksamkeit **nach innen gerichtet** - deine mentalen und körperlichen Aktivitäten werden beeinträchtigt: deine Muskeln ziehen sich unnötigerweise zusammen, deine Wahrnehmung der Umgebung wird fehlerhaft, der Prozess einer Entscheidungsfindung zieht sich in die Länge und die Entscheidungen die du triffst, erweisen sich vielfach als falsch. Deshalb besteht der Sinn der hier vorgestellten Trainingsmethoden darin, dir die Vorgänge bewusst zu machen, negative Empfindungen und deren Auswirkung auf dich besser zu steuern.

Wenn du feststellst, dass du dich in Gefahr befindest, macht sich eine Unzahl von Gefühlen in deinem Unterbewusstsein breit und übermannt dich möglicherweise, ohne dass du dies bemerkst. Das vegetative Nervensystem (dass nicht der willentlichen Kontrolle unterliegt) setzt verschiedene Substanzen (z. B. Adrenalin) im Blutkreislauf frei, die dich auf anderer Ebene „funktionieren" lassen, als du es normalerweise gewöhnt bist. Wir benötigen Training, um **dieses Phänomen** und die Auswirkungen, die es in Extremsituationen auf unser Verhalten hat, zu **erkennen** und müssen **lernen, es unter Kontrolle zu bringen**. Wenn wir unter wirklichkeitsnahen Bedingungen trainieren, gewöhnen sich Geist und Körper an Stress und lernen, auch in einem "Ausnahmezustand" effektiv zu funktionieren.

In einer durch körperliche Bedrohung verursachten Notlage, reagiert man in der Regel auf eine der folgenden Arten:

a. Flucht: die Flucht vom Ort der Gefahr.
b. Furcht: völlige Lähmung des Bewegungsapparates (oder ein drastisches Verlangsamen dieses Systems). Der Betroffene bleibt stehen wie eine Statue, wobei die Muskeln nicht in der Lage sind, auch nur einen Teil des Körpers in Bewegung zu versetzen.
c. Kampf: aktive Ausführung kämpferischer Bewegungsabläufe; Abwehr und Angriff, bis das Ziel erreicht ist, d. h., der Gegner nicht mehr mit seinen gewalttätigen Aktivitäten fortfahren kann.

Es ist wichtig, für jede der folgenden Möglichkeiten zu üben und die Gewandtheit und Fähigkeit zu entwickeln, im Rahmen eines jeden Szenarios richtig zu handeln: (1) Das Antizipieren potentieller Gefahr und die Zurückhaltung zur Vermeidung der Konfrontation (2) Wenn du bereits in eine gewaltsame Konfrontation verwickelt bist, finde den besten und effektivsten Weg, um dich auf kontrollierte und wohlüberlegte Weise vom Ort des Geschehens zurückzuziehen, **ohne das Verletzungsrisiko zu vergrößern.** (3) Kämpfst du um dein Leben (oder um das von Dritten), wende die Fertigkeiten an, die du durch dein Training der Abwehr- und Angriffstechniken bei gewaltsamen Bedrohungen erworben hast. (4) Solltest du zu irgendeinem Zeitpunkt einen durch Angst oder Stress verursachten **Lähmungszustand** verspüren, lern Wege kennen, den Zustand der Lähmung oder der Untätigkeit zu durchbrechen, so dass du alle dir offen stehenden Möglichkeiten ausschöpfen kannst. Dies erreichst du durch Training und Übung.

Trainingsmethoden zur Verbesserung deiner Fähigkeiten

Nachdem wir die Beschaffenheit der in Geist und Körper ablaufenden Prozesse aufgezeigt haben, wollen wir nun die Trainingsmethoden vorstellen, die auf eine allgemeine Verbesserung der Fähigkeit abzielen, im Bedarfsfall schnell und richtig zu handeln. Bei einigen Methoden widmen wir uns nur dem **Erkennungssystem**, bei anderen konzentrieren wir uns auf die **Entscheidungsfindung**. Bei bestimmten Trainingsmethoden stehen andere besondere Bereiche des Prozesses im Vordergrund. Einige Methoden beschäftigen sich mit dem gesamten Prozess.

Auf der Theorie des vorgestellten Ablaufdiagramms zu Beginn dieses Kapitels, macht das Folgende die Grundstruktur der verschiedenen Trainingsmethoden aus. Zunächst stellen wir die Methoden vor, die zur Verbesserung der Beobachtung, des Erkennens und Einordnens der Aktion oder der Angriffsbewegung, die der Gegner ausführen könnte, konzipiert wurden. Hierzu müssen wir die folgenden Schritte des Ablaufdiagramms ausführen:

a. Erster Methodenbereich   **b.** Zweiter Methodenbereich

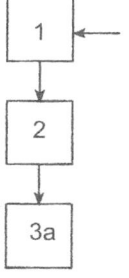
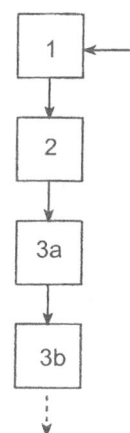

Bei der Anwendung des **ersten Methodenbereichs** stehst du auf der Stelle und beobachtest verschiedene gegen dich gerichtete Angriffe. Auf diese Weise lernst du, mögliche Muster und Bewegungsfolgen zu erkennen und zu einem späteren Zeitpunkt deinen Geist und Körper gegen solche Angriffe zu trainieren. Im Rahmen des **zweiten Methodenbereichs** wirst du über Aktionen und Abwehrmaßnahmen nachdenken, die du zur Vereitelung der gegnerischen Aktionen auszuführen hast. Beim Üben dieser Trainingsmethoden, ist es wichtig, dass du Ruhe bewahrst, während du die Angriffe deines Partners beobachtest, ohne selbst Maßnahmen zu ergreifen oder Anforderungen erfüllen zu müssen (siehe nächster Abschnitt: **Beobachtung - Das Beobachten einer Angriffsreihe**).

Entfernen wir die ersten beiden Phasen aus dem Ablaufdiagramm, erhalten wir ein besonderes Spektrum von Übungen, die im nächsten Kapitel: **Zusätzliche Trainingsmethoden; zum Gebrauch dieses Buches** eingehend besprochen werden. Hierbei beziehen wir uns auf das mentale Training, bei dem die **Vorstellungskraft** als wichtigster Baustein dient. Bei diesen Techniken agiert der Lernende alleine, entweder nur mit Hilfe seiner Vorstellungskraft über das Gehirn oder zusätzlich unter Einbeziehung von körperlicher Bewegung. Verschiedene Kombinationen dieser Lernphasen finden sich in den einzelnen Methodenfolgen wieder:

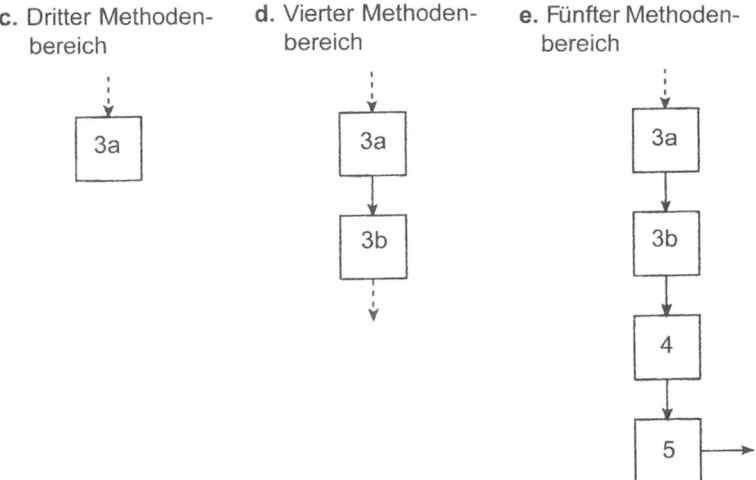

c. Dritter Methoden-
bereich

d. Vierter Methoden-
bereich

e. Fünfter Methoden-
bereich

Bei diesen Trainingsmethoden wird der Reiz durch die **Bilder** erzeugt, **die deine Vorstellungskraft hervorbringt**. Im dritten Methodenbereich (c) übt sich dein Gehirn darin, eine Handlung zu „sehen" und setzt daraufhin eine Art Identifizierungsprozess in Gang. In der vierten Methodenreihe (d), durchläufst du den Identifizierungsprozess, entscheidest, was zu tun ist und führst im Geiste die erforderlichen Bewegungen, Verteidigungen, Angriffe usw. aus.

Der passende Gegenangriff, für den du dich entschieden hast, kann entweder nur "in der Luft" simuliert werden oder wird mit Trainingshilfen wie einem Sandsack, einem Dummy u. A. ausgeführt. Eine fortgeschrittene Trainingseinheit für den fünften Methodenbereich (e) könnte z. B. darin bestehen, sich einen Kampf gegen mehrere Angreifer vorzustellen.

Die Abbildung zeigt zwischen den Stufen der zweiten, dritten, vierten und fünften Methodenreihe gestrichelte Pfeile. Sie sind gestrichelt um anzudeuten, dass du, wenn du dir den körperlichen Einsatz vorstellst, wahrscheinlich die wahrnehmenden Sinne, das periphere Nervensystem und die Muskeln, wenn auch nur zu einem geringen Anteil, einbeziehst. Im fünften Methodenbereich kannst du die Aktion im Raum ohne Einbeziehung deiner Umgebung ausführen oder gegen ein Ziel gerichtet (also deine Umgebung miteinbeziehen). Diese Stufe ist deshalb mit einem durchgehenden Pfeil markiert.

Es gibt eine Vielzahl von Trainingsmethoden für jede der im Hauptdiagramm aufgelisteten Stufen (1 bis 5). Einige basieren auf der **sinnlichen Wahrnehmung**: sehen, hören, fühlen und anderen Empfindungen, während andere darauf ausgerichtet sind, dich in **rascher Entscheidungsfindung**, schnellen oder präzisen Bewegungen und dem Handeln unter stressbelasteten Situationen zu schulen.

Beobachtung - Das Beobachten einer Angriffsreihe

1 Wenn die Aktion beginnt, steht der Beobachter in einer passiven Stellung. Der Angreifer beginnt aus der Kampfstellung oder einer anderen beliebigen Stellung.

2 Beginn einer Angriffsserie: Angriff in der Langdistanz, wie z.B. ein normaler Tritt in den Unterleib.

Dies ist ein Beispiel für die grundlegende Trainingsmethode, die das Erkennen der Bewegung und die Entstehung der Angriffe des Gegners einbezieht. Der Beobachter verfolgt eine Angriffsserie und verinnerlicht ihren Ablauf. Da du als Beobachter keine Abwehraktionen ausführen musst, kannst du ruhig bleiben, was deine Aufnahmefähigkeit für die Bewegungen des Angreifers erheblich erhöht. Dies ist die erste Stufe zur Entwicklung der Fähigkeit des Verteidigers, einen Angriff zu identifizieren und dagegen effektive Maßnahmen zu ergreifen.

Dies ist auch ein Training für den Angreifer, denn **in der Rolle des Angreifers** wendest du Techniken an und setzt sie in verschiedenen Varianten und Kombinationen ein, während du durch die verschiedenen Distanzen läufst und präzise Angriffe gegen empfindliche Stellen des Gegners richtest.

3 Fortsetzung in der Mitteldistanz, in die sich der Angreifer mit einem Schlag zum Kinn begibt. Obwohl du als Beobachter manchmal das angreifende Körperteil und seinen Weg verfolgen kannst, solltest du deine Aufmerksamkeit nicht allein einem Einzelangriff widmen, sondern vielmehr durchgängig die gesamte Szenerie beobachten.

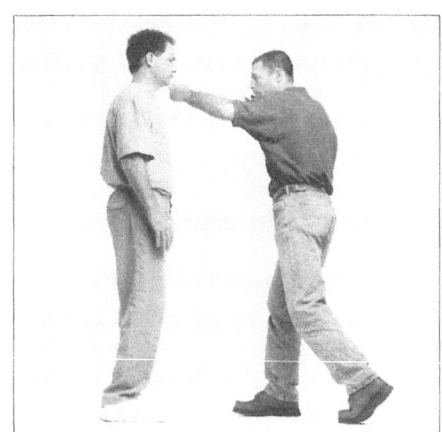

4 Der Angreifer stürmt weiter nach vorn; der Abstand zwischen euch verringert sich, als er einen Haken austeilt.

5 Der Angreifer verkürzt wieder den Abstand, z. B. durch diagonales Vorrücken, und setzt einen waagerechten Ellenbogenschlag an.

6 Der Angreifer beendet die Angriffsserie mit einem Kniestoß in deinen Unterleib.

In der Rolle des Angreifers darfst du immer dann leicht gegen empfindliche Stellen schlagen, wenn **Schutzausrüstung** getragen wird. Vom Standpunkt des Angreifers aus gesehen, setzt die Bewegung in dem Moment ein, in dem du dir der Tatsache bewusst wirst, dass du tatsächlich angreifen willst. Diese Übung erfordert einen minimalen Grad an Aggression.

Im Krav Maga wird diese Grundübung benutzt, um die Fertigkeit zu erlangen (bzw. aufrecht zu erhalten), den geeigneten Angriff, zur richtigen Zeit, aus angemessener Entfernung und im richtigen Winkel auszuführen und damit das kämpferische Geschick auszubauen. Zur besseren Beobachtung im Training sollte der Angreifer aus verschiedenen Positionen und Winkeln heraus beginnen.

Änderung der Vorgehensweise im Anfangsstadium

Die Wahrnehmung eines bestimmten Reizes war der Auslöser für die in den Stufen 1 bis 5 festgelegte Handlungskette. Als beteiligte Person hast du auf die eine oder andere Weise reagiert und gehandelt. Zieh nun einmal die Möglichkeit in Betracht, dass noch **ein weiterer Reiz**, zusätzlich (zu dem ersten) dein Gehirn erreicht. Eine Änderung der Vorgehensweise ist nur dann möglich, wenn deine Aufnahmebereitschaft für neue Wahrnehmungen offen bleibt, damit der neue Reiz verarbeitet werden kann, **während** die durch den ersten Reiz ausgelöste Handlung ausgeführt wird.

Eine weitere Voraussetzung für eine Änderung der Vorgehensweise während eines Zwischenfalls besteht darin, dass Phase Nr. 5 noch nicht die letzten Stufen erreicht hat, da es dann schwieriger ist (wenngleich immer noch zu einem gewissen Grad möglich), die anfängliche Aktion zu stoppen oder abzuändern. Deshalb bestehen dann bessere Aussichten, deine Handlungsweise im Verlauf des gesamten Vorfalls zu ändern, wenn du **deine Aufmerksamkeit und deine Sinne für eine neue Wahrnehmung offen hältst** und dich nicht nur auf die Ausgangssituation konzentrierst.

Ausschaltung der Gefahr in jeder Hinsicht

Findet ein Angriff statt oder besteht eine Bedrohung, musst du **alle Maßnahmen ergreifen, um sämtliche Möglichkeiten, verletzt zu werden, auszuschalten!** Dieser Grundsatz bedeutet, dass alle Aspekte der Gefahr in der Reihenfolge ihrer Priorität (so wie durch den Handlungsverlauf und die Bewegungsstruktur vorgegeben) und entsprechend deinem Timing und deiner sofortigen Einsatzbereitschaft, abgehandelt werden müssen:

a. **Erste Stufe:** Verhindern, dass der Angriff sein Ziel erreicht, d. h., der Schlag trifft nicht das Kinn, der Würgegriff drückt nicht die Halsvene oder die Luftröhre ab, dass Geschoss verfehlt das beabsichtigte Ziel, der Stockschlag wird pariert, so dass er nicht deinen Kopf trifft, ein Stich wird abgestoppt, bevor das Messer deinen Körper erreicht, usw.

b. **Zweite Stufe:** Verhindern, dass der Aggressor einen weiteren, ähnlichen Angriff (insbesondere mit einer Waffe) oder einen andersartigen Angriff ausführen kann, indem man sich um den Gegner kümmert. Im Falle von **Bedrohungen oder Angriffen mit einer Waffe,** musst du manchmal die Kontrolle über die Waffe gewinnen und gleichzeitig oder so schnell wie möglich den Angreifer ausschalten. Nun ist es an der Zeit, die Anwesenheit (oder Abwesenheit) **weiterer Angreifer** festzustellen, die du bis dahin womöglich noch nicht bemerkt hast.

c. **Dritte Stufe:** Abschluss der Aktion, d. h. Herstellen einer Situation, in der der Angreifer den Angriff nicht weiter fortsetzen kann (oder will). Ist eine Waffe im Spiel, beinhaltet der Abschluss der Aktion auch die **Entwaffnung des Gegners.**

Die Gewichtung der Prioritäten bei Mehrfachangriffen oder mehreren Angreifern wird eingehend im Kapitel 10: **Verteidigung gegen zwei bewaffnete Angreifer** beschrieben.

Besteht die Möglichkeit und du entscheidest dich dazu, **den Ort des Geschehens schnell zu verlassen** und so den versuchten Angriff zu vereiteln, endet der Vorfall bereits auf der ersten Stufe. Ein kontrollierter Rückzug kann auch **nach einer Abwehraktion** erfolgen, z. B. dem Abblocken der zustechenden Hand des Gegners nach Ausführung von einem oder zwei entschlossenen Gegenangriffen.

Im Allgemeinen bemühen wir uns, einen **Gegenangriff gegen den Aggressor** als Bestandteil des ersten Schrittes mit einzubauen. Ansonsten können dem Maßnahmen vorausgehen, die den Angreifer daran hindern sollen, weiteren Gebrauch von seinem Körper oder seiner **Waffe** zu machen. Ist eine Waffe im Spiel, besteht die zweite Stufe aus zwei Teilen: dem Umgang mit dem Angreifer und der Einschränkung seiner Möglichkeiten, die Waffe einzusetzen. Dies hängt sowohl vom Typ der Waffe ab, als auch von der Art des Angriffs.

Beachte: Die verschiedenen Stufen, die der Abwendung von Gefahren dienen, werden manchmal gleichzeitig ausgeführt.

Es folgen zwei Beispiele aus Kapitel 1: **Verteidigung gegen Messerangriffe**. Anhand dieser Beispiele werden wir die verwendeten Selbstverteidigungstechniken analysieren und die Leitprinzipien zur Abwendung der unterschiedlichen Gefahrenaspekte untersuchen.

1. **Unterarmabwehr gegen eine von oben nach unten geführte Stichattacke mit dem Messer - normale Haltung und Gegenangriff:** In diesem Fall ist die Abwehr mit dem Gegenangriff verbunden und wird entweder gleichzeitig mit der Abwehr oder unmittelbar danach ausgeführt. Bei der ersten Stufe geht es darum, den Angriff zu stoppen. Die zweite Stufe (mit der ersten verbunden) ist der Gegenangriff, der darauf abzielt, die Bewegungsfreiheit der zustechenden Hand einzuschränken, um die Gefahr zu verringern, dass der Angreifer sein Messer nochmals einsetzt. Die dritte Stufe dient dazu, den Vorfall zu beenden. Dies geschieht durch weitere Gegenangriffe und sofern nötig und möglich durch die Entwaffnung des Gegners.

2. **Auf Angriffen basierende Techniken**, die einer Handlung des Gegners in Erwartung seiner Aktion vorausgehen, beinhalten dieselben Stufen, wenngleich sie nicht immer klar voneinander getrennt sind. Zum Beispiel: **Stich, Normale Haltung - Tritt in den Unterleib oder Stich, Orientalische Haltung - Tritt ans Kinn.** Bei beiden Techniken, führst du einen schnellen, kraftvollen Angriff aus, der schmerzhaft ist und den Angreifer stoppt, bevor er in eine Reichweite gelangt, in der er sein Messer wirksam einsetzen kann. Bei diesen Techniken treffen wir auf die ersten beiden Stufen: das Verhindern, dass der Angriff sein Ziel erreicht sowie den Angriff gegen den Widersacher, wobei beides im Rahmen einer einzigen Bewegung miteinander verbunden wird. Die letzte Stufe des Zwischenfalls hängt vom Ergebnis dieses „Präventivschlags" ab.

Kapitel 13

Zusätzliche Trainingsmethoden; zum Gebrauch dieses Buches

Ergänzende Prinzipien des Krav Maga-Trainings

Im einleitenden Kapitel **Was ist Krav Maga?** haben wir die allgemeinen Grundlagen, auf denen das System basiert, genauer vorgestellt. In diesem Kapitel wollen wir auf diejenigen Prinzipien eingehen, die als Basis für Training und Übung gelten, damit Schüler und kompetente "Straßenkämpfer" zu den bestmöglichen Ergebnissen gelangen.

Handeln aus einer unvorteilhaften Position

Beim Krav Maga kommen die meisten Selbstverteidigungstechniken dann zum Einsatz, wenn du dich in einer deinem Widersacher **unterlegenen** Position befindest. Zum Beispiel muss der Verteidiger seine Verteidigung bei der Befreiung aus einer Umklammerung aus einer Position heraus beginnen, wo er festgehalten wird. Dies ist eine Situation, die den Verteidiger stark beeinträchtigt und gefährdet. Verteidigst du dich gegen einen bestimmten Angriff, ist anzunehmen, dass dieser schon begonnen hat, bzw. gegen dich eingesetzt wird und eine ernsthafte Bedrohung deiner Sicherheit und deines Lebens darstellt.

Im Ernstfall bist du vielleicht in der Lage früher zu reagieren, wenn du den Angriff bereits im Entstehen beobachtest oder wenn du vorbereitet bist und ihn vorausahnst. Da dies jedoch nicht immer der Fall ist, widmen wir uns beim Krav Maga speziellen Techniken, die sowohl der Abwendung des Angriffs als auch der Neutralisierung des Angreifers dienen, wobei der Verteidiger aus verschiedenen Stadien der Bereitschaft heraus agiert.

Die Verteidigung muss **effektiv, rationell und schnell** sein. Deshalb wirst du, sobald du die Verteidigung ausgeführt hast, zum frühest möglichen Zeitpunkt einen oder mehrere Gegenangriffe starten oder schnell den Ort des Geschehens verlassen. Bedenke, dass deine Verteidigung zwar zu einer möglicherweise erfolgreichen Abwehr eines speziellen Angriffs nutzt, jedoch die Bedrohung der eigenen Sicherheit in den meisten Fällen nicht vollständig eliminiert.

Deshalb legen wir bei Krav Maga besonderen Wert auf die Anwendung eines **besonders effektiven und aggressiven Gegenangriffs** (falls gewünscht in abgeschwächter Form), oder auf einen **kontrollierten Rückzug** vom Ort des Geschehens. Diese Aktionen müssen gleichzeitig mit der ersten Verteidigung stattfinden oder unmittelbar darauf folgend. Diese Kombination von Verteidigung und Gegenangrif dient dazu, **die Bedrohung vollständig auszuschalten**.

Das Konzept, den Gegenangriff gleichzeitig mit der Verteidigung auszuführen, ist elementarer Bestandteil der meisten Krav Maga-Techniken.

Ein weiteres in vielen Krav Maga-Techniken anzutreffendes Grundprinzip besteht darin, **den Angreifer daran zu hindern, weitere Handlungen mit seiner Waffe auszuführen**, indem man seine Möglichkeiten begrenzt, die Waffe erneut zu verwenden oder sich frei mit ihr zu bewegen. Ebenso bemühen wir uns darum, die Bewegungsfreiheit eines **unbewaffneten Angreifers** einzuschränken, wobei wir ihn daran hindern, weitere Schläge und Tritte auszuteilen oder einen Gegenstand zu finden, den er als Waffe gegen uns einsetzen könnte.

Training mit einem Partner

Das Krav Maga-Training beinhaltet folgende Methoden: Das Üben von Schlägen und Tritten gegen einen Sandsack oder andere Ziele, wie z. B. Pratzen, die Ausführung von Techniken als „Trockenübungen" (d. h. ohne Partner); mentales Training zur Ausbildung des idealen mentalen Zustandes sowie körperlicher Fähigkeiten. Die Hauptelemente des Trainings sind darauf ausgerichtet, **einen Partner so einzusetzen, dass er Widerstand leistet** und einen Gegenpart darstellt, der für mehr Wirklichkeitsnähe sorgt.

Zu Beginn empfiehlt es sich, die Übungen mit einem Partner **relativ langsam** anzugehen. Dies hilft den Beteiligten, die Übungen, die Techniken, die dem System zugrunde liegenden Prinzipien und die verschiedenen Elemente der Konfrontation besser zu verstehen und zu verinnerlichen.

Das Üben sollte einen **echten Vorfall simulieren**. Dennoch dürfen die Beteiligten nicht mit ihrer ganzen Kraft aufeinander einschlagen. Es versteht sich von selbst, dass sie in einer Trainingsstunde nicht grün und blau geschlagen werden sollten, dass sie nicht mehr in der Lage sind, fortzufahren... oder schlimmer noch, aufgrund ihrer Verletzungen nicht mehr im Stande sind, sich gegen einen Angriff im „echten Leben" zur Wehr zu setzen.

Beachte: Nachlässiges Training hat äußerst negative Auswirkungen auf die moralische und mentale Verfassung, die bei einer ernsten Konfrontation von großer Bedeutung sind. Andererseits **kann rücksichtsloses Training irreparable Gesundheitsschäden zur Folge haben**! Deshalb sollte jeder, der Krav Maga trainiert, sorgfältig die Ausführungen in Kapitel 14 (Sicherheit im Training) durcharbeiten und die dort empfohlenen Ratschläge beherzigen.

Varianten üben

Wenn es um Verteidigungs- und Befreiungstechniken sowie um Gegenangriffe geht, sollte das Training mit dem Üben festgelegter Techniken beginnen. Dies bezeichnet man als eine „geschlossene" oder definierte Übung. Hat der Schüler die elementaren Verteidigungen und die dahinter stehenden Prinzipien erst einmal verinnerlicht, kann er seine Übungen auf einem höheren Niveau fortsetzen. Dabei muss er sich gegen leichte bis mäßige Abänderungen des Grundangriffs verteidigen.

Bei den Trainingseinheiten ist es, als stündest du in einer Kugel. Angriffe können aus jeder Richtung, Höhe und Stellung heraus erfolgen. Dies bezeichnet man als „offenes" Training. So wendest du z. B. eine festgelegte Verteidigungstechnik gegen einen speziellen Angriff an, wobei du die richtige Verteidigung und den passenden Gegenangriff ausführst. Danach verteidigst du dich gegen den gleichen oder einen ähnlichen Angriff, der aus verschiedenen Richtungen erfolgt und in unterschiedlicher Höhe ausgeführt wird. Möglicherweise übst du Verteidigungen gegen den gleichen oder einen ähnlichen Angriff, jedoch diesmal aus der Bewegung heraus oder bei eingeschränkter Bewegungsfreiheit, z. B. mit dem Rücken zur Wand oder hinter einem Tisch stehend, aus dem Sitzen heraus, danach im Liegen, usw. Alle zuvor genannten Verteidigungen werden gegen festgelegte Angriffe ausgeführt, die aus verschiedenen Richtungen mit unterschiedlicher Geschwindigkeit und verschiedenem Rhythmus erfolgen. Dabei ist darauf zu achten, dass auf jede Verteidigung so früh wie möglich ein Gegenangriff folgt.

Da zwei Menschen niemals exakt auf die selbe Weise handeln (sogar die selbe Person kann in einer ähnlichen Situation unterschiedlich handeln!) ist es ratsam, **mit verschiedenen Partnern zu trainieren**, die sich in Körpergröße, Gewicht, Gewandtheit usw. von einander unterscheiden. Gewöhne dich nicht an einen einzigen Partner! Die abschließende Stufe bei dieser Art des Trainings sieht vor, dass du dich gegen **zwei oder mehrere Angreifer** verteidigst.

Von der Technik zum Prinzip und zurück zur Technik

Die in diesem Buch herausgestellten Prinzipien umfassen eine große Anzahl verschiedener Techniken: manche sind klar definiert, andere nicht. Sobald du in der Lage bist, die allgemeinen Prinzipien, die hinter einer bestimmten Technik stehen, zu erkennen, schärfst du dein Wahrnehmungsvermögen dafür und wirst dir anderer Techniken bewusst, die auf den gleichen oder auf ähnlichen Prinzipien aufbauen.

Ruf dir die zugrunde liegenden Prinzipien ins Bewusstsein, wenn du eine Technik übst. So verbesserst du deine Fähigkeiten, mehrere Techniken ausführen zu können. Dies trägt zur Verbesserung deiner „offenen" Fertigkeiten in ähnlich gelagerten Fällen bei. Das ist von elementarer Bedeutung, da es **deine Fähigkeit weiterentwickelt, gegen Varianten eines Angriffs erfolgreich vorzugehen**. Dies erfordert eine Anpassung der von dir ausgeführten speziellen Technik. Die entsprechende Fähigkeit, sich gegen diese Varianten des „Grund"-Angriffs verteidigen zu können, simuliert Situationen des echten Lebens, die sich immer von den in einer kontrollierten Trainingseinheit bestehenden Bedingungen unterscheiden.

Der Vorteil eines einheitlichen und umfassenden Trainingssystems ist: die Fähigkeit, deinen Entscheidungsprozess zu steuern, die Übung neue Probleme zu lösen und zu verstehen, wie man mit ähnlichen Situationen umzugehen hat.

Grundlagen des Trainings

Zunächst solltest du dieses Buch sorgfältig von Anfang bis Ende durcharbeiten und dir sicher sein, dass du alle zentralen Gedanken des Systems gründlich verstanden hast. Wir betonen nochmals, dass du das Kapitel 14: **Sicherheit im Training** besonders sorgfältig lesen musst, **bevor du** mit jeglichem körperlichen Training **beginnst!** Selbstverständlich sollte man nur unter persönlicher Aufsicht eines hochqualifizierten und zertifizierten Krav Maga-Lehrers trainieren.

Es ist ebenfalls sehr wichtig, sicherzustellen, dass du alle technischen Erläuterungen zu jedem einzelnen Foto, jeder Übung und jedem Kapitel **wirklich verstehst**. Wir empfehlen dir, die vorgestellten Techniken (zusammen mit den ihnen zugrundeliegenden Prinzipien) gründlich zu erlernen und die zwischen ihnen bestehenden Ähnlichkeiten zu erkennen. Diese Ähnlichkeiten und Prinzipien sind es, die die Sammlung von Übungen zu einem verdichteten, logischen und nützlichen System bündeln, das gegen Gefahren des echten Lebens, die dir vielleicht begegnen, eingesetzt werden kann.

Einige Kapitel beinhalten zusätzliche Erklärungen und Vorschläge zum Einsatz der richtigen Taktik bei verschiedenen Problemsituationen. Dies geht einen Schritt über den Umgang mit den unterschiedlichen einzelnen Angriffsformen hinaus. Die Größe eines Meisterkämpfers liegt in seiner Fähigkeit, eine Konfrontation durch minimalen körperlichen Einsatz und Kraftaufwand zu gewinnen. Manchmal gelingt es auch, **seinen Widersacher** ohne Körperkontakt **mental zu besiegen**; der Gegner unterliegt, bevor der Kampf überhaupt beginnt!

Wenn du dieses Buch gelesen hast und damit über ein Bild von der Vielzahl an Gefahren verfügst, die dir begegnen könnten, wird es Zeit, dass du eine bestimmte Verteidigungstechnik gegen **eine spezielle Art eines Angriffs oder eine Bedrohung** einübst, z. B. gegen einen Angreifer mit einem Stock, einem Messer oder einer Handfeuerwaffe. Es empfiehlt sich, dein Training in der Reihenfolge der in diesem Buch gezeigten Techniken durchzuführen, obwohl es auch möglich ist, in einer anderen logischen Reihenfolge zu trainieren, die für dich geeignet ist.

Allein trainieren

Es folgen einige wichtige Punkte, die man bedenken sollte, wenn man allein trainiert: Beginn deine Trainingseinheit mit **leichtem Aufwärmen**, um den Blutkreislauf zu stimulieren, deine Muskeln zu dehnen und deine Gelenke beweglicher zu machen. Es ist sehr wichtig, den Körper auf stärkere Belastungen vorzubereiten, um unmittelbare oder spätere Schäden zu vermeiden! Wie immer **sollte man** vor der Ausübung jeglicher sportlicher Aktivitäten **zunächst seinen Hausarzt aufsuchen und medizinischen Rat einholen!**

Nachdem du eine spezielle Technik ausgewählt und mit Hilfe des Buches gründlich einstudiert hast, stellst du dir einen Gegner vor, der den Angriff wie auf den Fotos ausführt. Beginn in der abgebildeten Ausgangsstellung und führ dann die vom Verteidiger gezeigten Bewegungen aus. Du kannst dich auch vor einen Spiegel stellen, um zu überprüfen, ob deine Bewegungen und Stellungen mit denen des Verteidigers auf den Fotos übereinstimmen.

Eine Verteidigungstechnik kann normalerweise in einer **einzigen** Bewegung ausgeführt werden. Eine kompliziertere Technik solltest du in eine **Folge** von Einzelbewegungen unterteilen. Gliedere die Übungen entsprechend den Fotos und deren Erklärungen. Falls nötig, kannst du jede Stufe einzeln trainieren und sie anschließend zur Ausführung der vollständigen Technik miteinander verknüpfen. Dabei kannst du auch von einem Partner profitieren, der dich beobachtet und dir bei der Korrektur von Fehlern in deinen Bewegungen hilft.

Training mit einem Partner

Hast du die Technik erst einmal verstanden, ihre Funktonsweise begriffen und im Kampf gegen einen imaginären Gegner geübt, bist du bereit, das Training mit einem Partner zu beginnen. Ihr solltet den Angriff, die Verteidigung und den Gegenangriff wie auf den Fotos gezeigt, ausführen. Übt langsam! Dein Partner wird den Angriff vorsichtig ausführen, um dich nicht zu verletzen. Zunächst wirst du die Techniken wie in „Zeitlupe" langsam und in Ruhe ausführen.

Bedenke: Dein Körper sollte vor dem körperlichen Kontakt zwischen dir und deinem Trainingspartner geschützt sein.

Damit man Kraft und Geschwindigkeit von Angriff und Verteidigung insbesondere gegen einen bewaffneten Gegner effektiv steigern kann, ist es ratsam, dass der „Angreifer" **gepolsterte Unterarmschützer** trägt. Erst nachdem du die erforderlichen Sicherheitsvorkehrungen getroffen und erste Erfahrungen durch ein langsames, gut durchdachtes Training gesammelt hast, solltest du damit beginnen, Verteidigungen gegen kraftvollere und schnellere Angriffe zu üben.

Als Ergänzung zum Training mit einem Partner solltest du nochmals die entsprechenden Buchpassagen lesen, um die geübten Techniken zu vertiefen.

Trainingsmethoden für die Verteidigung gegen spitze Waffen und stumpfe Gegenstände

Wenn du die verschiedenen Techniken häufig geübt hast und dich im Umgang mit ihnen wohlfühlst, kannst du zum fortgeschrittenen Training übergehen. Mit fortgeschrittenen Trainingsmethoden und didaktischen Übungen kannst du deine Fähigkeit verbessern, verschiedene Angriffsformen schnell zu identifizieren, sofort zu entscheiden, welche Verteidigung du anwendest und gleichzeitig einen Gegenangriff auszuführen. Zum Beispiel:

Unterschiedliche Situationen: Dein Partner schlüpft in die Rolle des Angreifers und wechselt seine Position von Angriff zu Angriff. Der Angreifer attackiert aus **unterschiedlichen Entfernungen** und Richtungen und bedient sich **verschiedener Angriffsarten**, und er ist mit einem Messer oder einem Stock bewaffnet.

Späte Wahrnehmung: Dein Partner versteckt die Waffe hinter seinem Rücken und setzt plötzlich zu einem Angriff an. Du als Verteidiger, stehst auf der Stelle, blickst geradeaus und gestattest ihm, dich aus verschiedenen Positionen und Richtungen anzugreifen, das bedeutet, du hast weniger Zeit, den Angriff zu erkennen und darauf zu reagieren. Diese Methode erhöht deine Wachsamkeit und trainiert deine Fähigkeit, auf **überraschende reale Situationen** schneller zu reagieren und verhilft dir zum gewünschten Ergebnis: Du reagierst auf den Angriff, ohne im Voraus zu wissen, welche spezielle Angriffsart gegen dich gerichtet wird.

Beachte: Im Ernstfall darfst du es einem potentiellen Angreifer unter keinen Umständen erlauben, eine Position einzunehmen, in der er dir so nah ist, dass deine Sicherheit gefährdet sein könnte!

Mehrfachangriffe: In diesem Fall führt der Angreifer nicht einen einzelnen Angriff, sondern vielmehr eine **Serie von** (gleichartigen oder unterschiedlichen) **Angriffen** aus. Deine Verteidigungsaktionen sowie deine Gegenangriffe müssen beide gegen dich gerichtete Gefahren neutralisieren, das heißt die spezielle Bedrohung durch die Angriffe sowie die Bedrohung durch den Angreifer selbst.

Wir betonen nochmals, dass ein **kontrollierter Rückzug** zur rechten Zeit und in die richtige Richtung bisweilen der beste Schachzug ist! Alternativ kannst du deinen „Sicherheitsabstand" zum Angreifer vergrößern und dich so positionieren, dass du in der Lage bist, die geeigneten Verteidigungstechniken und Gegenangriffe auszuführen.

Augen geschlossen: Während du mit geschlossenen Augen da stehst, nimmt dein Partner die Position eines Angreifers bei einer Attacke ein. Seine Waffe hält er dabei ungefähr 40 bis 50 cm von deinem Körper entfernt. Dein Partner warnt dich mit Hilfe eines Signals. Sobald du die Augen auf das vereinbarte Signal hin öffnest, identifizierst du schnell die Gefahr und führst eine passende Technik gegen den speziellen Angriff deines Partners aus. Das ist die Grundstufe des Trainings mit geschlossenen Augen.

Weitere Trainingsmethoden -
Bedrohung mit einer Schusswaffe

Wenn du die Grundtechniken gegen die verschiedenen Bedrohungen mit einer Handfeuerwaffe, einem Gewehr oder einer Maschinenpistole geübt hast und dich in der Lage fühlst, dich gegen grundlegende Bedrohungen zur Wehr zu setzen, kannst du dein Training mit „gefährlicheren" Szenarien fortsetzen. Ein solches Training erhöht deine Geschwindigkeit im **Erkennen eines Angriffs** und in deiner **taktischen Entscheidungsfindung** für die geeignete Reaktion. Zusätzliche Szenarien vergrößern die Auswahl an Situationen, in denen du darauf vorbereitet bist, erfolgreich reagieren zu können. Du kannst auch einige der zuvor beschriebenen Trainingsmethoden zur Verteidigung gegen scharfe oder stumpfe Gegenstände sowie gegen Bedrohungen mit einer Schusswaffe einfließen lassen.

Beachte: Die Begriffe „Waffe" und „Schusswaffe" stehen hier stellvertretend für Handfeuerwaffe, Maschinenpistole und Gewehr.

Fortgeschrittene Trainingsmethoden

Training der Abwehr einer Bedrohung mit Festhalten oder Wegstoßen: Der Angreifer hält dich fest und stößt und schiebt dich vor sich her, während er dich mit seiner Waffe bedroht. Dies erfordert von dir die entsprechende Technik bei eingeschränkter Bewegungsfreiheit oder eine Verteidigung während du dich gleichzeitig bewegen musst oder gestoßen wirst.

Training der Abwehr zur anderen Seite: Dies stellt eine Situation nach, in der sich ein **unbeteiligter Dritter** zu deiner Rechten oder Linken befindet und in die Schusslinie geraten könnte, wenn du die Waffe in seine Richtung parieren würdest. In dieser Situation musst du eine Technik anwenden, die (in jedem Fall) sicherstellt, daß dies nicht geschieht.

Training der Abwehr einer Bedrohung in sitzender Position: Es ist wichtig, die Verteidigung gegen eine Waffe in Situationen zu trainieren, in denen du auf einem Stuhl sitzt, während der Angreifer relativ nah ist. Es ist auch möglich, ähnliche Übungen in einem Auto sitzend durchzuführen. Dies ist besonders wichtig wegen der großen und stetig ansteigenden Anzahl weltweit verübter „Autokriminalität", wie z. B. Autoentführungen und anderer, sowohl von außerhalb als auch innerhalb des Fahrzeugs gegen Fahrer und Beifahrer gerichteter Angriffe.

Rollenspiel: Je besser und realistischer dein Partner seine Rolle als „Angreifer" beim Erteilen von Befehlen, beim nervösen und unberechenbaren Handeln, selbst im „beleidigenden" Verhalten dir gegenüber, beim Bewegen, Herumstoßen, Festhalten, u. Ä. spielt, desto effektiver wirst du dich unter dem Stress einer realen Konfrontation verhalten.

Integration und Kombination

Integration und Kombination von Situationen, Techniken und Trainings-methoden: Für die Ausbildung eines „Straßenkämpfers" ist es ungemein wichtig, die Rolle des Angreifers realistisch zu spielen. Dies bedeutet, dass der Verteidiger im Voraus so wenig wie möglich über die bevorstehende Bedrohung bzw. den Angriff weiß. Das Rollenspiel sollte wie in den folgenden Beispielen erläutert, eine große Bandbreite an Angriffen und Verteidigungsmöglichkeiten einbeziehen:

Verteidigung aus **sitzender Position** gegen einen **Angriff mit einem Stock**. Dabei verwendest du manchmal den Stuhl für Verteidigung und Angriff und dann wieder „nur" deinen Körper

Versuch auch, die Verteidigung gegen **Messerstiche** zu üben, während dich der Angreifer mit seiner freien Hand **an der Kleidung festhält** und den gleichen Stich **mehrfach** in schneller Folge ausführt. Bei deiner Verteidigung musst du mit den sich wiederholenden Angriffen zurechtkommen und so schnell wie möglich Gegenangriffe ausführen.

Besonders lehrreich ist es, die Verteidigungstechniken mit anfänglich **geschlossenen Augen** auszuführen und sie dann plötzlich, auf ein akustisches Signal, einen leichten Klaps oder einen Griff des Angreifers hin, zu öffnen. Du musst die Bedrohung augenblicklich erkennen und die passende Verteidigungstechnik so wirkungsvoll und exakt wie möglich ausführen.

Darüber hinaus solltest du dich als Verteidiger umdrehen bzw. der Angreifer sollte plötzlich aus einer Deckung oder einem Hindernis auftauchen, sodass du den Angriff erst **im letzten Moment** wahrnimmst. Im selben Augenblick in dem du den angreifenden Partner bemerkst, musst du seine Aktionen identifizieren und dich entsprechend der Situation und dem Angriff verteidigen, Gegenangriffe ausführen oder den Abstand vergrößern. Um die Vielfalt der Szenarien und Situationen zu erweitern, solltest du aus der nachfolgenden Auswahl **Kombinationen verschiedener Trainingsheraus-forderungen** zusammenstellen:

Die folgende Aufzählung beinhaltet die meisten Elemente, die für die Zusammenstellung eines Trainingsszenarios kombiniert werden können:

- Eine Angriffsart mit einer anderen kombinieren;
- Der Verteidiger agiert aus einer Angriffsstellung oder aus einer neutralen Stellung heraus
- Veränderungen des Angriffswinkels; Änderung der Positionen des Angreifers während der Attacke;
- Wechsel des Ortes (der Umgebung) und der Tageszeit des Trainings; wechselnder Gebrauch vieler verschiedener Waffen durch den Angreifer;
- Ebenso wichtig ist es, eine unterschiedliche Anzahl von Angreifern in einer Trainingseinheit einzusetzen, die alle aus verschiedenen Richtungen heraus mit verschieden- oder gleichartigen Bedrohungen alle zur selben Zeit gegen den Verteidiger vorgehen.

Darüber hinaus gibt es noch weitere Trainingstechniken für ein umfangreiches Training. Denk immer daran, dass das A und O des Ganzen Üben und nochmals Üben heißt. Doch tu dies kreativ und auf intelligente, anspruchsvolle Weise, damit deine Ausbildung und dein Vorwärtskommen gefördert werden.

Mentales Training

Wir stehen vor der Frage, wie man einen Menschen trainiert, mit Situationen fertig zu werden, bei denen es um Leben oder Tod geht. Es ist klar, dass die Teilnehmer nicht umgebracht oder schwer verletzt werden können und danach wieder irgendwie in ihren unverletzten Urzustand zurück versetzt werden können, um die Übung noch einmal zu wiederholen und mögliche Fehler zu korrigieren. Die eigentliche Herausforderung besteht darin, den Schüler mit einer **realistischen, lebensnahen Trainingssituation** zu konfrontieren, die Probleme aufwirft und Stress hervorruft, ohne jedoch sein Leben oder seine Gesundheit zu gefährden, wie dies in einer realen bedrohlichen Situation der Fall ist.

Warum müssen wir eine lebensnahe gewaltsame Konfrontation nachstellen? Reicht das Erlernen der Technik allein nicht schon aus, ohne dass ein besonderes mentales Training erforderlich wäre? Die Antwort lautet: „Nein". Für das Überleben einer gewalttätigen Konfrontation ist das mentale Training von herausragender Bedeutung. In dem Moment, in dem dein Leben in Gefahr ist, musst du nicht nur mit der Gefahrenquelle (dem Angreifer) sondern auch mit deinen eigenen geistigen und körperlichen Reaktionen auf die lebensbedrohliche Situation fertig werden. Es gibt tatsächlich eine **allgemein gültige Beziehung zwischen Geist und Körper**, die mit der Angst und dem Stress während einer gewaltsamen Auseinandersetzung zu tun hat. Der Umgang des Einzelnen mit Angst und mentalem Stress wirkt sich unmittelbar sowohl auf die Fähigkeit aus, rechtzeitig die richtigen Entscheidungen zu treffen als auch auf die erforderliche Geschwindigkeit sowie die körperliche Umsetzung der entsprechenden Techniken, die durch das vorangegangene Training verinnerlicht wurden.

Der Umgang mit einer gewalttätigen Konfrontation verursacht automatisch mentalen Stress und ruft häufig destruktive Gefühle und Emotionen hervor wie z. B. Furcht, Angst, Hass, Wut u. Ä. Mentales Training verhilft dazu, die Selbstbeherrschung zu stärken, was wiederum zu einer besseren Kontrolle der eigenen Emotionen führt und den Entscheidungsprozess schneller und präziser ablaufen lässt. Im Augenblick der Gefahr bewirkt das vegetative Nervensystem die Absonderung großer Adrenalin-Mengen ins Blut. In diesem Zustand reagiert der Mensch mit **Bewegungsunfähigkeit, Flucht** oder **Kampf/Angriff.**

Es leuchtet ein, dass ein Erstarren auf der Stelle (wenngleich es bestimmten Tierarten durchaus zur Verteidigung gegen Raubtiere dient) in den meisten Situationen, denen wir begegnen, nichts bringt. Lauten die Alternativen „Wegrennen" oder „Kämpfen", muss diese Entscheidung **wohlüberlegt** getroffen werden. Dabei müssen unsere Sinne geschärft sein, um entscheidende Reize und Informationen aus der Umgebung zu verarbeiten. Das ist wesentlich besser möglich, wenn unsere Aufmerksamkeit nicht von Gefühlen und Emotionen eingeschränkt wird. Deshalb muss das „Erstarren" aus dem Repertoire unserer instinktiven Reaktionen verbannt werden. Hört ein Mensch auf sich zu bewegen, muss er dies aus taktischen Gründen tun und **nicht, weil er die Kontrolle** über sein Handeln **verloren hat**.

Es ist bekannt, dass manche Sportler im Training erheblich bessere Leistungen erzielen als im eigentlichen Wettkampf. Die Ursache ist, dass durch die mentale Beanspruchung und den Druck/Stress während des Wettkampfs oft ein großer Teil ihrer körperlichen und geistigen Ressourcen blockiert wird. Sie konzentrieren sich nicht ausschließlich auf die von ihnen auszuführenden Handlungen und verlieren deshalb die Energie, die für das Erreichen ihrer Bestleistungen erforderlich wäre. Psychologen und Spezialtrainer helfen diesen Sportlern, die Stressauslöser besser unter Kontrolle zu bringen und das Gefühl des Selbstvertrauens zu stärken.

In allen Lebensbereichen fällt es Menschen schwer, dem großen mentalen Druck standzuhalten, unter dem sie arbeiten müssen. Dabei ergeht es Künstlern, die vor Zehntausenden Zuschauern auftreten nicht anders als Börsenmaklern, die den Lauf von vielen Millionen Euro kontrollieren. Manche greifen sogar zu Drogen und bringen sich auf diese Weise der Selbstzerstörung näher.

Ohne Umschweife gesagt, sind es unsere **inneren, mentalen Ressourcen**, die uns in die Lage versetzen, in unserem Alltagsleben effektiv und konsequent zu handeln. Wir sollten in jeder Situation fähig sein, erfolgreich mit subjektiven Emotionen und Gefühlen fertig zu werden, um in jeder Situation die Oberhand zu behalten. Ebenso müssen wir aus der realen Konfrontation lernen, da uns das Geschehen hilft, die auf uns einwirkenden Kräfte zu verstehen und unsere mentalen Fähigkeiten zu stärken.

Nun zur Lösung des zu Beginn dieses Abschnitts vorgestellten Problems: Das **verletzungsfreie** Training von Situationen auf Leben und Tod ist nur über die **Integration des mentalen Trainings in das Gesamtkonzept des Trainings** zu erreichen. Auf diese Weise erfolgt die Entwicklung und Feinabstimmung der erforderlichen mentalen Kraft. Es ist wichtig, dieses mentale Training in Kombination mit dem körperlichen, technischen und taktischen Training auszuüben und anzuwenden.

Es ist bekannt, dass der menschliche Körper in gleicher bzw. ähnlicher Weise auf die Bilder reagiert, die in der Vorstellungskraft und im Unterbewusstsein produziert werden, wie er auf Bilder und Empfindungen reagiert, die er bewusst von außen wahrnimmt. Diese Tatsache nutzen wir, um unsere Fähigkeit auszubauen, mit der Gefahr umzugehen. Es gibt also keinen grundlegenden Unterschied in unserer Reaktion, ganz gleich ob das Bild als Ergebnis eines **äußeren Reizes** oder aufgrund der **inneren Vorstellung** erscheint. Die enge Beziehung, die zwischen dem Bild, das sich jemand vorstellt und der mentalen Verfassung und seinem Unterbewusstsein, ergibt den Sinn, der hinter einem mentalen Training steht.

Einfach ausgedrückt, wird das **Unterbewusstsein** als Urheber der Gefühle, die das mentale und körperliche Leistungsvermögen bei einer Konfrontation beeinflussen, trainiert, während der Mensch das Geschehen in seiner Vorstellung visualisiert und bildhaft vor sich ablaufen lässt.

Bei mentalem Training arbeitest du als der Übende ausschließlich mit deiner Vorstellungskraft und zwar zu einem Zeitpunkt, in dem du dich relativ entspannt und wohl fühlst. Zum Beispiel während du in einem Zug, einem Bus oder einem Flugzeug sitzt oder während du auf den Zahnarzt wartest und das Beste aus dieser Freizeit machst. Stell dir eine Szene vor, in der du dich an einem bestimmten Ort befindest und ein gewalttätiger Gegner versucht, dich anzugreifen. Probiere, dir den Angreifer bildhaft vorzustellen, stell dir seine (oder ihre) Kleidung vor, beobachte die Angriffstechniken des Gegners und achte darauf, welche Waffe er (oder sie) mit sich führt. Achte in diesem Augenblick auch auf deine eigenen Emotionen und auf deine Eindrücke.

Indem du dir die Bedrohung bildhaft vor Augen führst und dir die geeignete Taktik und die passenden Verteidigungstechniken vorstellst, wird es viel einfacher für deine Nerven und deine Muskeln, ohne Stress auf eine echte Gefahr zu reagieren. Mentales Training hilft dir, Techniken und Taktiken für dich zur Routine werden zu lassen. Es „hämmert" dir die Techniken und Taktiken, die du gelernt hast derart ein, dass **deine körperliche Reaktion** unter der Anspannung eines Angriffs **ohne bewusstes Nachdenken und ohne Zögern erfolgt**. Mentales Training macht dich auch mit dem Entwicklungsprozess einer lebensbedrohlichen Situation vertraut - damit, wie sie aussieht und wie man sich dabei fühlt - und verringert dabei die Intensität des Stress- und Schockphänomens, wenn du im „wahren" Leben tatsächlich in eine solche Situation gerätst.
Es gibt zwei verschiedene Methoden, einen Vorfall zu betrachten: (1) So, als würdest du **auf eine Kinoleinwand sehen,** auf der die Darsteller (einschließlich dir) ihre Rollen spielen. (2) So, als wärst du ein **aktiver Beteiligter** innerhalb des Geschehens. Der zweiten Vorgehensweise sollte der Vorzug gegeben werden, da sie die Perspektive eines Verteidigers in einer gewalttätigen Konfrontation besser wiedergibt.

Die Technik

Stell dir das Geschehen in den unterschiedlichen Phasen und verschiedenen Möglichkeiten vor. Gestatte deinem imaginären Gegner zunächst einen erfolgreichen Angriff und stell dir dich selbst „verletzt" vor. „Fühl" wie dich der Angriff verletzt, dir Schmerzen zufügt, als wärst du der „Verlierer" des Kampfes. Stell dir das Geschehen wieder und wieder in Zeitlupe vor und **verbessere dabei jedes Mal deine Rolle und deine Aktionen.** Wende bei dieser Vorstellung immer mehr wirksame Abwehrtechniken an und führ Gegenangriffe aus, die von Mal zu Mal stärker und schneller werden. Stell dir dich am Ende als Sieger vor, der den Angreifer mehrfach mit seinen effektiven Abwehrtechniken und Gegenangriffen überwältigt.

Der größte Wert sollte darauf gelegt werden, **dir dich als „Sieger" vorzustellen,** damit sich dieses Ergebnis in deinem Gedächtnis einprägt, um die Chancen zu vergrößern, dass es auch **im Ernstfall** so sein wird, wenn es um dein Überleben geht. Die bloße Tatsache, dass du dir der Möglichkeit bewusst bist, „verlieren" oder verletzt werden zu können, mindert deine Angst vor einer wirklichen Verletzung und trägt wesentlich dazu bei, dass du **besser unter Stress agieren kannst.** Hast du erst einmal den Punkt erreicht, an dem du den

Aggressor in deiner Vorstellungskraft besiegt hast, kannst du mit dem imaginären Einstudieren einer anderen Angriffstechnik, in einer anderen Situation, gegen einen anderen Gegner fortfahren.

In den fortgeschrittenen Stadien des mentalen Trainings solltest du dir den **gesamten Kampf**, also eine ausgedehnte Auseinandersetzung gegen einen Angreifer vorstellen. Du kannst deine Vorstellungskraft mit wirklichen körperlichen Handlungen kombinieren, d.h. dir die Angriffe, Aktionen und das Verhalten des imaginären Angreifers vorstellen, während du mit echtem Körpereinsatz die nötigen Abwehrmaßnahmen und Gegenangriffe ausführst, Angriffe einleitest und deine Taktik änderst. Währenddessen solltest du dir der anderen „Person", die vor dir steht „bewusst" sein und versuchen, deren Reaktionen auf deine Aktionen und die Auswirkungen deines Handelns auf deinen Gegner „zu sehen". Führ diese Aktionen **langsam** aus und **achte dabei genauestens auf jedes Detail**. Das Wichtige an dem imaginären Kampf oder Gefecht ist die Schaffung sich bewegender Bilder und Handlungsabläufe.

Darüber hinaus funktioniert es natürlich auch anders herum, d. h. auch die „normale" körperliche Ausführung von Verteidigungstechniken und Taktiken sowie der reale Kampf "Mann-gegen-Mann" schult, erhöht deine Aufmerksamkeit und bereitet dich auf die mentale Konfrontation vor; der Grund dafür liegt in der Tatsache, dass beim körperlichen Training auch unser Geist trainiert wird. Daraus folgt: je stressbetonter das Training ausfällt, desto besser!

Zum Schluss sollte noch angemerkt werden, dass es trotz der Wichtigkeit des mentalen Trainings letztlich dein Körper ist, der die physischen Handlungen ausführt, die dein Leben oder das von Anderen rettet. Deshalb ist es nicht weniger wichtig, **deine körperliche Fitness zu verbessern** und besonders **deine Fähigkeit, einen Angriff hinzunehmen und die körperlichen Schmerzen**, die du möglicherweise während der Konfrontation erleidest, **zu ignorieren**. Als Folge davon wirst du selbstbewusster und erfolgreicher mit einem Angreifer umgehen können, von dem eine echte Gefahr ausgeht und diesen - wenn nötig - leichter und wirksamer überwältigen können, ohne durch zögerliches Verhalten oder selbst auferlegte emotionale oder physische Barrieren daran gehindert zu werden.

Aussprüche von Großmeister Imi Sde-Or

- Er, dessen „Nein" kein richtiges Nein und dessen „Ja" kein richtiges Ja ist.

- Sag den Leuten die Wahrheit und sie „geben sie dir" mitten ins Gesicht.

- Mit Freunden muss man keinen Frieden schließen, nur mit Feinden.

- Genaues Abrechnen bewahrt die Freundschaft.

- Ein starker Mann hat immer viele Freunde.

- Nicht jeder, der auf zwei Beinen geht, ist auch wirklich ein Mensch.

- Wer seinen Namen in Großbuchstaben schreibt, ist kein Mann.

- Im Leben gibt es keine zwei Dinge, die wirklich absolut gleich sind. Sogar Zwillinge unterscheiden sich leicht von einander. Selbst zwei Schrauben, die vom gleichen Fließband kommen sind nicht völlig identisch. Selbst ein und dieselbe Person kann in unterschiedlichen Augenblicken anders sein.

- Bevor du einer Frau den Hof machst, vergewissere dich, wer ihr Vater ist, wer ihre Brüder sind und manchmal sogar wer ihr Freund ist.

- Manchmal dreht sich ein Mann nach einer Frau um und verändert damit sein ganzes Leben, und manchmal dreht er sich nicht nach ihr um und verändert es damit auch.

- Ich reise nicht in andere Länder, um deren Sehenswürdigkeiten zu betrachten. Ich reise nur, um Menschen zu treffen.

- Ober, bringen Sie mir bitte zweimal das, was mir meine Ärzte verboten haben!

- Jeder möchte gerne ein Anderer sein: Im Zirkus vollführt ein junger muskulöser Athlet akrobatische Kunststücke am Trapez. Unten im Publikum sitzt auf dem teuersten Platz ein reicher, fetter Geschäftsmann mit einer Zigarre zwischen den Lippen und einem bildschönen Mädchen im Arm. Der Geschäftsmann sagt zu sich selbst: „Ich gäbe Alles, um so zu sein wie er, jung, sportlich und mit sich und der Welt im Reinen." Währenddessen denkt sich der Akrobat, der ihn von oben vom Trapez sieht: „Ich wünschte, ich wäre an seiner Stelle: ein reicher Mann mit einer so schönen Frau, der sich den teuersten Platz im Zirkus leisten kann und einem jungen unglücklichen Kerl zuschaut, der sein Leben für ein paar Cents aufs Spiel setzt."

Kapitel 14

Sicherheit im Training

Um sich die Fertigkeiten anzueignen, die man benötigt, um mit einem Angreifer bei einer gewaltsamen Konfrontation oder mit einem Feind in einem Kampf fertig zu werden, benötigt man Training. Eine Kampfsportart zu erlernen bedeutet, sich sowohl körperlich (von Leicht- bis Vollkontakt) als auch mental mit einem oder mit mehreren Partnern auseinander zu setzen. Das Training beinhaltet auch den Einsatz von unterschiedlichem Spezial-Zubehör wie Sandsäcken, Pratzen und anderen Schlagpolstern oder Vollkontaktanzügen, die zur Ausbildung der eigenen Fähigkeiten dienen. Techniken können auch mit Hilfe von „Trockenübungen" verbessert und verfeinert werden, d. h. ohne die Mitwirkung eines Partners oder den Widerstand eines Sandsacks, also, indem sie „in die Luft" ausgeführt werden.

Unser Ziel besteht darin, dass der Lernende, **ohne sich zu verletzen**, an allen Trainingsformen teilnimmt. Dazu benötigen wir eine geeignete Trainingsstätte, entsprechende Verhaltensregeln, die richtige Ausrüstung und einen schrittweisen Aufbau des Lern- und Trainingsprozesses. Sind diese Voraussetzungen erfüllt, werden die meisten Gefahren verhindert und das Verletzungsrisiko wird minimiert. In diesem Kapitel stellen wir Richtlinien vor, mit denen dieses Ziel erreicht werden kann.

Zweifellos entstehen gewisse Konflikte, wenn man den Balanceakt zwischen den beiden folgenden sich widersprechenden, eminent wichtigen Ansätzen wagt: einerseits Trainingsmethoden und Szenarien, die den Schüler unter Stress setzen und Überfälle auf der Straße unter lebensnahen Bedingungen simulieren und andererseits Trainingsmethoden, die nichts von dem beinhalten, was die Teilnehmer beeinträchtigen oder ernsthaft verletzen könnte. Krav Maga hat immer Wert darauf gelegt, **diese beiden gegensätzlichen Vorstellungen miteinander zu verbinden** und die Schüler unter nahezu realen Bedingungen zu trainieren, ohne ihnen dabei körperlichen Schaden zuzufügen.

Gesundheitsuntersuchung

Eine ärztliche Untersuchung ist sowohl für den Lernenden als auch für den Lehrenden **Pflicht**, um jegliche Angst vor unzureichender körperlicher Fitness zu beseitigen. Schüler und Trainer müssen fit genug sein für die beim Krav Maga üblicherweise auftretenden Anstrengungen und physischen Herausforderungen. Trotzdem können auch Menschen mit körperlichen Einschränkungen (sowohl leichterer als auch ernsthafterer Natur) **unter besonderer Anleitung und entsprechender medizinischer Beobachtung** Krav Maga trainieren und dabei beeindruckende Ergebnisse erzielen. In Israel wurden Spezialkurse für Menschen mit schweren körperlichen Behinderungen abgehalten, die diese entweder im Krieg erlitten oder bereits seit jungen Jahren hatten. In vielen Fällen schlossen die Teilnehmer trotz ihrer Handicaps die Kurse mit erstaunlichem Erfolg ab!

Bevor man beginnt, Krav Maga zu trainieren, sollte man grundsätzlich die Erlaubnis eines Mediziners einholen. Ärzte, die die Eignung einer Person für ein solches Training beurteilen, sollten auf das hohe Maß an Körperkontakt und die hohe Herz/Kreislauf-Belastung hingewiesen werden, denen der Lehrgangsteilnehmer ausgesetzt wird. Ebenso muss betont werden, dass jemand, der mit Hilfe eines Handbuchs oder eines Videos trainiert - egal ob allein oder mit einem Partner - bei den Übungen besonders vorsichtig sein muss, da die persönliche Beaufsichtigung und die Begleitung eines erfahrenen und zertifizierten Krav Maga-Lehrers fehlen.

Die Trainingsstätte

Jeder Ort, an dem sich Menschen - in unserem Fall im Bereich des Krav Maga - sportlich und körperlich ertüchtigen können, wird als **Trainingsstätte** bezeichnet. Dabei kann es sich um eine Sporthalle, eine Wiese, einen Strand, ein Wohnzimmer oder Ähnliches handeln. Sportart und Trainingsstätte müssen zueinander passen.

Bevor das Training beginnt, **müssen** sämtliche Gegenstände, an denen sich die Teilnehmer verletzen könnten, **entfernt werden**. Findet das Training auf einem mit Matten ausgelegten Hallenboden statt, ist streng darauf zu achten, dass die Matten ohne Zwischenräume eng zusammen liegen damit **keine Rutschgefahr** besteht. Am besten sollte der gesamte mit Matten ausgelegte Boden mit einem Segeltuch oder einer Plastikplane ohne Falten, Löcher oder Risse abgedeckt sein.

Die Trainingsstätte sollte **gut belüftet** sein, um eine angemessene Versorgung mit Frischluft sicherzustellen. Die Trinkwasserversorgung sollte gewährleistet sein, denn bei heißen Temperaturen müssen die Teilnehmer auch **während der Trainingseinheiten** Wasser trinken.

Beachte: Ein- und Ausgang der Trainingsstätte sollten den **bequemen Durchgang** für zwei Personen ermöglichen, um im Falle einer Verletzung einen Dritten leicht hinaus tragen zu können.

Eine Erste-Hilfe-Ausrüstung muss stets zur Hand sein. Sie sollte gut sortiert und mit Utensilien für verschiedenste Verletzungen - von geringfügigen bis zu äußerst ernsthaften - ausgestattet sein. Die Ausrüstung muss regelmäßig überprüft und rechtzeitig ergänzt werden. Das Set muss leicht zugänglich sein und der Aufbewahrungsort muss allen Trainingsteilnehmern bekannt sein.

Ein Krav Maga-Schüler sollte in regelmäßigen Abständen an ganz unterschiedlichen Orten trainieren, auch dort, **wo er tatsächlich in eine gewalttätige Konfrontation geraten könnte**. Macht er dies nicht, könnten fremde Umgebungen seine mentale Flexibilität beeinträchtigen, ebenso würde auch seine körperliche Leistungsfähigkeit leiden. Such jede Trainingsstätte, an der du noch nicht trainiert hast, direkt nach deiner Ankunft nach offensichtlichen und versteckten Sicherheitsrisiken ab. Natürlich muss ein **Erste-Hilfe-Koffer** ebenfalls zur Trainingsstätte **mitgenommen werden**.

Es versteht sich von selbst, dass ein Trainingsstudio auch den **örtlichen und staatlichen Anforderungen** an die Sicherheitsbestimmungen sowie den sanitären Ansprüchen entsprechen muss.

Kleidung und Ausrüstung

Kleidung und Ausrüstung müssen zum Training passen und umgekehrt. Bevor der Unterricht beginnt, muss der Schüler **alle Gegenstände und jeden Schmuck ablegen**, der ihn selbst oder andere teilnehmende Personen gefährden könnte. Solche Gegenstände sind z. B. Armbanduhren, Halsketten, Ringe und Ohrringe.

Beachte: Besondere Vorkehrungen sind zu treffen, wenn ein Schüler (Mann oder Frau) eine Brille trägt, lange Haare oder lange Fingernägel usw. hat.

Die Trainingskleidung sollte ordentlich und vollständig sein, ohne Teile wie Gürtelschnallen, offene Reißverschlüsse, zerrissene Kleidung, überweite Taschen usw., die andere Teilnehmer verletzen könnten.

Sicherheitszubehör und **Schutzausrüstung** sollten stets dem Training angemessen sein. Die Wucht der Aktionen sollte der Schutzausrüstung des Schülers angepasst und **übertriebener Krafteinsatz**, der zu Verletzungen führen könnte, **vermieden** werden. Bandagen, Tapes und Schützer sollten vollständig sein, vorschriftsmäßig getragen werden und frei von Nadeln oder scharfen Kanten sein.

Das zuvor Erwähnte ist wichtig, um in **unterschiedlicher Bekleidung** trainieren zu können: vom Badeanzug und sommerlicher Bekleidung bis hin zur dicken, schweren Winterausrüstung. Um sich auf lebensnahe Situationen vorzubereiten, muss sich der Trainierende bei der Ausübung von Selbstverteidigungstechniken und Kampfübungen in jeder Kleidung wohlfühlen und darf sich nicht an das Training in ein und dem selben Dress gewöhnen!

Aufwärmen

Der Sinn des Aufwärmens besteht darin, den Schüler körperlich und geistig auf das Training vorzubereiten. Das Aufwärmen muss auf das nachfolgende Training zugeschnitten sein. Es sollte **langsam gesteigert** werden und eine Aktivierung der verschiedenen Körperfunktionen beinhalten.

Gerät man in eine echte gewaltsame Auseinandersetzung, kann man den Gegner natürlich nicht um Zeit zum Aufwärmen bitten... Zu jedem Zeitpunkt und innerhalb des Bruchteils einer Sekunde muss man körperlich und geistig bereit sein, auch ohne vorheriges Aufwärmen mit dem Gegner fertig zu werden. In solchen Situationen kommt die nötige Hilfe vom eigenen Nervensystem, dessen Aufgabe darin besteht, durch Ausschüttung natürlicher stimulierender Substanzen in den Blutkreislauf (z. B. Adrenalin) mit solchen Ereignissen fertig zu werden. Dennoch muss man bei Trainingseinheiten, in denen man sich entscheidet, ohne vorheriges Aufwärmen zu trainieren, besonders darauf achten, **plötzliche übermäßig anstrengende Bewegungen**, die zu Verletzungen führen könnten, zu **vermeiden**.

Vor Aufnahme der in diesem Buch beschriebenen Betätigungen und Techniken wird ein leichtes Aufwärmen empfohlen. Dieses leichte Aufwärmen dauert 10 bis 15 Minuten und beinhaltet normalerweise **Dehnübungen**, um den Kreislauf zu stimulieren, das Herz-Kreislaufsystem anzukurbeln und die Muskeln und Gelenke geschmeidig zu machen sowie **leichte Kraftübungen** wie Liegestütze, Klappmesser und tiefe Kniebeugen. Darüber hinaus wird empfohlen, dass das Aufwärmen kurze **Kampfspiele** und einige Krav Maga-**Grundübungen** umfasst.

Verhaltensregeln - Selbstdisziplin
das Befolgen der Anweisungen des Lehrers oder Kursleiters

Beim Training mit einem oder mehreren Partnern ohne **Anwesenheit eines Trainers** empfiehlt es sich, jemanden zu bestimmen, der die Stunde leitet. Diese Person nennen wir „**Kursleiter**".

Der Schlüssel zu einem sicheren Training und der Vermeidung unnötiger Verletzungen ist ein **einwandfreies Verhalten**. Es basiert auf Selbstdisziplin und dem Befolgen der Anweisungen des Kursleiters.

Achtung: Beim Training nach schriftlicher Anleitung (allein oder mit einem Partner) ist es wegen der Abwesenheit eines erfahrenen Lehrers besonders wichtig, ein hohes Verantwortungsbewusstsein an den Tag zu legen und die Sicherheitsregeln strikt zu befolgen.

Den Instruktionen muss Folge geleistet werden, damit **Einheitlichkeit im Gruppenverhalten** erreicht wird; eine große an einer Trainingseinheit teilnehmende Schülergruppe sollte sich immer in die vorgegebenen Richtungen bewegen, um die Gefahr eines Zusammenstoßes mit anderen Teilnehmern zu verringern.

Beim Trainieren einer bestimmten Technik sollte der Trainierende die verschiedenen Angriffe und Verteidigungstechniken in einem **gefühlsmäßig „coolen" Zustand** ausführen. Man sollte nicht wütend sein auf seinen Partner (oder Gegner) oder aus Wut, Ärger oder Furcht heraus handeln, und selbstverständlich sollte man seinen Partner auch nicht mit der Ausführung eines Angriffs „überraschen", den man zuvor nicht vereinbart hat. Selbstdisziplin beinhaltet auch, dass man sich strikt an den Trainingsrahmen hält, den Anweisungen des Kursleiters Folge leistet und ein aufrichtiges Interesse am Wohlergehen des Partners hat.

Sicherheitsregeln und Bestimmungen in verschiedenen Trainingsbereichen

Der Trainierende muss emotional, körperlich und technisch auf den Schwierigkeitsgrad der Trainingseinheit vorbereitet sein. Fühlt man sich aus irgendeinem Grund nicht in der Lage, mit der Konfrontation fertig zu werden oder außerstande, die im Lauf der Stunde geforderten Aufgaben zu erfüllen, **sollte man von diesen Aktivitäten Abstand nehmen**. Der Kursleiter muss sich zu jeder Zeit über die Fähigkeiten und die Grenzen des Schülers im Klaren sein und entsprechend handeln.

Die Ausführung von Aktionen wie Schlägen und Tritten in die Luft sollte stets **unter entsprechender Kontrolle und mit angemessener Kraft** erfolgen, um Gelenke und Muskeln nicht zu verletzen. Ein beweglicher Körperteil darf beispielsweise nicht über den maximalen Bewegungsumfang hinaus gestreckt werden, damit das Gelenk nicht verletzt oder überdehnt wird.

Zieh das Körperteil deshalb zurück, bevor du dich der maximalen Streckung näherst.

Während der Trainingsstunde sollte die auf den Sandsack, ein anderes Ziel oder auf Schlagpolster ausgeübte Kraft **kontrolliert** werden. Der angreifende Körperteil muss daran gewöhnt werden, den Aufprall beim Auftreffen auf das Ziel abzufedern, und in der Regel dauert es einige Zeit, bis man mit hoher Geschwindigkeit und hoher Kraft sicher zuschlagen kann. Sowohl im Training als auch bei ernsthaften Zwischenfällen ist es nicht ungewöhnlich, dass der Kämpfer nach erfolgreichem Austeilen eines Faustschlags Schmerzen in seinem Handgelenk verspürt.

Im Gruppentraining sollten alle Bewegungen, die viel Platz benötigen, wie z. B. Fallübungen, Rollen, Würfe und Tritte **von allen Teilnehmern in dieselbe Richtung** ausgeführt werden, um Zusammenstöße miteinander zu vermeiden. Das **Fallen und Werfen** muss auf einer angemessen **weichen Oberfläche** geübt werden.

An einem überfüllten Trainingsplatz sollten Aktionen wie das Werfen des Partners mit den anderen Teilnehmern **abgestimmt** werden. In solchen Fällen ist es auch erforderlich, in die Bewegungsrichtung zu schauen, **um mögliche Zusammenstöße** mit anderen Trainierenden **zu vermeiden**. Unter keinen Umständen darf ein Schüler mit Schwung in Richtung der anderen Teilnehmer geworfen werden!

Achtung: Sofern dies nicht ausdrücklich gefordert wird, sollte ein Schüler am Ende eines Fegers oder Wurfs niemals mit Schwung auf seinem Partner landen.

Es sollte kein Teil des Körpers und erst recht **keine leicht verletzbare Stelle** des Partners heftig angegriffen werden. Wir müssen immer daran denken, dass die Schlagkraft beim Austeilen und Einstecken eines Angriffs bei jedem Einzelnen unterschiedlich ausfällt. Einige Menschen sind stark und können viel einstecken, während andere empfindlicher sind. Dennoch **führen kräftig ausgeführte Angriffe gegen die empfindlichsten Stellen des Körpers fast immer zu Verletzungen**, manchmal sogar zu bleibenden Schäden, unabhängig von der Person, die den Angriff hinnehmen muss.

Achtung: Der Schüler darf niemals ohne Handschuhe an den Fäusten oder mit durchgestreckten Fingern einen Schlag gegen das ungeschützte Gesicht seines Partners ausführen.

Der Partner muss aus Würgegriffen, Schwitzkasten, Umklammerungen oder Hebeln entlassen werden, **sobald er ein zuvor vereinbartes Signal** in Form eines Wortes, eines Lautes oder eines Klatschens mit der Hand, u. A. **gibt**. Solche Angriffsarten **sollten nicht überstürzt** oder mit maximaler Kraft ausgeführt werden. Stattdessen müssen diese Bewegungen **schrittweise**, kontrolliert und unter Berücksichtigung der Reaktionen des Partners ausgeführt werden. Ein intensiveres Training ist nur dann zulässig, wenn man sich in guter Verfassung befindet und bei den Verteidigungsübungen bereits einen hohen Leistungsstand erreicht hat.

Beim Training der Verteidigung gegen Stockangriffe muss der Stock **glatt** sein und darf keine Brüche, Risse oder hervorstehende Teile haben. Am Anfang sowie bei anstrengenden Trainingsstunden empfiehlt sich ein **gepolsterter Stock**.

Wenn die Verteidigung gegen Messerangriffe geübt wird, sollten in den ersten Trainingsstunden **Gummimesser** verwendet werden. Erst nach Erreichen eines angemessenen Ausbildungsstandes können die Schüler zu stumpfen **Holzmessern** übergehen. Wenn sie die Techniken perfekt beherrschen, dürfen die Schüler - allerdings mit äußerster Vorsicht - mit **Messern aus Metall** trainieren!

Beachte: Trainingszubehör und -hilfen müssen in gutem Zustand gehalten werden, vollständig und für die jeweiligen Aktivitäten geeignet sein.

Wann immer dies nötig ist, sollte der Schüler eine Schutzausrüstung tragen, die seiner körperlichen Verfassung, seinen technischen Fähigkeiten und der in der Übung oder dem Kampf auftretenden Kräften angemessen ist. Im Handel ist eine Vielzahl an hervorragenden Schutzausrüstungen erhältlich. Deinem eigenen Wohlfühlen zuliebe solltest du geeignete und gut sitzende Schutzkleidung tragen.

Ein Trainingkampf und die Übungsstunde sind sofort abzubrechen, wenn „die Dinge aus dem Ruder laufen" und die Teilnehmer sich nicht mehr unter Kontrolle haben. Dies erfordert eine **angemessene Überwachung** beim Training. Eine Wiederaufnahme der Aktivitäten darf erst dann erfolgen, wenn die Trainierenden ihr emotionales, mentales und körperliches Gleichgewicht wiedererlangt haben.

Beim Training einer jeden Technik und Konfrontation müssen sich die Partner gegenseitig vertrauen können und sich auch **beim Erreichen ihrer Ziele gegenseitig helfen**: Bewältigung der Übung und der Aufgabe als Ganzes, Verbesserung der Fertigkeiten und Wissensausbau. Dies sollte ohne das Hindernis eines zerstörerischen Wettbewerbs, den Wunsch, seine Überlegenheit unter Beweis zu stellen, den Versuch, „alte Rechnungen zu begleichen" oder Rachegelüste geschehen.

Sicherheitszubehör: Kopfschutz, der vor allem bei intensiven Übungskämpfen verwendet wird; Handschuhe für die Arbeit an einem Sandsack; normale Boxhandschuhe; Schienbeinschoner, Tiefschutz, Trainingsmesser aus Holz und Gummi.

Kapitel 15

Über die Autoren

Großmeister Imi, Begründer des Krav Maga

Imi (Imrich) Sde-Or (Lichtenfeld), Begründer des Krav Maga, wurde 1910 in Budapest geboren, das zu dieser Zeit eines der Zentren des österreichisch-ungarischen Kaiserreichs war. Er wuchs in Bratislava, der Hauptstadt der Slowakei, in einem Elternhaus auf, in dem auf Sport, Recht und Ordnung und humanistische Bildung gleichermaßen Wert gelegt wurde. Diese Bestandteile seiner Erziehung waren ausschlaggebende Faktoren für die Entwicklung seines bemerkenswerten Charakters im späteren Leben.

Samuel Lichtenfeld, Imis Vater, war zweifelsohne eine Ausnahmeerscheinung. Im Alter von 13 Jahren hatte er sich einem Wanderzirkus angeschlossen und sich die nächsten 20 Jahre mit Ringen, Gewichtheben und verschiedenen Kraftübungen beschäftigt. Für ihn war der Zirkus auch eine Schule, wo er Menschen traf, die sich mit den verschiedensten Sportarten beschäftigten, darunter auch recht ungewöhnlichen. Diese Menschen brachten Samuel das bei, was sie beherrschten, einschließlich diverser Kampf- und Selbstverteidigungstechniken.

Nachdem Samuel den Zirkus verlassen hatte, zog er nach Bratislava (damals Pressburg), wo er den ersten Schwerathletikverein der Stadt gründete. Er hieß **„Hercules"**, benannt nach dem Helden der griechischen Mythologie. Später ging er zur Stadtpolizei, wo er bis zum Rang eines Hauptkommissars aufstieg. Während seiner Dienstzeit auf diesem Posten erlangte er den Ruf, der Beamte zu sein, der die meisten Mörder und Gewaltverbrecher verhaftete und vor Gericht brachte.

Samuel Lichtenfeld, führt anlässlich der Parade zum tschechichen Unabhängigkeitstag die mit Medaillen ausgezeichnete Mannschaft jüdischer Ringer an.

Während seiner Zeit als Polizist unterrichtete Samuel Lichtenfeld seine Männer in Selbstverteidigung und Methoden zur Bewältigung gewalttätiger Konfrontationen. Dabei legte er Wert auf ein moralisch einwandfreies Verhalten sowohl gegenüber Kriminellen als auch aufrührerischen Bürgern. Seine Techniken waren stark stilisiert, vielleicht noch nicht voll effektiv und übermäßig kraftvoll, doch zur damaligen Zeit erfüllten sie die Bedürfnisse und entsprachen den gezetzlichen Richtlinien der Polizeiarbeit.

Als Kind wurde Imi von seinem Vater in vielen Bereichen der körperlichen Ertüchtigung und des Sports, einschließlich Gymnastik, unterrichtet. Er nahm am Training der Polizisten teil, die regelmäßig von Samuel Lichtenfeld geschult wurden. Mit der Unterstützung seines Vaters betätigte sich Imi in vielen Sportarten. Zunächst erbrachte er hervorragende Leistungen im Schwimmsport, später in Gymnastik, Ringen und Boxen. 1928 gewann Imi die Slowakische Jugendmeisterschaft im Ringen und 1929 die Meisterschaft der Erwachsenen (im Weltergewicht). Im gleichen Jahr gewann er auch noch die nationale Boxmeisterschaft sowie einen internationalen Gymnastikwettbewerb.

Im darauf folgenden Jahrzehnt konzentrierte Imi seine athletischen Aktivitäten auf das Ringen und zwar sowohl als Wettkämpfer als auch als Trainer. Jahr für Jahr gewann er die Slowakische Meisterschaft in seiner Gewichtsklasse und wurde zu einer Stütze der Nationalmannschaft. Bis 1939 nahm Imi an zahlreichen internationalen Begegnungen teil und gewann Dutzende Medaillen und Preise. Imi galt als einer der besten Ringer Europas. Er errang Siege über viele Meister und Titelträger in seinem eigenen Land sowie in anderen Staaten.

Zu Imis sportlichen Aktivitäten gehörte auch die Akrobatik, die ihn auch in den Bereich der darstellenden Künste brachte. Er unter-

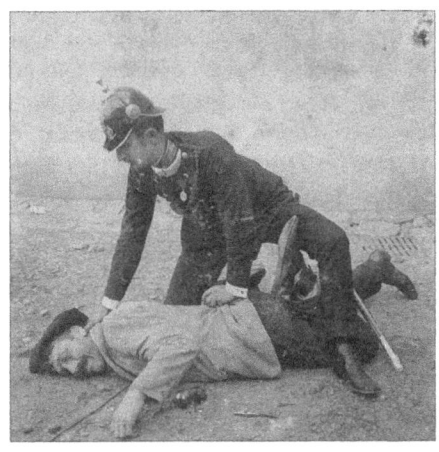

Samuel Lichtenfeld (als „Verbrecher") zeigt mit einem seiner Polizisten eine Technik zu Festnahme und Kontrolle.

richtete die Darsteller einer der besten tschechoslowakischen Theatergruppen in Gymnastik und spielte erfolgreich in einigen ihrer Produktionen mit. In einer Ballettaufführung übernahm er die Rolle des Mephisto und erntete donnernden Applaus vom Publikum und von den Kritikern.

Mitte der dreißiger Jahre begann sich die Lage in Bratislava zu verändern. Durch ähnliche in Mitteleuropa vorherrschende Strömungen beeinflusst, kam ein faschistischer und antisemitischer Geist auf, der darauf zielte, die öffentliche Ordnung in Aufruhr zu versetzen und der jüdischen Gemeinschaft der Stadt zu schaden. Natürlich wurde Imi zum ungekrönten Anführer einer Gruppe junger Juden, von denen die meisten Erfahrungen im Boxen, Ringen und Gewichtheben gesammelt hatten. Diese Gruppe stellte sich den antisemitischen Banden entgegen, wenn sie in das jüdische Viertel eindrangen um dort Verwüstungen anzurichten.

So nahm Imi zwischen 1936 und 1940 an unzähligen gewaltsamen Zusammenstößen und Straßenkämpfen mit antisemitischen Schlägern teil, sowohl allein als auch mit seiner Gruppe. Er und seine Mitstreiter waren oft mit einer wütenden Menge von Hunderten und sogar Tausenden Menschen aus Bratislava und der Umgebung konfrontiert, die in das jüdische Viertel einzudringen versuchten; manchmal waren es nur ein oder zwei Schreihälse, die sich gegen Imi oder einen seiner Freunde stellten und zurechtgewiesen werden mussten. Auch wenn der Platz nicht ausreicht, die Unzahl an Zwischenfällen, die sich in dieser Zeit ereignete zu beschreiben, sollte erwähnt werden, dass sich Imi dadurch veränderte. Aus dem Sportler wurde ein entschlossener und geschickter Nahkampfspezialist. Diese Geschehnisse waren es, die die Saat legten, die später zu dem von Imi begründeten Selbstverteidigungssystem heranwuchs: **Krav Maga**.

Nachdem er zu einem Dorn im Auge der antisemitisch gesinnten örtlichen Behörden geworden war, verließ er 1940 Heimat, Familie und Freunde. Er ging an Bord des letzten Flüchtlingsschiffs, dem es gelang, den Fängen der Nazis zu entkommen. Das Schiff war ein alter Schaufelraddampfer namens **Pentcho**, der umgebaut worden war, um Hunderte Flüchtlinge aus Mitteleuropa in das gelobte Land Israel (damals Palästina) zu bringen. Die ergreifende Geschichte der Pentcho und ihrer Passagiere wird ausführlich in dem Buch „Odyssee" von John Birman beschrieben (Amerikanische Originalausgabe veröffentlicht durch Simon & Shuster, New York, 1984; deutsche Über-setzung erschien 1985 im Verlag Ullstein GmbH, Frankfurt).

Imis private Odyssee an Bord des Schiffes und danach war voller spannender Episoden und dauerte rund zwei Jahre bis er sein Ziel erreichte. Zu Beginn seiner Reise, als sie die Donau und die Ägäis befuhren, musste Imi häufig ins Wasser springen, um über Bord gegangene Passagiere zu retten oder Pakete mit Nahrungsmitteln ein-zusammeln, die zu dieser Zeit äußerst knapp waren. Dabei zog er sich eine Ohrenentzündung zu, die ihn beinah das Leben kostete.

Imi Sde-Or (Lichtenfeld), mit Ende Zwanzig auf dem Höhepunkt seines Leistungsvermögens als herausra-gender Boxer, Ringer und Athlet.

Als ein Kessel an Bord des Schiffes explodierte und es nahe der griechischen Insel Kamilanisi auf Grund laufen ließ, nahmen sich Imi und vier seiner Freunde ein Ruderboot und machten sich auf den Weg nach Kreta, um Hilfe zu holen. Seine Ohrenentzündung und die Bitten seiner Freunde missachtend, weigerte sich Imi einen ganzen Tag lang, mit dem Rudern zu pausieren. Aber trotz ihrer heldenhaften Anstrengungen ließen starke Winde das kleine Ruderboot abtreiben und es erreichte Kreta nie. Am Morgen des fünften Tages nahm ein englisches Kriegsschiff die fünf Überlebenden auf und brach-te sie ins ägyptische Alexandria. Imi, dessen Gesundheitszustand sich ernsthaft ver-schlechtert hatte, kam in das Jüdische Krankenhaus der Stadt und wurde dort mehrmals operiert. Erst fünfzig Jahre später wurde Imi gewahr, dass er damals knapp dem Tod ent-gangen war, und die Ärzte des Krankenhauses seiner Genesung keine Chancen mehr ein-geräumt hatten. Dies erfuhr Imi, als einer der Freunde aus dem Ruderboot Joseph Hertz (der später Arzt in Prag wurde), ihn in Israel besuchte.

Nach seiner Genesung schloss sich Imi der tschechischen Legion an, die während des 2. Weltkriegs unter dem Kommando der Britischen Armee stand. Im Rahmen dieser Tätigkeit diente er ungefähr anderthalb Jahre lang in verschiedenen Gebieten des Nahen Ostens, darunter Libyen, Syrien, dem Libanon und Ägypten. Zu seinem Abschied 1942 erbat und erhielt Imi eine Einreisegenehmigung für Israel (damals Palästina).

Zu dieser Zeit dienten einige von Imis Freunden und früheren Schülern in der **Hagana**-Widerstandsbewegung, dem militärischen Vorgänger der IDF (Israel Defense Forces). Imi wurde General Itzchak Sadeh, dem Leiter der Hagana vorgestellt, der ihn wegen seiner besonderen Talente im Nahkampf sofort in der Organisation aufnahm.

1944 begann Imi, israelische Kämpfer in seinen Fachgebieten auszubilden: Körperliche Fitness, Schwimmen, Gebrauch des Messers und Verteidigung gegen Messerangriffe. Während dieser Zeit trainierte Imi mehrere Eliteeinheiten von **Hagana** und **Palmach** (der Streitkräfte der Hagana und Vorläufer der Spezialeinheiten der IDF), einschließlich deren Marine-Kommando-Einheit **Palyam** und Polizeitruppen.

1948, zeitgleich mit der Gründung des Staates Israel und der Israel Defense Forces, wurde Imi Chefausbilder für körperliche Fitness und Krav Maga an der **School of Combat Fitness** (Militärische Kampfschule). Er diente in der IDF ungefähr 20 Jahre lang. In dieser Zeit entwickelte und verfeinerte er seine einzigartige Selbstverteidigungs- und Nahkampfmethode. Imi trainierte die Elitekämpfer der israelischen Spezialeinheiten persönlich und bildete viele Jahrgänge zu qualifizierten Krav Maga-Instruktoren aus, wofür ihm die Anerkennung der höchsten israelischen Kommandeure zuteil wurde.

Man sollte bedenken, dass Imis Methode, Krav Maga, den besonderen Anforderungen der IDF entgegen kommen musste. Das heißt, es musste **leicht zu erlernen und anzuwenden** sein, so dass der Soldat, egal ob Büroangestellter oder Kämpfer in einer Spezialeinheit, innerhalb der **kürzest möglichen Trainingszeit** den erforderlichen Leistungsstand erreichen konnte. Es war auch wichtig, dass der Leistungsstand der Soldaten mit einem Minimum an Kontrolle und Training aufrecht erhalten werden konnte. Ebenso wichtig war, dass die von Imi erdachten Selbstverteidigungs- und Kampftechniken auch dazu geeignet waren, unter stressbeladenen Bedingungen wirksam angewendet zu werden.

Nach seinem Rückzug aus dem aktiven Militärdienst begann Imi damit, Krav Maga den zivilen Anforderungen anzupassen. Die Methode wurde auf jedermann zugeschnitten: **Mann oder Frau, Junge oder Mädchen, junge Menschen oder Erwachsene**, für jeden, der es im Ernstfall brauchen könnte, um sein (oder ihr) Leben zu retten und einen Angriff zu überleben, und dabei möglichst geringen Schaden zu nehmen, ganz gleich welche Ursache der Angriff hat: kriminell, nationalistisch oder anderweitig motiviert.

Imi Lichtenfeld als Chefausbilder für Krav Maga und Leibesertüchtigung der Israel Defense Forces.

Zur Verbreitung seiner Methode gründete Imi zwei Trainingscenter in Tel Aviv und seiner neuen Heimatstadt Netanya. Tatsächlich wurde Netanya, dieser faszinierende mediterrane Touristenort, aus dem viele Krav Maga-Ausbilder stammen, schnell zur "Pilgerstätte" begeisterter Anhänger dieser original israelischen Kampfmethode.

Während dieser Zeit fungierte Imi Lichtenfeld weiterhin als Berater und Krav Maga-Ausbilder für die IDF und andere israelische Sicherheitskräfte. 1972 wurde der erste nicht-militärische Kursus für Krav Maga-Ausbilder an der Schule für Trainer und Ausbilder am **Wingate Institute for Sport and Physical Education** abgehalten. Seither hat sich die Methode in vielen zivilen Bereichen in Israel sowie im Ausland verbreitet.

Viele Tausend Menschen wurden in den leicht zu erlernenden, schnörkellosen Selbstverteidigungstechniken des Krav Maga unterrichtet. Außer für Mitglieder der israelischen Sicherheitsdienste und der israelischen Polizei wird es an Lehrerkollegien, Grundschulen und privaten Instituten sowie in privaten Studios, ländlichen Siedlungen (z. B. **Kibbutz** und **Moshavim**) und in örtlichen städtischen Gesellschaftszentren unterrichtet.

1978 gründete Imi zusammen mit einigen seiner besten Schüler die „**Israeli Krav Maga Association**" mit der Absicht, die Methode in Israel sowie im Ausland zu verbreiten und ihren Wert für die Selbstverteidigung bekannt zu machen. Imi Sde-Or war bis an sein Lebensende Präsident dieser Vereinigung.

Die internationalen Aktivitäten begannen 1981, hauptsächlich in den USA, mit der großzügigen Unterstützung des amerikanischen, sehr sozial gesinnten Geschäftsmannes Daniel Abraham. Die erfolgreiche Verbreitung des Krav Maga-Unterrichts in den USA geht in erster Linie auf den tatkräftigen Einsatz von Darren R. Levine (Meistergrad 1 / Lehrergrad 6) aus Los Angeles, Kalifornien, zurück. Seit den achtziger Jahren bemüht sich Levine darum, Imis Selbstverteidigungsmethode in der amerikanischen Öffentlichkeit bekannt zu machen. Außerdem trug er als technischer Berater zur englischsprachigen Ausgabe dieses Buches bei.

Anfang der neunziger Jahre äußerte Großmeister Imi seinen Wunsch, **einen internationalen Krav Maga Verband** zu gründen, um sein Wissen den Menschen auf der ganzen Welt weiterzugeben. Die rasche Gründung wurde von Imi, der hierin die Erfüllung seines Lebenstraums sah, freudig begrüßt. 1996 verlieh Imi Eyal Yanilov, dem Gründer und Chefausbilder des Verbandes (sowie Co-Autor dieses Buches) für seine Leistungen die höchste erreichbare Graduierungsstufe (Master level 3 / Expert level 8).

Bis an sein Lebensende im Alter von 87 Jahren arbeitete Imi mit der Unterstützung von Eyal Yanilov weiter an der Entwicklung von Krav Maga-Techniken und -Konzepten. Er beaufsichtigte persönlich das Training der höchsten Krav-Maga-Grade und verbrachte seine Zeit mit den Ausbildern in Israel und denen, die aus dem Ausland zu Besuch kamen. Imi überwachte die Fortschritte und Leistungen der Schüler, fesselte sie mit seiner einzigartigen Persönlichkeit und seinem feinen Sinn für Humor und vermittelte ihnen sein Wissen und seinen Rat.

Großmeister Imi Lichtenfeld verstarb im Januar 1998, selbst in seinen letzten Augenblicken frohen Mutes und im Bewusstsein, dass seine Lehre lebt und gedeiht.

Eyal Yanilov

Eyal Yanilov (geb. 1959) erlernte Krav Maga unter der persönlichen Anleitung des Begründers Imi Sde-Or (Lichtenfeld) und war seit Anfang der achtziger Jahre der engste Assistent und beste Schüler des Großmeisters. Durch seine Betätigung auf diesem Gebiet seit 1973 ist er heute der herausragendste Senior Instructor. Yanilov ist der einzige Mensch, der im Besitz des höchsten, jemals von Imi verliehenen Grades (Master level 3 / Expert level 8) sowie des einzigartigen „Founder's - Diploma of Excellence" ist, das nur E. Yanilov und D. Levine aus den Vereinigten Staaten verliehen wurde.

Eyal Yanilov begann das Krav Maga-Training mit Eli Avikzar (einem von Imis Spitzenschülern) und lernte kurz darauf unter der persönlichen Anleitung des Gründers. Schon in jungen Jahren unterrichtete Eyal in dem Trainingsstudio in Netanya, das Imi Eli Avikzar anvertraut hatte, assistierte ihm und vertrat den Großmeister in Unterrichtsstunden und bei den Vorbereitungen von Schülern, die die Prüfungen für die Experten-Grade ablegen sollten. Später, nachdem Imi ihn zum Leiter des Krav Maga-Professional Committee ernannt hatte, übernahm Eyal die Verantwortung für die Aufbereitung und Aktualisierung des Krav Maga-Lehrplans. In dieser Eigenschaft oblag ihm die Aufgabe, die neuen Entwicklungen, das angesammelte Wissen, Veränderungen innerhalb der Techniken und die neuesten Trainingsmethoden an die anderen Senior Instructors weiterzugeben.

1984 übertrug Großmeister Imi Sde-Or Eyal die Aufgabe, eine vollständige und umfassende Buchreihe (dieser Band ist ein Teil davon) über Krav Maga vorzubereiten. Seit dieser Zeit bis zum Tod des Begründers im Jahr 1998, widmeten sich die Beiden intensiv der Aufgabe, die Grundlagen des Krav Maga niederzuschreiben und die verschiedenen Techniken zu erläutern.

Seit Eyal Yanilov 1981 den ersten Lehrgang für Selbstverteidigungsausbilder vor amerikanischen Staatsbürgern leitete, hat er zahlreiche Kurse für Krav Maga- und Selbstverteidigungslehrer in vielen Ländern der Welt unter der Schirmherrschaft des Israelischen Krav Maga Verbandes, des israelischen Ministeriums für Erziehung und des Internationalen Krav Maga Verbandes (International Krav Maga Federation, IKMF) abgehalten. Eyal und seine am weitesten fortgeschrittenen Schüler, die als örtliche Direktoren oder Chefausbilder in ihren Ländern arbeiten, sind die treibenden Kräfte für die Verbreitung des Krav Maga-Unterrichts auf der ganzen Welt. Eyal Yanilov ist derzeit Vorsitzender und Ausbildungsleiter der IKMF und steht auch an der Spitze der **International School of Krav Maga**. In dieser Eigenschaft ist er weltweit für die Entwicklung, die Statuten und die Verbreitung des Systems verantwortlich.

Eyal Yanilov ist Absolvent der Schule für Trainer und Ausbilder am **Wingate Institute for Sport and Physical Education** und von Beruf Ingenieur auf dem Fachgebiet Elektrotechnik. Er hat jahrelang Kämpfer israelischer und ausländischer Eliteeinheiten sowie Mitglieder spezieller Anti-Terror-Truppen ausgebildet, während er Krav Maga außerdem an Schulen für Sportlehrer unterrichtete.

Ab 1980 hat Eyal viele verschiedene Gruppen in zahlreichen Seminaren und Kursen trainiert, darunter "normale" Zivilisten (die gekommen waren, um Selbstverteidigung zu erlernen), Militär- und Polizeieinheiten, Sicherheitspersonal, Spezialeinheiten, SWAT Teams und andere im Sicherheitsbereich tätige Gruppen in Israel, Europa, Südamerika, den USA, Australien, Neuseeland und Japan. In diesem Zusammenhang spezialisierte er sich darauf, die kämpferischen Fähigkeiten und das Können von Mitgliedern dieser Gruppen zu verbessern. Eyal Yanilovs Hauptziel ist es nun, Krav Maga-Ausbilder auf der ganzen Welt zu schulen, damit sie das Wissen über Krav Maga in ihren Heimatländern weiter verbreiten. Gerne unterstützt er jede in diese Richtung gehende Initiative.

IKMF & International School of Krav Maga: P.O. Box 2661, Netanya 42126, Israel; **Fax:** +972-9-8910863; im Internet: **www.krav-maga.com**

Eine wahre Geschichte

Eine seiner Lieblingsgeschichten, die Großmeister Imi seinen Schülern oft erzählte, trug sich in den harten Zeiten der späten dreißiger Jahre in seiner Heimatstadt Bratislava zu. Eines Tages verteidigte sich Imi mit einer kleinen Gruppe ihm zur Seite stehender jüdischer Athleten gegen mehrere hundert slowakische, antisemitische Randalierer, die versuchten, in das jüdische Viertel Bratislavas einzufallen. Die 16 Verteidiger, größtenteils junge Ringer, Boxer und Gewichtheber, die sich eindeutig in der Minderheit befanden, wurden sofort in zahlreiche harte Straßenkämpfe verwickelt. Imi erinnerte sich immer daran, dass er aufgrund der vielen Gegner, mit denen er es zu tun hatte, keine Zeit fand, gegen einen einzelnen Rowdie mehr als ein Mal zuzuschlagen...

Als der Kampf begann, schloss sich ihnen ein in der Nähe stehender Deutscher an, der die Szene bis dahin beobachtet und dabei seine Pfeife geraucht hatte. Er kämpfte tatkräftig auf der Seite der jüdischen Verteidiger, bis die berittene Polizei eintraf und den Mob zum Rückzug zwang. Als Imi (der fließend Deutsch sprach) den freiwilligen Kämpfer fragte, warum er sein Leben in einer fremden Schlacht aufs Spiel gesetzt habe, antwortete dieser schlicht: Ihr wart so wenige und die so viele. Das fand ich sehr unfair...

Darren R. Levine

Darren R. Levine (geb. 1960) ist Chefbeauftragter und leitender Ausbilder des Krav Maga National Training Center in Los Angeles, Kalifornien. Levine ist der höchstrangige Krav Maga- Ausbilder in den Vereinigten Staaten. 1981 nahm er am ersten internationalen Krav Maga-Kurs für Ausbilder teil, der Bewerbern außerhalb Israels angeboten wurde. Dieser Lehrgang wurde vom israelischen Ministerium für Erziehung unterstützt und von Großmeister Imi Sde-Or (Lichtenfeld) beaufsichtigt.

Levine wurde von Großmeister Imi, Eyal Yanilov und anderen führenden zivilen und militärischen Krav Maga-Ausbildern unterrichtet. 1983 wurde ihm der erste Expert Degree (schwarzer Gürtel) zuerkannt. 1984 erhielt er den Full Instructor Degree (vom Wingate Institute of Physical Education and Sport). Im Dezember 1997 wurde ihm der Master Level (6. Dan, Schwarzer Gürtel) zuerkannt. Darren gilt weltweit als Krav Maga-Spitzenausbilder und zählt zu den auserwählten Personen, denen die höchste Auszeichnungen zuteil wurden; er ist einer von zwei Inhabern des „Founder`s Diploma of Excellence" (Urkunde für her ausragende Leistungen).

Levine brachte in den USA Tausenden Zivilisten aller Altersstufen die Selbstverteidigung und Kampfanwendungen des Krav Maga bei. Darüber hinaus unterrichtete er die für den Gesetzesvollzug zuständigen US-Stellen, einschließlich ihrer Spezial- und Anti-Terror-Einheiten, auf kommunaler, bundesstaatlicher und nationaler Ebene intensiv in Krav Maga.

Aufgrund seiner exzellenten Krav Maga-Kenntnisse sowie seines Verständnisses für die speziellen Bedürfnisse des im Gesetzesvollzug tätigen Personals, entwickelte Levine einen Krav Maga-Basislehrplan für den Gesetzesvollzug der USA. Außerdem leistete er entscheidende Beiträge für das Wachstum und die Ausbreitung von Krav Maga in der Zivilbevölkerung der Vereinigten Staaten.

Neben seiner in Zusammenhang mit Krav Maga stehenden Arbeit, fungiert Levine als 1. Stellvertretender Bezirksstaatsanwalt des Kreises Los Angeles. Er wurde der Abteilung für besondere Aufgaben zugewiesen und ist für die Verfolgung schwerer Verbrechen und Gewalt-Straftaten gegen Sicherheitsbeamte verantwortlich.

Krav Maga National Training Center, Los Angeles, California

Tel. (310) 966- 1300 **www.kravmaga.com.**

Verleger: Zvi Morik

Zvi D. Morik (geb. 1947) begann 1967, Krav Maga persönlich beim Begründer Imi Sde-Or zu erlernen. Er traf Großmeister Imi in dem Trainingsstudio, das dieser in der Nähe des Dizengoff Square in Tel Aviv für Zivilisten eröffnet hatte. In den folgenden Jahren war Zvi Morik Imis Schüler und mehr als dreißig Jahre lang bis zum Tod des Großmeisters dessen Helfer und persönlicher Freund. Als junger Mann war Zvi tief beeindruckt von Imis bemerkenswerten Fähigkeiten als Lehrer, Kampfsportexperte und außergewöhnlichem Menschen. Von seiner herausragend starken Persönlichkeit war er sofort gefesselt.

Während seiner Studienjahre an der Universität baute Zvi sein Wissen über Krav Maga aus und genoss dabei das Privileg, unter der persönlichen Obhut des Großmeisters (und ebenso unter dessen damaligem Assistenzlehrer Eli Avikzar) das lernen zu können, was in der Tat einmalig war. Als Eyal Yanilov, Imis herausragendster Schüler, zwanzig Jahre später seine Krav Maga-Schule in Tel Aviv eröffnete, nahm Zvi sein Training unter Eyals Leitung wieder auf.

Nachdem Zvi sein Universitätsstudium (in Mathematik, Statistik und Wirtschaftswissenschaften) abgeschlossen hatte, wählte Imi Sde-Or ihn zum Assistenten beim Aufbau des Krav Maga Verbandes. 1978 gehörte er zu den wenigen Gründern der **Israeli Krav Maga Association**, wirkte als ihr erster Generalsekretär und später als ihr Sprecher und Pressechef. Für seine Hingabe bei der Ausführung dieser Tätigkeiten wurde ihm später vom Verband ein Ehrenschwarzgurt verliehen.

Kurz nachdem Zvi seine Verlagsgesellschaft Dekel Academic Press aufgebaut hatte und hauptberuflich Verleger geworden war, bat Imi ihn, die Zuständigkeit für alles zu übernehmen, was mit dem Erstellen und Verlegen von Krav Maga-Veröffentlichungen in Israel und dem Ausland zusammenhing. Bereitwillig nahm er diese Verpflichtung an. Es sei darauf hingewiesen, dass die verschiedenen Techniken des Krav Maga-Systems seit Mitte der achtziger Jahre hauptsächlich unter Leitung von Eyal Yanilov systematisch aufbereitet wurden. Später arbeitete er auch als Co-Autor mit Imi Sde-Or an dieser Buchreihe. 1990 veröffentlichte Zvi Morik unter dem Impressum von Tamar Books einen ersten Überblick über Krav Maga in englischer Sprache. Diesem folgte 1992 eine Publikation von Imi Sde-Or und Eyal Yanilov in hebräischer Sprache mit dem Titel **„Selbstverteidigung gegen Messerangriffe"**. Der verstorbene Yitzhak Rabin, damals israelischer Ministerpräsident und früherer Chef der israelischen Verteidigungsstreitkräfte, der Imi kannte und seine Lehrtätigkeit als leitender Krav Maga-Ausbilder in der Armee schätzte, würdigte sein Buch mit einem Vorwort.

Während dieser Zeit bemühte sich Zvi, der Imis persönlicher Berater und einer seiner engsten Freunde geworden war, unermüdlich den Traum seines Lehrers zu erfüllen, die Krav Maga-Kenntnisse **jedem** zugänglich zu machen, der sie in Zeiten der Gefahr benötigen könnte. Aus diesem Grund wurde Dekel in eine internationale Verlagsgesellschaft namens Dekel Publishing House umgewandelt, in die die beiden Verlagszweige Dekel Academic Press & Tamar Books aufgenommen wurden. Zvi Morik begann, an wichtigen Branchen-Veranstaltungen und internationalen Buchmessen teilzunehmen. Zusammen mit einigen Kollegen gründete er einen neuen Verlegerverband, die **Israel Publisher's-Union**, wurde deren Präsident und ist derzeit für die internationalen Beziehungen des Verbandes verantwortlich.

Der Band **Selbstverteidigung gegen bewaffnete Angriffe** ist das Ergebnis einer verlegerischen Zusammenarbeit, die Mitte 1999 zwischen dem **Dekel Publishing House** und dem US-amerikanischen Verlag **Frog Ltd.** initiiert wurde. Dieses Buch soll Krav Maga weltweit für alle Menschen zugänglich machen.

Dekel Publishing House, P. O. Box 45094, Tel Aviv 61450, Israel; Fax: +972-3-5273011; im Internet: **www.dekelpublishing.com**

232

Im Krav Maga häufig verwendete Fachwörter und Begriffe

Im Folgenden werden die in diesem Buch verwendeten Krav Maga Fachwörter und Begriffe vorgestellt.

Ausgangsstellungen/Grundstellungen

Ausgangsstellung: Startposition, aus der heraus die verschiedenen Verteidigungs- und Angriffstechniken ausgeführt werden.

Neutrale Stellung: Gerade Körperhaltung, die Arme hängen nach unten, die Füße stehen parallel - in Schulterbreite. Wird oft als „passive Stellung" bezeichnet. Diese dient dazu, die natürliche Stellung eines Menschen zu simulieren, wenn er nicht auf einen eventuellen Angriff vorbereitet ist.

Allgemeine Ausgangsstellung: Wird oft als „Kampfstellung" bezeichnet. Die Füße stehen schulterbreit auseinander, wobei der eine Fuß ca. 15 bis 33 cm hinter dem anderen steht. Die Ferse des hinteren Fußes ist angehoben, die Knie sind leicht gebeugt, der vordere Fuß ist leicht nach innen gedreht und die Hände werden auf Schulter- oder Halshöhe angehoben, wobei jede Hand im gleichen Abstand vor der Innenseite der jeweiligen Schulter gehalten wird. Die Hälfte bis zwei Drittel des Körpergewichts ruhen auf dem vorderen Fuß.

Allgemeine
Ausgangsstellung

Beachte: Dies ist lediglich eine allgemeine Anleitung für eine Ausgangsstellung; Jeder kann diese leicht abändern und sie seinen Bedürfnissen anpassen, vor allem während einer Konfrontation.

Ausgangsstellung für Blocks/Verteidigungen nach innen: Wie oben, mit der Ausnahme, dass der horizontale Abstand zwischen den Händen ein wenig größer ist und sich jede Hand vor der jeweiligen Schulter befindet.

Anwendungsbereich: Hauptsächlich, um eine angenehme Haltung beim Erlernen und Einüben von Techniken einzunehmen, die nach innen gerichtete Verteidigungen gegen gerade verlaufende Faustschläge vorsehen.

Ausgangsstellung für
Verteidigungen nach innen

Außerdem lädt diese Stellung dazu ein die Mitte anzugreifen, das heißt zwischen die Hände des Verteidigers, was eine leichtere Verteidigung ermöglicht.

Ausgangsstellung für Blocks/Verteidigungen nach außen: Ähnlich wie die allgemeine Ausgangsstellung mit der Ausnahme, dass sich jede Hand vor der gegenüber liegenden Schulter befindet und der Körper leicht gedreht werden kann.

Anwendungsbereich: wird häufig benutzt, um die angenehmste Haltung beim Erlernen und Einüben von Techniken einzunehmen, die nach außen gerichtete Verteidigungen gegen gerade verlaufende Faustschläge vorsehen.

Ausgangsstellung für
Verteidigungen nach außen

Schritte und Techniken zum Überbrücken von Distanz

Stampfschritt, Vorrücken mit Hilfe eines Stampfschritts: Technik zum Vorrücken aus einer neutralen Stellung heraus mit Hilfe eines flachen explosionsartigen Wechselschritts, vorwärts mit einem Fuß, während der andere Fuß bzw. das andere Bein meist einen Tritt ausführt. Auch aus der allgemeinen Ausgangsstellung heraus kann man auf diese Weise mit dem vorderen Fuß vorgehen (siehe oben).

Überkreuzen, Vorrücken durch Überkreuzen: Vorrücken mit Hilfe eines flachen explosionsartigen Vorwärtsschritts (leicht hüpfend), wobei die Beine überkreuzt werden, um so den richtigen Abstand und die richtige Reichweite zu erhalten. Dies wird durch eine Bewegung erreicht, die dem zuvor beschriebenen Stampfschritt ähnelt. Wird der hintere Fuß vor den vorderen gekreuzt, nennt man diese Aktion „Überkreuzen nach vorn", wird er hinter den vorderen Fuß gekreuzt, heißt die Aktion „Überkreuzen nach hinten". Wenn der nach vorn gebrachte Fuß aufsetzt, befindet sich das andere Bein schon in der Luft auf dem Weg zu seinem Ziel und führt einen Fuß- oder Kniestoß aus.

Vorrücken durch
Überkreuzen nach hinten

Nachgesetzter Wechselschritt: Gehört auch zur Gruppe der Stampfschritte. Schnelles Vorrücken, bei dem der hintere Fuß nach vorn gesetzt wird und die Position des vorderen einnimmt. In dem Moment, in dem das vorrückende Bein auf dem Boden aufgesetzt wird, befindet sich das andere (dem Gegner nähere) bereits auf seinem Weg zum Ziel.

Schläge

Gerader Schlag:

Ein Schlag, bei dem die Hand in einer geraden Linie aus dem Schulterbereich in Richtung Ziel nach vorn gestoßen wird und der Ellenbogen so lang wie möglich tief gehalten wird. Kurz vor Vollendung des Schlags wird die Faust leicht gedreht. Danach schnellt die Hand mit einer kraftvollen, " saugenden" Bewegung sofort wieder zurück. Diese dem Zurückschnellen einer Sprungfeder ähnelnde Bewegung, die bei den meisten Schlägen im Krav Maga ausgeführt wird, erhöht die Geschwindigkeit des Schlags und führt beim Auftreffen auf das Ziel zu einem stärkeren Aufschlag. Der Schlag wird in der Regel mit dem Handballen oder der geballten Faust ausgeführt, wobei das Ziel mit den Knöcheln von Zeige- und Mittelfinger getroffen wird.

Rechte Gerade mit dem Handballen

Rechte Gerade von vorn

Linke Gerade

Haken mit der rechten Hand

Aufwärtshaken („Uppercut") mit der rechten Hand

Handkantenschlag seitwärts

Haken (Roundhouse-Schlag): Die Faust wird mit einer halbkreisförmigen nach innen verlaufenden Bewegung, die ein Hindernis umgehen kann, nach vorn gebracht.

Hammerschlag nach hinten

Hammerschlag nach vorn

Der Körper dreht sich in die Richtung des Angriffs, wobei das Gewicht des Angreifers in den Schlag "hineingelegt" wird. Die Faust wird so gehalten, dass der kleine Finger nach unten und der Daumen nach oben zeigen und die Knöchel von Zeige- und Mittelfinger das Ziel treffen.

Aufwärtshaken:
(Uppercut): Die Faust wird aufwärts gegen das Ziel geführt, grundsätzlich mit einer diagonalen Vorwärtsbewegung. Der Körper des Angreifers geht bei der Ausführung dieses Schlags mit seinem ganzen Gewicht ruckartig nach oben.

Handkantenschlag: Ein Schlag, der mit der äußeren Handkante ausgeführt wird. Das Ziel wird mit dem Muskel unterhalb des kleinen Fingers getroffen. Dieser Schlag kann nach vorn, nach innen, nach unten, nach außen (seitwärts) oder nach hinten sowohl waagerecht als auch senkrecht ausgeführt werden.

Hammerschlag: Wird auf ähnliche Weise wie der Handkantenschlag, jedoch mit geballter Faust ausgeführt. Wie der vorangegangene Schlag kann er waagerecht oder senkrecht ausgeführt werden.

Tritte

"Normaler Tritt": Ein Schnapptritt, der sein Ziel in einer nach oben sowie nach vorn verlaufenden Bewegung trifft. Treff-Fläche ist der Fußballen oder der Spann (beim Tritt in den Unterleib des Gegners).

"Normaler" Vorwärtstritt (Frontkick)

Anwendung des Tritts

Halbkreis/Roundhouse-Kick: Ein schnappender oder fegender Tritt, der halbkreisför-mig gegen das Ziel geführt wird. Gleichzeitig führt der Tretende eine Hüftdrehung aus. Es kann mit dem Fußballen, dem Spann oder, wenn man dem Ziel ziemlich nah ist, mit dem Schienbein getroffen werden.

Roundhouse-Kick, von vorn betrachtet

Roundhouse-Kick in die kurzen Rippen

Stampftritt: Dieser Angriff verläuft direkt und trifft das Ziel in gerader Linie. Der Fuß wird angehoben und die Ferse wird mit einer harten abwärts verlaufenden Bewegung nach unten gestoßen (als wolle man eine Blechdose platt treten). Der Tretende zieht sein Knie hoch (an den Körper) und tritt dann unter Einsatz erheblicher Kraft mit der Ferse gerade nach unten. Das Bein wird schnell wieder zurückgezogen und kann nach unten (stampfend), nach vorn (Verteidigungstritt nach vorn), zur Seite (Seitwärtstritt) oder nach hinten (Rückwärtstritt) ausgeführt werden.

Anheben des Knies, um einen Stampftritt

nach unten auszuführen.Aufstampfen/treten

Der Seittritt richtet sich im Allgemeinen gegen ein Ziel, das sich seitlich vom Verteidiger befindet. Es handelt sich dabei um eine Variante des Stampftritts. Der Tretende bringt das Knie nach vorn hoch und dreht sich im Hüftgelenk. Dadurch wird der Fuß seitlich auf das Ziel ausgerichtet. Die Ferse wird mit einer geraden Bewegung zum Ziel gestoßen. Die Hüfte des tretenden Beins bewegt sich auf das Ziel zu, während sich der Standfuß dreht, um eine größere Reichweite zu ermöglichen und der Körper leicht zur Seite geneigt wird. Nach Ausführung des Tritts wird der Fuß mit einer kräftigen zurückschnellenden Bewegung auf der selben Linie, auf der er herausgestoßen wurde, wieder zurückgezogen.

Verteidigungstritt nach vorn/Vorwärtstritt

Verteidigungstritt nach hinten/ Rückwärtstritt

Verteidigungstritt nach hinten: Auch dieser Tritt gehört zur Gruppe der Stampftritte. Der Tritt mit der Ferse erfolgt in gerader Linie aus der Nähe des Gesäßes in Richtung des Ziels, ähnlich einem Pferd, das mit dem Hinterbein auskeilt. Der Oberkörper wird vorgebeugt. Um das Ziel sehen zu können, blickt der Tretende an seiner Schulter vorbei oder unter seinem Arm hindurch nach hinten.

Seitwärtstritt

Abwehrtechniken/Blocks

Block nach außen: Eine Aktion, die den Angriff deflektiert (ablenkt) oder stoppt. Aus der Körpernähe bewegt sich der verteidigende Körperteil (z. B. der Unterarm) zur Außenseite hin, nach oben oder nach unten.
Block nach innen: Eine Aktion, die den Angriff deflektiert (oder stoppt). Der verteidigende Körperteil bewegt sich nach innen, um dem Angriff zu begegnen und wehrt ihn in einem rechten oder spitzen Winkel ab.
Stechverteidigung: Ein Innen- oder Außenblock, der im spitzen Winkel auf den angreifenden Körperteil trifft, an diesem entlang gleitet und dabei dessen Richtung ändert. Ähnlich wie beim geraden Schlag ist die geradlinige Bewegung charakteristisch für diese Technik.

Block nach außen gegen eine Gerade

Gleitender Block nach innen mit Schlag am Ende der Verteidigungsbewegung

Block nach innen gegen eine Gerade mit gleichzeitigem Gegenangriff

Handspeer-Verteidigung gegen einen Angriff mit einer Axt

Handbewegungen

Einwärtsdrehung: Drehbewegung des Unterarms und der Hand um eine Achse parallel zum Unterarm, bei der der Daumen nach außen gedreht wird. Die rechte Hand bewegt sich im Uhrzeigersinn, die linke gegen den Uhrzeigersinn.

Hebel: Das Biegen eines Gelenks über seinen natürlichen Bewegungsspielraum hinaus, um Druck darauf auszuüben und dem Gegner Schmerzen zuzufügen, eventuell um das Gelenk auszurenken, es in seiner momentanen Stellung zu halten oder um den Gegner dazu zu zwingen, sich in die vom Verteidiger bestimmte Richtung zu bewegen.

Handgelenk-Außendrehwurf/Kavaliertechnik: Biegen des Handgelenks mit gleichzeitiger Einwärtsdrehung. Dies verursacht eine kraftvolle Hebelwirkung, die den Gegner sofort zu Boden gehen lässt.

VERLAG WEINMANN
Beckerstraße 7 · 12157 Berlin
Tel.: 030 / 855 48 95 · Fax: 030/ 855 94 64

Ausführliche Informationen finden Sie auch im Internet:
www.weinmann-verlag.de

Wir senden Ihnen gern unser ausführliches bebildertes Verlagsverzeichnis!
Schreiben Sie uns oder rufen Sie an: